교육학, 인간에게 다가서다

정영근 지음

학교교육을
생각한다

문음사
도서출판

국립중앙도서관 출판시도서목록(CIP)

교육학, 인간에게 다가서다 : 학생과 교사 & 사람됨의 학교교육 / 지은이: 정영근, -- 서울 : 문음사, 2013
p. ; cm

표지관견정보: 학교교육을 생각한다
참고문헌 수록
ISBN 978-89-8168-511-9 93370 : ₩14500

한국 교육[韓國教育]
공교육[公教育]

370.911-KDC5
370.9519-DDC21 CIP2013027515

머리글

저자는 학교교육이 더 이상 비인간화되어서는 안 된다는 생각에 수차례에 걸쳐 교육인간학의 관점에서 이 문제를 글이나 책으로 집필한 바 있다. 즉 인간 요소가 학교교육에서 가장 중요한 부분임을 항상 강조해왔다. 학교교육의 핵심 구성원은 학생과 교사이다. 학생을 전제로 하지 않은 학교는 없을 것이고 그들이 없이는 전문직 교사 집단 역시 존재해야 할 근거가 없다. 교사는 학교교육의 내용과 질을 담보하는 중추적 역할을 담당한다. 학교교육 실천의 선도자인 교사는 또한 '사람됨의 교육'에 대한 책임도 지고 있다.

작금의 한국 학교교육 현실은 학생과 교사 모두에게 매우 안타깝고 불행하다. 학생들은 살기 위해 배우는 것이 아니라 배우기 위해 살고 있으며, 학교에 가 성적경쟁을 한다. 글로벌 경쟁체제 하의 수많은 국가에서 학생의 성취경쟁이 합리화되는 가운데 한국을 비롯한 동아시아 국가의 학생들은 유독 학교의 입시교육에 치여 지낸다. 그럼에도 현대 교육학은 이런 상황을 간과하며 사회·경제체제의 요구에 따른 교수이론 개발 및 효율적 학교행정에만 몰두한다. 학생과 교사는 산업경제의 요구와 행정당국의 지시를 따르는 수동적 존재로 전락하고 있다.

이와 같은 현대 학교교육 문제에 접근하기 위해 이 책에서는 무엇보다 '학생', '교사', '학교(교육)'의 세 개념을 다양한 시각에서 고찰하면서 그 교육학적 의미를 찾으려 한다. 이 개념들은 에세이 형식의 도입 글, 서론 격의 제1부, 한국의 학교교육과 교사에 대한 제5부를 제외한 제2, 3, 4부에서 다뤄진다. 내용구성은 각 개념의 역사, 이해하는 관점, 교육학적 의미 등의 순서로 되어있으며 서술과정에서 한국 학교교육의 현황과 문제점이 함께 논의된다.

이 책은 본래 2011년 "학교교육의 핵심개념"이란 제목으로 출간되었던 것으로 일부 내용 및 편집방식을 바꿔 새로운 책으로 재출간되는 것이다. "교육학, 인간에게 다가서다"라는 이번 제목은 산업과 행정당국의 요구를 추종하느라 인간의 존엄성을 경시하는 현대 교육학이 본래 나아가야 할 방향을 역설적으로 제안하려는 것이다. 저자의 이러한 시도가 책의 가독성을 높이고 독자들이 교육 문제의 본질로 다가서게 하길 기대한다.

책을 새로운 형식으로 보완·개정하게 된 데에는 창덕여자중학교 김성수 교장님의 제안이 있었다. 학생의 자율적 참여를 바탕으로 즐거운 학교생활 및 지식교육을 계획·실천하시는 교장님께 감사드린다. 언제나 그랬듯이 이번 작업에서도 도서출판 문음사가 적극적으로 지원하였다. 조복자 사장님과 장후녕 실장님을 비롯해 도움을 주신 분들께 고마움을 표한다. 이 책에 사용된 사진들은 인터넷으로 접할 수 있는 공공기관의 것으로 참고문헌 목록 밑에 그 출처를 밝혔는바 이 자리를 빌려 양해를 구한다.

2013년 7월

저자 拜上

들어가며

인간에 관한 이론이자 '인간을 위한' 학문이다

인간과 교육

교육은 인간 고유의 현상이다. 생명체의 진화과정에서 인간이 다른 동물보다 월등한 위치에 오르게 된 것은 언어능력에 의한 문화 및 정신세계의 형성에 근거하며 이는 교육과 밀접하게 연결되어 있다. 직립보행이 가능해진 인간은 두 팔을 자유롭게 사용함으로써 팔과 다리의 기능이 명확히 구분되지 않는 동물들과 달리 연장을 개발하고 새로운 생활환경을 구축할 수 있었다. 그러나 인간이 지구상의 독보적 위치를 점유할 수 있게 한 것은 다름 아닌 언어를 매개로 한 의사소통 능력과 교육이었다.

인류는 앞선 세대의 경험과 정보를 전수함으로써 외부세계에 효율적으로 적응하였고 감정, 지식 그리고 가치의 소통을 통해 사회적 생활세계와 개별 인간에게 고유한 내면세계를 창출해냈다. 오늘날 우리가 마주하는 일상생활 환경 및 사회·문화·예술의 세계가 바로 그러한 과정을 거쳤다. 교육이 없이는 이와 같은 인류의 진화와 인간 삶의 진보를 결코 상상할 수조차 없다.

태어난 뒤 태생적 능력을 새롭게 답습해야 하는 다른 동물에 비해 인간은 언어 사용과 교육을 통해 지식을 축적·전수하며 자신의 존재를 새롭게 규정해왔다. 교육 가능하고 교육을 필요로 하는 동물로서 인간은 사회·문화적 형식의 교육을 통해 생득·후천적 능력을 무한히 확장하며 살아간다. 이제 인간은 단순한 호모 사피엔스가 아니라 미디어 공간과 가상의 세계를 오가는 존재(homo medialis)가 되었다.

교육은 인간 특유의 활동이자 피할 수 없는 일이기에 어찌 보면 인류의 역사는 교육의 역사라고 할 수도 있다. 교육은 생물학적 성장에만 관여하는 것이 아니라, 인간이 공동의 가치 및 연대의식을 지닌 사회적 존재가 되도록 하며, 궁극적으로는 개별 인간 모두가 자기 고유의 개성과 삶을 획득하는 과정으로 인도한다. 이러한 점은 학교교육의 목적이 단지 대상세계에 대한 지식 습득이나 기능의 습득·활용 차원에 한정되지 않고 궁극적으로는 사람됨을, 즉 개별 인간의 고유함을 추구하는 데에서도 나타난다.

특히 근대 이후 사회적 평등과 공존을 위한 문화 및 사회체제가 추구됨으로써 교육은 외부의 요구에 대한 대응과 인간 자신의 내면세계 발현 사이의 균형을 이루려는 방향으로 진전하였다. 코메니우스, 루소, 페스탈로치, 프뢰벨 등의 교육사상가들이 교육의 사회적 측면과 개성발현의 측면의 조화를 통해 형성되는 '온전한 사람됨'을 교육의 궁극적 목적으로 주장한 사실은 우리에게 잘 알려져 있다. 적어도 19세기 후반에 들어서기 전까지 이러한 교육이념은 교육학의 주된 흐름으로 자리할 수 있었다.

이후 국가에 의한 공교육이 보편화되면서 학교교육은 사회에서 요구되는 지식과 기능을 지닌 인력(man power)을 산출하는 과정으로 인식되기 시작했다. 또 그에 따라 교육학 역시 학생에게 지식과 기능을 효율적으로 부여하는 방법을 개발하여 활용하려는 실용·경험주의 학문으로 점차 바뀌어갔다. 현대 사회에서 산업과 국가의 교육에 대한 지배가 더욱 강화되자 교육학은 이제 기업과 행정당국의 요구를 충족시키기 위한 수단 학문으로 전락하면서 그 학술적 성격을 사회과학화 하였다. 그 결과 현대 교육학은 사람보다는 경제적 생산성에 초점을 맞춘 교수방법의 개발이나 학교의 효율적 경영관리를 자신의 궁극적 연구과제인 양 이해하는 듯하다.

어린이의 일상세계를 떠난 교육학

교육은 본래 성장하는 어린이에 대한 성인의 돌봄이요 그들의 삶을 안내하는 일이다. 그렇기에 이 일을 학술적으로 정의·지원해야 하는 교육학은 어린이에게 다가서며 관찰·사유하면서 성장세대의 사회·문화세계 입문과 개성적 삶의 형성에 도움을 줄 연구와 실천적 활동을 전개해야 한다. 즉 학술활동으로서의 교육학은 인간 자체에 대한 호기심과 관점에서 출발해야 하며 인간을 위한 학문으로 이해되어야 하는 것이다. 이러한 학술적 태도와 입장은 사실 우리에게 매우 친숙하다. 인간 현상인 교육이 사람됨에 필수적이란 생각은 동서양을 막론하고 오랫동안 당연시되었기 때문이다.

루소나 페스탈로치의 저술에서 교육은 객체로서의 사회인이나 신하가 아닌 주체적 인간이 되는 과정으로 제시된다. 교육의 내용과 방법 또한 언제고 부모, 가정, 이웃 그리고 자신이 속한 일상세계와 밀접히 연결되어 있다. 인간이 사회적 존재이기도 한 까닭에 사회·

문화화를 통해 시민의 역할을 배우고 수행하는 것은 당연하겠지만, 그럼에도 교육은 도덕적 정신세계를 지니고 살아갈 고유한 인간 존재가 되는 길이었다.

유치원의 창안자 프뢰벨은 이러한 인간교육이 어린아이 때부터 그들의 성장단계 특성을 고려해 지속적으로 추구돼야 한다고 보았다. 교육학의 역사에서 나타난 '인간에 관한' 그리고 '인간을 위한' 교육이론들은 아직도 많은 사람들의 기억 속에 생생하게 남아있다. 우리가 주체성을 잃고 대상·사물화 되는 존재로 전락하지 않기 위해서는 인간 본위의 교육에 대한 사유가 지속되어야 한다.

그렇지만 산업사회에서 교수이론과 방법의 개발에만 집중해온 현대 교육학은 이제 고유한 주체로서의 인간에 대해 관심을 보이지 않는다. 사회과학적 방법론을 추종하는 현대 경험주의 교육학은 객관적으로 대상화되거나 경험적으로 검증될 수 없는 인간의 영혼이나 내면의 정신세계를 연구 대상에서 제외시키고 있다. 즉 교육학이 인간을 다루기는 하지만 "인간자본(human capital)"이나 "인적자원(human resource)"라는 용어에서 보게 되듯 인간을 객체·사물화 한다. 이런 용어를 사용하는 현대 교육학은 인간을 사회·경제적 생산과정의 원료나 요인으로 간주하고 있다.

예들 들면 현대 교수이론은 교사와 학생의 전인적 측면을 고려하지 않은 채 미리 설계된 수업의 환경조건에 교사와 학생을 대입함으로써 지식 전수의 효율성을 추구한다. 인간의 정서나 정신세계는 객관적 분석이 불가능한 것이라 아예 제외되어야 한다. 지(知)·정(情)·의(意)나 지식·도덕·신체발달을 목표로 전개되었던 인본주의 교육이론과는 서로 비교될 수 없을 정도로 성격이 다르다.

교육에서 중요한 점은 이제 직업에 활용할 지식·정보·기능의 습득이며 이를 극대화할 효율적 방법을 찾아 경제적 수익성을 확보해야 하는 것이다. 이로써 사회과학 성향의 현대 경험주의 교육학은 산업·경제가치 창출을 인간보다 더 중시한다는 점을 여실히 드러낸다. 교사와 학생 같은 인적요소를 수업설계의 조건적 요인으로 간주하다 보니 인간을 이해하려는 관점 자체가 달라졌다.

학교교육과 수업이 화폐가치로 환원될 수 있는 재화의 생산과정과 유사하게 진행되어야 하기 때문에 결과 산출에 기여하지 못할 인간의 정서·인격적 측면들은 아예 고려될 필요가 없는 것처럼 여긴다. 그러다보니 산업체와 기업의 성인을 대상으로 설계·개발된 직업·직무교육 형식의 교육기법을 학교 수업에도 적용하는데, 이는 아직 어린 학생들의 전인적 성장과 발달은 물론 사회성 및 사람됨의 형성에 심각한 폐해를 남길 수밖에 없다. 이제 교육학은 어린이의 인간학적 특성마저 존중하지 않는다.

교육학, 산업연구단지와 교육행정당국 곁을 맴돌다

21세기 글로벌 경제체제에서 인간은 다양성을 추구하며 더욱 성취 지향적으로 살아간다. 풍족한 생활여건을 형성하는 일이 배움과 직업생활의 궁극적 목표인 것처럼 여겨져 모든 연령층의 사람들이 분주하게 배우고 일한다. 대학생은 물론 초·중등학생에게서마저 돈을 잘 벌기 위해 열심히 공부해야 한다는 분위기가 감지된다. 교육학 또한 '교육학 만능'이라 할 만큼 시대적 상황을 최대한 활용하며 활발하게 움직이고 있다. 임신 순간부터 죽을 때까지 인간의 전 생애단계를 교육시장화 하기 위해 교육학은 다양한 명칭으로 이론을 개발하고 담당 전문 인력을 배출한다.

한국의 경우 아이가 어려서부터 조기교육에 시달리고 있다. 유치원에서 문자와 수를 선행학습 하고, 그것도 모자라 대부분의 어린이가 부모에게 등 떠밀려 피아노에서 주산·컴퓨터까지 헤아리기 어려울 만큼 다양한 과목을 추가로 배운다. 학교에서 더 배워야 할 것이 있을까 싶은 정도로 배울 것이 많다. 초등학교 때부터 본격화되는 성적경쟁은 보습학원과 전문 과외학습을 당연시하며 사교육 산업이 호황을 보장한다. 치열한 입시경쟁을 뚫고 대학생이 되더라도 전공공부 이외에 영어회화나 토익·토플시험을 준비하러 학원에 가는 것은 흔한 일이다.

지나치게 과하기는 하지만 그래도 어린아이가 배워야 하는 것은 피할 수 없다 치자. 그런데 이젠 직업에서 은퇴하더라도 평생교육기관의 성인·노인교육이 기다리고 있다. 예전에는 삶의 다양한 능력을 형성하기 위해 배웠지만, 지금은 마치 배우기 위해 살고 일하는 것처럼 보인다. 교육이 인간의 자기 형성과 삶에 도움을 주던 시절과 비교할 때 지금은 '산업화된 교육'이 인간의 존재와 생활 구석구석을 지배하고 있다. 교육은 각종 자격부여를 통해 누가 어디서 무엇을 할 수 있는지를 결정·제한한다.

교육이 이렇게 사회·산업·직업적 생산 활동의 전제조건으로 간주되다 보니 어느 누구도 교육의 제도적 틀을 벗어날 수 없는 상황이다. 문제는 이러한 산업 및 직업적 생산 활동을 유도하고 지배하는 인간의 능력은 도구적 합리성이란 점이다. 도구적 합리성은 미리 설계된 생산 목표를 달성하기 위한 공학적 제작과정을 장악한다. 그 결과 생산과정에서 문제가 될 수 있는 다양한 유형의 '인간(학)적' 요소들은 무시되어야만 한다. 예를 들면 초·중등 교육과정이 후에 도달해야 할 직업적 생산 활동의 선행단계로 파악됨으로써 어린이 사람됨에 중요한 요소인 탐구심이나 감각활동 및 놀이보다 학습결과 산출에 효율적인 교수방법의 활용이 더 중요시된다.

이제 교육학은 산업체의 요구에 따라 산출 생산인력에 효율적 교수방법 및 매체를 개발하는 데 열중하고 있으며 '산학협력'이란 명목 하에 학교교육은 점점 더 산업체의 이해관심을 대변한다. 교육학의 다양한 분과 가운데 산업체의 적극적 지원을 받는 분야들의 규모 및 사회·정책적 영향력이 큰 이유가 거기에 있다. 한국만 하더라도 초·중등교육 분야 사교육 시장을 몇몇 거대 교육산업이 장악하고 있으며 그 뒤에는 연구자금 지원을 받는 수많은 교육학자들이 자리한다.

"교육산업"이 경제적 생산의 주요 부분임을 감지한 각국 정부 역시 학교교육과 사회·평생교육을 산업발전 차원에서 정책적으로 유도·지원하려 한다. 학생은 이제 더 이상 미성년의 '인간'이 아니라 미래의 '산업인력'이며, 학교교육은 국가경제의 차원에서 정책당국의 지도·감독을 받아 계획된 그대로 진행돼야 한다. 각국의 학업성취가 수치화되어 전 세계적으로 비교될 뿐만 아니라 모든 학교는 표준화된 목표기준에 따라 서로 경쟁한다. 지금도 앞다투어가며 교육표준을 제정되고 성과산출 지향의 학교교육이 설계되고 있다.

이러한 작업은 교육학자들이 행정당국과 긴밀히 협력함으로써 이뤄진다. 오늘날 교육학의 대세는 정책 연구 및 자문의 언저리에 머무르고 있다. 교육학 분야 연구비 수주가 대부분 교수방법이나 교육

행정 영역에 집중되고 있는 사실은 정책당국이 교육학을 어떻게 이해하고 있는지 짐작케 한다. 당국은 또한 개발된 정책목표의 준수와 연계하여 각종 재정지원을 결정함으로써 각 급 학교에 복종을 강요하고 있다. 비록 글로벌 경쟁시대라고 하더라도 학교교육을 정치·경제적 관점에서 이렇게 재단하는 일은 '인간교육'에 역행하는 짓이다. 학생은 우선 사람이 되어야 한다.

사람 냄새 나는 교육학을 기대한다

인간발달의 전 단계를 산업화한 교육학은 인간을 해방하는 학문이 아니라 어린이는 물론 성인마저 구속하는 사회·산업시스템 권력으로 변모하였다. 교육의 필연성에 근거하여 배우고 가르치는 이론과 방법을 창안해낸 인간이 이제는 자신의 생산물에 의해 철저히 구속·지배되고 있다. 이런 상황에서 잠재된 문화·정신능력의 개발을 통해 삶을 준비하고 자기 고유의 내면세계를 형성케 하는 교육을 논하는 것은 매우 비현실적인 것처럼 보인다. 그러나 이상적 가치를 추구하기에 인간은 도덕적일 수 있고 아름다움을 공감하는 삶을 실현해낸다. 이상적 가치의 추구야말로 우리가 꿈꾸는 진정한 현실세계의 전제조건이다. 한국에서 인간다운 교육을 꿈꾸고 실현해나가는 것은 교육학적으로 불가능한 현실인가?

이미 언급했듯이 인간은 어릴 적부터 학교교육을 통해 사물세계를 학습하고, 사회적 가치를 인식·실천할 능력을 기르며, 궁극적으로는 자유로운 개성을 형성함으로써 주체적 삶을 사는 성인이 될 수 있다. 그렇지만 한국 학교교육에서는 무한 성적경쟁이 거의 본능적으로 당연하게 여겨진다. 성적경쟁에 의한 서열이 절대화되는 현실에서 한국인 누구도 이를 피할 수 없을 것처럼 보인다.

그렇지만 성인이 된 이후의 삶을 대비하기 위해 유치원생이나 초등학생마저 성적경쟁에 매달려야 하는지는 의문이다. '어려서부터 미리 준비한다'는 식의 논리를 이해하지 못하는 것은 아니지만, 지나친 경쟁으로 인해 상처받고, 불안해하고, 공격적이 되며, 때로는 자기 파멸의 상태에 이르는 학생들의 고통을 헤아려야 한다. 사람됨의 과정에 필요한 다른 측면들을 포기한 채 오로지 수업 지식의 성취만이 전부인 양 성적경쟁을 시키는 것이 과연 옳은 것인가?

성적경쟁에 뛰어난 어린이가 반드시 창의적 성인이나 연대의식을 지닌 성숙한 민주시민이 될 수 있는 것은 아니다. 온전한 성인이 되기 위해서는 부모의 보호와 사랑을 받아야 하고, 충분히 놀면서 다른 사회구성원들과 함께 가치·정서적 연대를 형성해야 하며, 미래의 삶을 꿈꾸며 창의적 능력을 키워야 한다. 그럼에도 한국 학교의 성적경쟁은 시간이 지날수록 점점 더 심각해지고 있다. 어린이와 청소년이 그들답게 살 수 있는 기회를 허용치 않는 교육문화와 학교교육이 문제의 근원이다. 산출(output)을 위한 이론으로 무장된 사회과학 성향의 경험주의 교육학 역시 이러한 사태를 야기한 또 다른 원인이자 가속 요인이라 할 수 있다.

이 문제를 해결하기에는 지난 100여 년간 정권이 바뀔 때마다 반복된 교육개혁도 역부족이었다. 사실 전래된 교육문화 및 사회체제의 문제가 현대 교육이론이나 정책적 제스처에 의해 해결될 성질은 아니다. 다시 말해 정부의 정책적 지침이나 교수-학습이론에만 의존하는 교육학으로는 문제의 해결을 기대하기 어렵다. 어린이가 따스한 마음과 보편적 선(善)의지를 지닌 사회·직업인이 되기 위해서는 우선 온전한 사람이 될 수 있어야 한다. 또 그렇기 위해서는 효율적 교수이론이나 교육행정 관리체제에 앞서 또 다른 인간, 즉 부모와 교사가 반드시 필요하다.

부모의 자녀에 대한 사랑과 돌봄은 어린이가 정서적으로 안정되고 이웃과 더불어 살 수 있는 능력을 형성하는 데 필수적이다. 또 오늘날처럼 어린이들이 학교에 머무르는 시간이 긴 상황에서 교사의 교육의식과 역량 역시 점점 더 중요해지고 있다. 널리 사용되는 용어로 표현하자면 '진정한 의미'의 교사 전문성이 그 어느 때보다 요구된다. 그런데 교사의 전문성 무엇인가 하는 문제에서 교육학의 주장들이 서로 상반된다. 교수 기능적 전문성을 주장하는 경험주의 교육학이 있는가 하면, 교육 본원의 문제인 인간에 초점을 맞춘 교육인간학의 관점도 있다.

이제는 인간에 초점을 맞춰 교육을 이해하려는 학문적 입장, 다시 말해 '학생 인간'과 '교사 인간'의 관점에서 학교교육의 본질적 문제를 다루는 교육학적 시도가 필요하다. 사회과학 성향의 교육학자들은 이와 같은 교육인간학·인본주의적 관점이 정치·경제적 요구나 교육의 실리적 측면과 동떨어진 사색이라고 비난할 수 있을 것이다. 그러나 '사람을 사람 되게 하는 교육'은 인간 존중의 수단과 방법에 의해서만 그리고 인간의 존엄성을 목표로 할 때에만 가능하다. 학생 인간과 교사 인간이 가르치고 배우는 주체가 되지 못할 경우 교육은 원천적으로 실패하게 되어있다.

따라서 지금 이 순간부터라도 교육현상을 보고 접근하는 방식이 바뀌어야 한다. '무엇을 위한 기관'으로 학교를 보려는 시각에서 탈피해 '누구를 위한 기관'인지 생각하려는 인간 중심의 관점으로 돌아가야 한다. 또한 교육학에서도 '무엇을 위한'보다는 '누구를 위한' 교육이론인지 질문함으로써 학술적 접근방법을 전환해야 할 것이다. 생산성 향상의 교육이론에만 집착하지 말고 사람 냄새가 진한 교육학적 사유를 되살려보았으면 한다. 그래야만 현재 우리가 직면한 학교교육의 문제에 올바로 대처하고 사람됨의 교육을 준비할 수 있을 것이다.

차 례

3부 교사의 자기 이해

4부 학교교육과 사람됨

1부

학교교육을 생각한다

독일 Waldenburg의 Altstädter 학교 수업시간

교육이란 우리가 학교에서 배운 것을 다 잊어버린 후에도 남아있는 그 무엇이다.

- Albert Einstein

사회에서 가족 이외에 가장 중요한 기관은 학교이다.

- Bill Gates

01. 학교교육이란?

교육과 입시준비

한국 사회에서 '교육'이란 용어는 일반적으로 '학교교육'과 같은 의미로 사용된다. 국민들의 교육에 대한 관심이 매우 크며 자녀들이 학교에서 높은 수준의 성적을 성취하길 기대한다. 아이가 태어나서 걸음마를 떼기도 전에 엄마는 어떻게 준비해야 자식이 학교의 성적경쟁에서 잘 견뎌낼 수 있을 것인지 걱정한다. 그래서인지는 몰라도 대부분 어린아이들은 유치원에 들어가기 전부터 글을 배우고 있으며, 심지어 영어 단어를 암기하기도 한다.

유치원에 입학한 이후에도 아이들은 친구들과 즐겁게 놀면서 주변세계를 탐색하고 인간 사이의 관계를 경험하는 것보다 문자를 배우고 수를 셈하며 어지간하면 영어회화까지 배운다. 적잖은 부모들이 문자 및 숫자를 가르치지 않는 유치원을 상상하지 못한다. 부유한 부모들은 영어 유치원에 아이를 입학시키기 위해 경쟁하고, 입학을 하게 되면 고액의 입학금과 수업료를 부담하면서도 흡족해 한다. '놀이정원(Kindergarten)'을 뜻하던 유치원의 어원은 그 의미를 상실한 지 이미 오래 되었다. 서너 살짜리 아이들이 유치원 수업을 마친 후 앞으로 다니게 될 초등학교의 교과학습을 준비하기 위해 다시 학원으로 가는 일도 눈에 띈다.

시험을 치고 성적을 받게 되는 초등학교부터는 학생들 간의 성적경쟁이 심화되기 시작한다. 언어와 수영역의 선행학습이 이뤄졌다는 것을 전제로 1학년 교과수업이 운영되기 일쑤이다. 한글수업이 제대로 시작되지 않았지만 학생은 받아쓰기 시험을 봐야한다. 상황이 이렇다 보니 초등학교 입학 전까지 만이라도 아이에게 놀 수 있는 시간을 주고 싶었던 학부모 역시 초등 교과수업 내용을 미리 가르치지 않을 수 없다. 선행학습을 받지 않고 입학한 소수의 아동들이 1학년 수업을 따라가느라 고생하며 심리적인 상처를 받는 사례는 매우 흔하다. 그래서 가정형편과 상관없이 거의 모든 초등학생들이 학습지를 하거나 보습학원에 등록해 선행학습 성격의 보충학습을 받는다.

학교에서의 성적경쟁은 누구도 피할 수 없는 일이라는 생각 때문에 국민 모두가 고비용의 사교육을 통해서라도 자녀의 학업경쟁을 지원하겠다는 결연한 의지를 보이는 듯하다. 오죽하면 집 앞이나 놀이터에서 노는 아이가 없어 학원에 보내야 또래 친구들을 만날 수 있다는 푸념이 나오겠는가. 어린 학생들은 삶을 위해 배우는 것이 아니라, 배우기 위해 힘든 하루하루를 보내며 산다. 또 삶을 배우기 위해 학교에 가는 것이 아니라, 학교에 가기 위해 살고 있다.

한국 학생들에게는 학교에서 공부해야 하는 일이 자신의 존재와 삶보다 더 우위를 차지하고 실질적으로 더 중요시 된다. 사교육비 부담 때문인지 한국은 이미 오래 전부터 아이 낳는 것을 두려워하는 나라가 되었고, 출산율은 전 세계에서 가장 낮은 수준이다. 교육비도 문제이지만 어린 시절을 성적경쟁에 매달려 살아야 하는 아이가 가련해서라도 출산을 고민할 수밖에 없다.

초등학교 고학년, 아니 늦어도 중학교부터는 학생들이 오로지 대학입학을 준비하는 데 집중하는 생활을 하고 있다. 중학생들의 경우 학교수업이 끝난 오후에 보습학원으로 가 주요과목의 수업내용을 미리 배우며 기출시험문제 푸는 연습을 통해 성적을 향상시켜야 한다는 심리적 압박감을 피하기 어렵다. 친구들과의 대화 주제도 결국에는 교과학습이나 시험결과로 환원되기 일쑤이며 서로 간의 보이지 않는 성적경쟁으로 인해 우정은커녕 마음과 정신마저 피폐해진다.

대학입시준비에 열중해야 하는 고등학생들은 자신의 욕구나 의지와 관계없이 의무화된 '야간**자율**학습'을 하게 된다. 그러나 이러한 학습은 '자율'이란 단어가 무색할 정도로 학교의 일방적 결정에 의한 반강제적인 수업의 연장이며 거의 모든 학교에서 시행되는 일반적 현상이다. 상당수의 학생들은 늦은 밤에 끝나는 자율학습 후에 다시 자정시간까지 입시학원에 가거나 과외수업을 받는다. 학생들 스스로가 생리현상인 잠을 줄여서라도 입시준비에 매진하려 한다. 그런데 유감스럽게도 뭔가 크게 배워야 할 학교(大學)에 입학하기 위해 준비하는 공부가 규격화된 입시지식을 암기하고 반복하는 배움의 형식을 보여주고 있다.

지식의 본질과 의미에 대해 생각하는 일은 학생들의 관심대상이 될 수 없다는 분위기이다. 객관식 선다형으로 출제되는 대학수학능력시험마저 그러한 지적탐구를 허용하지 않는다. 스스로 질문하고 논의하여 그 답을 추론해내기보다는 문제풀이 식으로 제시된 내용들을 배워 정답을 잘 찾는 능력(요령)을 기르는 과정의 연속이 학교교육이다. 이미 초등학교 때부터 객관식 선다형의 문제풀이에 익숙해진 학생들은 지식을 쌓고 평가하는 방법이 그것 외엔 없는 줄 안다.

이런 식으로 배우다 보니 학교에서 공부하는 것이나 학원에 가 배우는 것이 그 형식의 측면에서 전혀 차이를 보이지 않는다. 오로지 시험성적만 중요하기 때문에 배움의 형식과 의미에 관심을 보이는 학생과 학부모는 거의 없다. 그래서 시험문제 풀이 중심으로 요령껏 가르치는 학원의 수업이 더 효율적이라 믿고 있다.

수단과 방법을 가리지 않고 시험성적을 올리는 것이 고등학교 3년간의 생활이요, 학생 자신의 미래를 준비하는 일이다. 그렇기에 대학에 입학하게 되면 이제껏 중·고등학교에서 배웠던 내용들이야 다 잊어도 상관이 없다. 배우는 목적이 입학시험이었으니 목적을 달성했으면 된 것이다. 그래서 대학에서 공부할 수 있는 능력을 테스트한다는 의미의 '대학수학능력시험'은 학생의 지식·사회·정서·판단 능력의 배양이 아닌 시험성적 생산 자체에서 그 할 일을 끝내고 만다.

지금까지의 내용을 바탕으로 할 때 우리가 성장세대인 학생들과 연계하여 이해하는 교육은 결국 학교교육이 되고 이는 현실적으로 또다시 '입시준비 학습'으로 축소된다. 좀 더 적나라하게 표현하자면, 한국에서는 학교를 빠지지 않고 다니며 입시준비 학습을 성공적으로 마치면 '교육받은 사람'이 된다. 그리고 성적경쟁에서 우위를 차지해 소위 말하는 '좋은' 대학에 진학하면 교육적으로 '성공한 사람'으로 인식된다.

물론 근대 이후 교육이 국가에 의해 학교에서 집단적으로 이뤄지게 되었고, 또 학교교육의 성과에 의해 자질부여 및 사회적 선발과 배치가 이뤄지고 있는 보편적 현실을 감안하면 우리가 학교교육 자체를 부정적으로만 볼 필요는 없다. 그러나 단순히 입시성적 경쟁을 위한 기능적 수업과 성적평가로 격하되는 학교교육이 과연 '교육적'인지 고민하지 않을 수도 없다. 즉 학교라는 교육기관에서 교사와 학생이 글자 그대로 '교육적'인 일과 관계하고 있는지 질문하고 검토해야 한다는 말이다.

학교와 교육

굳이 칸트(I. Kant)를 언급하지 않더라도 우리는 흔히 '교육을 받지 않으면 사람이 될 수 없다'고 말한다. 이 말에는 인간이 본래 어떤 존재이며 또 교육을 통해 어떻게 되어야 하는지가 전제되어 있다. 즉 어린이들은 아무렇게나 성장하고 발달하는 것이 아니라, 특정한 방식으로 커야 하는 교육적 존재라고 하는 전제하에서 우리는 이 말을 올바로 이해하고 논의할 수 있게 된다.

교육적 존재인 어린이의 삶에 가장 밀접하게 연결된 기관은 학교이다. 서양의 경우 어린이의 교육은 오랫동안 가족집단의 권한 하에 놓여 있다가 17세기 말에서 18세기 초에 이르러서야 비로소 국가가 설립한 교육기관인 학교로 넘어가게 되었다. 한국에서는 학교를 다니지 않으면 사회에서 사람 구실을 할 수 없다는 판단 하에 가능하다면 제도적으로 존재하는 학교의 단계는 모두 마치는 것이 좋다고 여긴다.

근대 초기 전통적인 대가족제도로부터 독립하게 된 중산층 가정에서 현대적 의미의 어린이가 출현하게 되었으며, 이들은 예전의 가족경제 체제가 아닌 '사회기관(학교)'에서 성인의 직업세계로 들어서기 위한 준비를 하게 되었다. 달리 표현하자면, 이제 어린이들은 실제의 생활세계를 떠나 교육학적으로 조성된 '인위적' 세계인 학교에서 삶을 준비해야만 하였다.

근대의 학교교육과 더불어 사회기관에 의한 어린이의 교육화(敎育化)가 진행되었다. 가족이 아닌 국가가 어린이의 교육을 담당하게 되었고, 기술적이고 실용적 측면들을 고려한 교육시스템이 구축되어 운영되기 시작하였다. 학교는 인력양성 및 인간교육의 일부분을 담당하게 되었으며, 사회·경제 분야의 현실적 요구가 늘 그러했듯이 학교교육 또한 효용성 및 효율성을 고려한 자원운용 계획의 지배하에 놓이게 되었다.[1]

학교에서 가르쳐야 할 내용의 기준이 정해지고, 교원양성 과정을 통해 가르치는 일의 전문화가 추진되었으며, 학생들의 출결이 점검되었다. 국가의 지시와 감독을 받는 학교는 학과지식, 복종 그리고 위계질서 같은 정치·경제 영역의 덕목을 전수하는 근대사회의 계몽기관 역할을 하였다.

그럼에도 학교교육에서 한편으로는 근대국가의 정치·실용적 관심이 대대적으로 관철되었고, 다른 한편으로는 고전고대의 교육적 전통을 되살려 개별 인간의 고유함을 지향하는 인본주의적 교육 이념이 형성되었다. 인간의 교육이란 무엇보다 고유한 자기 자신을 형성하는 과정이기 때문에 국가에 의한 교육에서 공익성뿐만 아니라 개별적 인간의 이해관심 또한 반드시 고려되어야 한다는 교육이념이 당시의 시대경향성에 병행하며 존재했던 것이다.

하지만 인간의 개별적 고유함에 근거하여 역사의 발전 및 인류의 진보를 꿈꾸었던 근대의 인본주의 교육학은 기술과 산업의 발달에 따라 더욱 막강해진 정치·경제적 관심의 지배를 받는 학교교육의 뒤편으로 사라질 수밖에 없었다. 물질적 유복함과 기술적 편의성을 제시하는 경제발전이 학교교육을 급속도로 기술적 인식 및 지배관심에 예속시켰던 것이다.

무엇보다 사회·경제적 이해관심을 반영하는 경험주의 교육학은 공학적 사유를 바탕으로, 다시 말해 인간이든 사물이든 간에 기술적으로 응용하고 활용하겠다는 인식관심에서 출발하는 학문적 성격을 앞세워, 교사와 학생을 지배하는 위치에 오르게 되었다. 부모의 교육적 기능을 대신해 국가가 성장세대의 교육을 담당해야 하는 이유 역시 기술적 응용 위주의 교육이론을 통해 정당화되었다. 교육학은 학교교육을 전문·효율화해야 한다는 점에서 자신의 학문적 과제를 찾으려 하였다.

시간이 흐를수록 학교교육은 점점 더 정치·경제적 인식과 활용 논리의 지배를 받게 되었으며, 사물의 제작에 사용되던 기술과 기법들마저 교육의 생산성을 효율화하기 위해 학교교육에 투입되었다. 이제 후기 자본주의 산업사회에서 인간을 중시하는 교육학의 이념과 주장은 퇴색한 낭만적 교육구상으로 간주된다. 그 대신 경제학, 행정학, 공학 같은 실용·기술적 응용학문의 관심과 방법이 학교교육의 내용과 방향을 지시하는 역할을 떠맡는 것이 당연시되고 있다.

현대 '교육과학'은 스스로를 다양한 사회·경제적 관심과 분야가 통합된 사회과학의 한 분야로 이해하면서 교육의 관련영역들을 확대하고 학교교육의 사회·경제적 중요성을 강화시켰다. 그렇지만 이는 정작 인간과 교육 자체에 대한 교육학적 관심이 사라지게 하였다. 그 결과 어린학생들의 학교교육마저 성인의 기능적 직업활동과 연계되어 파악되고 있으며, 사회적으로 유용한 제품으로서의 교육은 상대적 비교가치를 지니기에 얼마든지 비교·경쟁할 수 있는 대상으로 전락하고 말았다.

교육에 대한 사회적 이해와 관심이 변화했음을 우리가 백 번 인정하더라도 오늘날 교육학의 여러 분과학문들이 학교를 사회화 기관내지 정부의 정책적 지시를 수행해내는 일선 실무기관으로 간주하는 상황은 매우 당혹스럽다. 시대와 사회 환경이 어떻게 바뀌더라도 학교는 성장세대와 기성세대가 함께 하며 생동적으로 세상을 탐구하고 배워나가는 '삶의 공간'으로 남아야 할 필요가 있기 때문에 그렇다. 학교에 대한 지나치게 실용적 이해는 교육 본연의 과제에 대한 무지와 무관심에서 나오는 것이란 생각에 참담함을 느끼지 않을 수 없다.

삶과 교육실천의 장(場)인 학교의 본질과 내적 기능에 대한 이러한 무관심은 학교에 대한 교육학적 연구가 교수방법 및 학교경영의 차원에 초점을 맞춰지도록 하고 있다. 그 결과 교육학의 인식관심을 미시적으로 학습 방법에 정조준하고 있는 현대의 심리·공학적 학습이론들은 학교교육에서 교사의 교육(학)적 역할을 새로운 '교수기능(教授技能)'으로 대체한다. 교직이 '전문화'되어야 하기 때문에 전통적으로 높게 인정되고 요구되었던 인본주의적 교사상은 더 이상 신임교사들의 직업적 태도형성에 영향을 주는 척도가 될 수 없다는 것이다.

교직 전문성에 대한 사회와 경험주의 교육학의 요구가 커지면 커질수록 교사의 직업적 활동은 점점 더 교수기능화 된다. 그에 따라 교사의 '사람됨'이나 '교육학적 의식'과 관련된 덕목, 즉 학생에 대한 사랑, 교육적 돌봄, 교육적 수업, 가르침을 통한 배움, 인격적 관계형성, 교육학적 판단력 등과 같은 교육적 요소들이 교육현장에서 급속히 사라질 수밖에 없다.

학교의 수업에서는 교사의 교육학적 태도와 의식보다 오히려 조작적 수업환경, 매뉴얼처럼 되어 있는 교수방법 그리고 여타의 수업지원 여건이 더 중요한 요소로 등장한다. 교사는 이 모든 변인을 직접적으로 조작하고 활용하는 역할담당자가 되었다. 이제 교사는 스스로의 교육학적 결단을 바탕으로 가르치는 인격적 '주체'가 아닌 기능적 '역할담당자'로 자신의 직무를 이해해야 하는 것이다. 교사는 가르치는 일보다는 학습효과 극대화를 위해 조건화된 수업환경에서 다른 변인들과 더불어 학습의 중재자의 역할에 충실해야 한다.

어린이들이 온전한 인간으로 성장하기 위해서는 아동기 동안 세상을 탐구하고 배워가며 자신의 정서·도덕적 내면세계를 형성하지 않으면 안 된다. 사회의 요구에 부응해 직업적 삶을 준비하는 것 또한 이와 같은 내면적 자아형성과 연결될 때에 비로소 그 성과를 기대할 수 있다. 근대 학교의 발생 이후부터 아동기가 의무교육을 받아야 하는 학령기 및 유아교육기관에 다니는 유아기와 겹치게 됨으로써 이제는 학교가 어린이의 존재 및 삶의 형성에 핵심적 과정이자 내용으로 자리하게 되었다.

이러한 점을 고려할 때 작금의 학교교육은 미래에 필요로 하게 될 실용적 생활세계뿐만 아니라 자신의 존재를 지켜줄 내면의 가치 및 의미의 세계를 어린이에게 매개해야 한다. 학교는 어린이에게 이 두 세계를 보여주고 균형 있게 형성하도록 준비시켜야 할 책임이 있다. 그러나 학생은 사물이 아닌 자유로운 인간이기 때문에 이러한 학교의 책임을 흔히 주장되듯 기술적 합리성을 통해 수행해낼 수는 없다. 오로지 학생과 교사의 자율·교육적 의미추구 행위를 통해서만 학교의 교육적 책무가 성취될 수 있다.

사회와 경제 그리고 정치권력이 교육과 학교의 역할을 어떻게 이해하고 기능화하든 간에 스스로 자기 자신과 삶의 목적을 결정해야 하는 인간은 도구화될 수 없는 존재로서 자신의 실천적 삶에 대해 책임을 져야 한다. 자유를 누리며 존재하는 인간의 최상위 목적은 자신의 존엄성에, 다시 말해 자기 자신이 목적이라는 점에 근거한다.

이렇게 스스로 자기목적을 설정하는 인격체로서의 인간을 전제로 할 경우 학교교육의 이론-실천 관계는 방법적 효율성을 준거로 하는 기술적 생산 과정과 확연히 달라져야 한다. 왜냐하면 학교교육은 학생으로 하여금 자유롭고 고유한 자기 자신임을 배우고 깨닫도록 이끌어야 한다는 교육적 과제와 책임으로부터 결코 벗어날 수 없기 때문이다.

인간 존재의 최고 목적은 '**자기결정(自己決定)**'이다. 인간은 주어진 기술적 생산 과정에 도구화되어 있는 상태에서도 불현듯 반문하고 사고하면서 자신의 고유한 삶을 꿈꾸도록 되어있는 존재인 것이다. 이러한 인간학적 전제들은 특정 시대나 사회가 인위적으로 무시한다고 해서 사라질 수 있는 것이 아니다. 자기결정은 사람이 사람일 수 있도록 해주는 존재 본질적 속성으로 교육과 교육학에서 반드시 고려되어야 하는 핵심사항이다.

인간의 자기결정 능력은 오늘날 심리학과 교육심리학에서 칭송되고 있는 자아실현(self-realization) 또는 모든 사회적 관계를 벗어난 듯 표출되는 자아도취(narcissism) 개념과는 구분된다. 따라서 학교는 학생들이 스스로 결정하고 행위하며 궁극적으로 자신이 한 일에 대한 책임을 질 수 있도록 가르쳐야 한다는 과제를 지녔다.[2]

교사 역시 현재 상황에 종속된 자신의 타율적 삶을 방관만 하며 지낼 수 없다는 사실은 자명하다. 학생을 자율적으로 사유하고 판단하는 성숙한 인간으로 이끌어야 하는 교사가 자기 고유의 교육적 사유 및 실천 능력을 지닐 수 없다면 이는 모순일 수밖에 없기 때문이다. 교사는 지시와 규정에 따라 일을 처리하는 기능인력이 아니다. 그렇기 때문에 양성교육을 마치고 교직에 입문한 교사들에게 자신이 맡은 수업과 교육실천을 독립적으로 고려하고 판단할 수 있는 '**교육학적 자유**'가 충분히 주어져야 한다.

학교와 교육에 대한 현 사회 및 정치의 요구가 인간의 존재 목적과 서로 상반된다 할지라도 학교교육이 기능적 지식교육에 한정될 수는 없다. 사람됨의 과정을 간과하거나 생략하는 학교교육은 결국 실질적 측면은 물론 교육학적으로 실패하게 된다. 한국의 학교와 사회는 이러한 실패와 좌절의 현상을 목도하면서도, 어떤 이유인지는 모르겠으나, 아직은 판단을 유보하는 듯 보인다. 지금의 교육현실은 교사들에게 학교교육의 본질에 대한 사유와 숙고 및 자신의 인간 존엄성 회복에 대한 판단의 계기를 절실히 요구하는 상황이다.

학교교육의 세 요소

교육한 결과의 경제적 효용성 및 교육하는 과정의 기술적 효율성을 추종하는 일련의 한국 교육학자들에게 학교교육을 개선하기 위해 가장 중요한 개념을 제시하라고 한다면 어떠한 단어들이 나올 것인가? 앞서 언급했던 것처럼 교육학의 인식관심이 사회과학화 되었고 경험주의 연구 방법을 중시하는 우리 교육학계의 현실을 전제로 할 경우, 그들의 선택에 인간의 존엄성과 가치의 문제를 내포하는 단어들이 포함될 가능성은 매우 낮다.

경험주의 교육학에서 학문이란 매우 '고상한' 작업으로, 명확하며 검증 가능한 진술의 완벽한 체계를 세우는 일이다. 또한 이론은 확실한 예측이 가능하도록 입증된 법칙을 통해 제한된 범위의 문제를 설명하는 틀로 이해된다. 따라서 이러한 교육과학의 과제는 모순이 없고, 검증할 수 있으며, 몰가치적 이론체계를 구축해 교육의 장에서 제기될 수 있는 인과관계를 밝혀내는 일이다. 그래야만 예측이나 예언이 가능해짐으로써 기술적 방법을 동원해 교육을 조종할 수 있게 된다.

이와 같은 관점의 교육학에서 교육실천은 단지 '공학적 기술(technics)'일 뿐이다. 즉 교사의 수업활동이 경험주의 방법을 통해 어린이 행동양식의 법칙성을 최대한 정확하게 찾아내는 것을 추구함으로써 미리 의도했던 특정 상태나 행동방식을 개별 학생들로부터 도출해내는 사회공학기술과 크게 다를 바 없다. 여기에서는 학생 또는 교사라는 주체의 개성이나 정서·정신적 상황을 제거한 후 수업 외적 조건들의 인과관계를 밝혀내고 조정함으로써 수치로 환원된 수업성과를 달성하려 한다. 결과산출의 효율성을 높여야 한다는 생각이 우선적이다.

따라서 이러한 교육학에서는 '학생(자기)주도학습', '교수전략', '효율적 학습전략', '수업관리', '학급·학교경영' 등과 같은 용어들을 학교교육의 가장 중요한 개념으로 인정하는 데 주저하지 않을 것이다. 비록 수업, 학생 그리고 학교 같은 교육학의 개념들과 연결되어 있기는 하지만, 이들 개념은 본디 사회과학적 관심사를 추구하는 심리학, 행정학, 경영학 등에서 나온 것으로 가치의 문제를 제거하면서 사회공학적 목표달성만을 지향한다.

교육실천을 공학적 기술로 이해하는 교육학에서는 '과학적' 방법이란 명목 하에 연구·개발되는 전략에 따라 교육의 두 주체인 교사와 학생을 기술적 지배관심에 종속시킨다. 교사의 교육적 태도나 열정 또는 학생 스스로 배우려는 의지와 같은 교육 내재적 요인들이 의도적으로 배제되어야만 경험주의 연구 방법에 의한 '과학적' 수업이 구상될 수 있다고 생각하기 때문에 그렇다. 이러한 교육이론의 주된 표적은 바로 학교에서 교육학적 과제를 수행해야 하는 교사들이다.

이러한 교육이론에서 교사는 자율적 판단에 의해 교육적 의미를 구현하는 수업이 아닌 이론의 지시에 따라 기능적으로 활동하는 수업을 하도록 요구받는다. 그렇지만 사람됨을 목적으로 하는 교육학은 행정학이나 경영학처럼 특수한 사회적 관심에서 수집된 자료를 다루는 학문이 될 수 없다. 왜냐하면 교육이란 특수한 목적을 달성하기 위해 행동기법에 관계하는 단순한 실천행위가 아니라, 개별적 삶에서 나타나는 인간관계 전체와 연결되는 전인적 차원의 가치 지향적 실천행위이기 때문이다.

사실 교육적 활동의 목표가 인식 가능하고 확인 가능한 대상에만 한정될 수 있는 것은 아니다. 교육학 또한 여타의 사회과학에서처럼 개념화를 통해 대상이 이들 개념에 상응하도록 조건화하는 일을 담당하는 기능적 학문일 수 없다. 학생들은 수업에서 교사가 가르치는 내용을 각기 자기 방식대로 고유하게 경험하고 깨달아 습득한다. 즉 학생은 자신에게 의미가 있도록 학습하게 되는데, 이러한 인격적 학습 과정이란 사회공학 성격의 이론과 기법을 통해서 유도·조정될 수 있는 성질이 아니다.

학생의 수업에는 원칙적으로 어떤 이론적 의도나 지시를 통해서도 제거될 수 없는 학습자 자신의 창의·자발적 수용능력이 존재한다. 그렇기 때문에 어떠한 교육기법도 자유롭게 선택하고 수용하는 학생을 미리 의도하거나 계획한 대로만 학습시킬 수 없는 것이다. 배운 내용을 어떻게 받아들이느냐 하는 것 역시 그 결정권이 학생에게 주어진 문제로 자신에게 의미가 있으면 있을수록 더 적극적으로 수용하게 된다.

따라서 우리는 인간의 교육에서 나타나는 이러한 특성들을 고려하면서 한국의 학교교육을 진지하게 고찰하여 되살려내는 데 중요한 개념들이 무엇인지 찾아 나설 필요가 있다. 그렇다고 학교교육에 중요한 개념들이 앞서 제시되었던 사회공학의 개념들과 완전히 다른 것은 아니다. 의도된 결과를 강제하고자 첨가된 '-학습', '-전략', '-관리', '-경영' 같은 접미용어가 제거된 일상적이며 기본적인 개념들, 즉 **학생**, **교사** 그리고 **학교**가 학교교육의 핵심을 이룬다는 판단을 하게 된다.

근대 이후 교육학이 학교교육을 통해 획득될 수 있는 사회·경제적 효용성을 증대시키는 방안의 개발에만 열중하느라 이 세 개념을 소홀히 다룬 것은 사실이다. 그러나 교육의 주체이자 수행자인 학생과 교사 그리고 국가의 순수한 지원과 관리를 통해 교육학적 자율성이 자리하는 학교는 학교교육의 세 핵심요소일 수밖에 없으며 그 가치를 회복해나가야 한다.

사회과학의 관점에서 보면 너무나 당연한 일인 것처럼 보일 수 있겠지만, 지난 이삼백 년을 거치면서 '학생'과 '교사' 그리고 '학교'라고 하는 학교교육의 가장 기본적 요소들이 사회의 효용가치 산출에 맞춰짐에 따라 수업과 교육이 점차 인간 소외의 방향으로 규정되어왔다. 교육의 주체인 인간보다는 교육의 사회효용성 및 그 결과 산출을 유도하는 투입-산출 방법의 효율성이 교육학의 핵심주제이자 연구과제가 되었던 것이다. 그렇기 때문에 학교교육이 심각한 사회문제 및 개인의 고통으로 다가오는 이 시대에 우리는 교사와 학생의 사람됨과 교육적 보호 공간으로서의 학교의 본질적 의미를 되새겨봐야 한다.

이 시대의 한국인 누구나 깨닫고 있듯 학교는 어린이 자신의 삶의 세계를 배제하면서 성취경쟁사회에 진입하기 위한 전초전을 치루는 장소가 되었다. 사실 면밀히 들여다보면 학교교육은 전초전이 아니라 사회적 성취경쟁 그 자체라고 할 수 있다. 학부모의 사회·문화자본에 따른 자녀들의 학업성취 결과가 이후의 사회생활 경쟁력이 된지 이미 오래이다. 자녀교육을 후원·조성하는 것이 아니라 다양한 영역의 자본 투자를 통해 무한의 경쟁을 일상화하는 현실인 것이다.

타고난 '본능'과 '사실 영역의 법칙'은 물론 보편적 '인간 정신' 및 고유한 '개성 영역의 법칙'이 함께 적용되는 일상적 학교교육의 세계는 구체·개별적이며 따스한 생동의 세계여야 한다. 반면에 '과학적'이란 수식어를 붙여가며 사회적 효용성과 경제적 효율성을 추구하는 경험주의 교육현실은 왠지 추상·공학적인 차가운 진공의 세계를 지향하고 있다. 아직 미숙한 인간이 삶을 경험하고 배우면서 고유한 자의식을 형성해야 하는 학교교육에서는 합리성 못지않게 감수성과 상상력이 중요한 데에도 말이다.

그간 교육학은 학문적 성향을 사회과학화하면서 기술적 합리성에만 의존해 사회·정책적으로 예측된 목표를 기능적으로 조종하는 일에 몰두해오느라 진정한 교육학적 가치와 내용들이 상실되고 말았다. 그럼에도 교육 및 교육학이란 단어는 필요에 따라 어디라도 붙일 수 있는 유행어가 되어 '경제교육', '직무교육', '입시교육', '기업교육', '뇌교육', '영재교육', '애견교육' 등 과잉되어 사용되고 있다.

이러한 현실 인식으로부터 우리는 학교교육에서 사라져가고 있는 '교육학적' 내용을 되찾기 위해 현대사회 구석구석에 만연된 교육과 교육학의 표면적 과잉에서 벗어나 반드시 추구해야 할 것이 무엇인지 고민할 뿐만 아니라 그 의미를 한정지으려 노력해야 한다. 또한 이미 상당 부분 상실되고 만 인간교육의 본질적 의미와 성취를 되찾기 위해 교사의 교육학적 사명과 활동을 회복시킬 방안을 찾아야 한다.

그래서 지금부터 학생과 교사 그리고 학교를 학교교육의 주요 개념으로 설정하여 그 역사·교육적 의미를 살펴볼 것이다. 가장 기본적이고 상식적인 것이 가장 핵심적이라는 생각에서 출발하려는 것이다. 이 시도가 교육학에 관심이 있는 사람들은 물론이고 교육현장에서 기능적 직무활동에 시달리느라 의욕과 창의성이 소진된 교사들에게 자신의 직업과 역할에 대해 성찰할 기회를 제공할 수 있길 기대한다.

2부

학생의 발견

오스트리아 St. Pölten시의 학생들

교육의 비결은 어린이를 존중하는 데 있다.

\- Ralph Waldo Emerson

어린이 하나하나는 아직 알려지지 않은 대륙이다. 오로지 그들을 사랑함으로써 우리는 결코 완전하게 밝혀질 수 없는 이 대륙을 제대로 찾아갈 수 있다.

\- Hermann Stehr

01. 학생은 누구인가?

교육학에서 오랜 역사를 지닌 교사의 이미지(教師像)에 비해 학생의 모습(學生像)은 교육학적 이상화가 제대로 되지 못했다. 또 현실적으로 기대하는 학생의 이상적 모습은 언제고 교사나 성인에 의해 정해질 가능성이 높다. 왜냐하면 학생이 독자적 관점에서 자신의 역할에 대한 고유한 표상을 펼칠 자유가 어느 정도까지 허용될지는 오늘날의 민주주의 사회 체제에서조차 명확치 않기 때문이다. 그러므로 학생이 어떤 존재인지에 대해 논의하는 일은 관련 당사자들의 이해관심이나 관점에 따라 서로 다른 주장을 가져올 수 있다.[1]

즉 공교육 체제를 운영하는 국가, 교육현장에서 학생을 가르치는 교사, 자녀의 높은 학업성취를 기대하는 학부모는 학생에 대한 기대와 내용을 서로 다르게 표상함으로써 학생을 이해하는 데 차이를 드러내게 될 것이다. 단적인 예로 정치적 관점에서 교육을 조망했던 옛 소비에트연방 우크라이나의 집단주의 교육이론가 마카렌코(A. S. Makarenko)는 교육을 제품생산 과정에 비교하여 설명함으로써 학생을 마치 생산된 제품처럼 표현한 적이 있다.[2] 이러한 사례는 학생을 이해하거나 개념적으로 규정하려는 논의의 층위가 얼마나 다양할 수 있을 것인지를 보여준다.

그런데 우리가 학생을 논의할 때 제일 먼저 부딪히게 되는 문제는 학생의 자연·사회·실존적 존재 양식에 대한 학술적 언급이나 연구를 찾아보기 힘들다는 점이다. 발달심리학 분야에서 아동에 대한 연구가 매우 활발하게 이뤄질 뿐만 아니라, 교육인간학 역시 보편적 존재로서의 인간에 대한 관심을 지니지만,[3] 유독 학교에 재학하는 학생 자체를 대상으로 하는 연구는 아주 제한되어 있을 뿐만 아니라 제대로 된 논의는 거의 없다고 해도 과언이 아니다.

교육을 구성하는 주체로서의 학생에 대해 논의하기 위해서는 학생의 존재적 본질 및 특성에 대한 고찰 및 내용 규정이 선행되어야 한다. 즉 학생은 누구이며 어떤 특성을 지녔는지를 파악하기 위해 우선적으로 해야 할 일은 학생 존재(Schülersein)[4]에 대한 교육학적 성찰과 탐구이다. 그런데 이상할 정도로 이제껏 학생에 대한 존재론적 성찰이나 교육인간학적 탐구가 거의 없었다.

법적으로 성인이 아닌 초·중등학생은 일반적으로 어린이나 청소년의 범주에 통괄되어 파악된다. 그러나 교사를 포함한 대부분의 한국 성인들이 일상적으로 학생을 지칭하는 표현은 '애'이다.[5] '학생'이란 표현은 그들의 사회적 위치를 객관적으로 제시하거나 확인할 때를 제외하고는 거의 사용되지 않는다. 이렇듯 이미 그 용어의 사용에서부터 학생은 '탈(脫) 존재적'이며 학교라는 사회에 역할담당자로 편입될 수밖에 없는 운명에 처해 있다.

취학의무를 따르지 않고 학교를 거부할 경우 학생에게 주어질 수 있는 대안적 지위란 없다. 학생은 국가의 강제에 따라 학교에 재학하여 학생의 지위를 획득하거나 또는 의무교육 이탈자가 될 수 있을 뿐이다. 학생은 국가에 의해 제정·공포되는 교육법 및 학교법의 지배를 받는 역할과 기능에서 벗어날 수 없으며, 교육학에서도 대체로 그러한 범주 안에서 학생이 언급되고 다뤄지는 것을 당연시한다.

필립 아리에스(Philip Ariès)는 저서 『아동의 탄생』에서 우리가 알고 있는 아동기라는 개념이 학교와 밀접하게 연관되어 형성되었음을 제시한다.[6] 아동기에 대해 현재 우리가 지니고 있는 견해는 학년 단위로 구분되는 학교제도 하에서 어린이들이 학생으로 되어가는 과정을 통해 비로소 형성되었다는 것이다. 왜냐하면 어린이들이 제도적 기관에서 수업을 받는 시점에서부터 그들의 발달 및 학습 능력에 대해 판단해야 할 필요성이 생겨났을 것이며, 어린이 상(像)과 아동기에 대한 표상 또한 그때부터 형성되었을 것이기 때문에 그렇다.

우리가 아리에스의 주장을 수용할 경우 근대 이후 사회 및 교육의 역사를 통해 나타나는 아동기는 학교와 연결되어야 비로소 그 완전한 의미가 파악될 수 있을 것이다. 또 이러한 맥락으로부터 '학생'이란 존재가 현대인의 자기 성장과 인식에 중요하고 의미 있는 단계로 등장할 수 있었다는 것을 알게 된다.

생물학적 관점에서 아동기는 출생 시점으로부터 성적(性的)으로 성숙해지는 사춘기까지이며 그 가운데 학교에 다니는 동안은 '학교 아동기(Schulkindheit)'라고 할 수 있다. 이 관점에 따라 인간이 출생에서 약 14세 정도까지를 아동으로 살아간다 할 때, 그 기간의 절반은 학생으로 지내게 되기 때문에 어린이의 삶 전체에서 학교 아동기는 개성적·사회적 성장과 발달에 매우 중요하다.[7]

학교생활은 어린이의 다양한 신체적 변화와 더불어 시작된다. 즉 젖니가 빠지면서 영구치가 새로 나며, 일상의 의사소통을 가능케 하는 모국어 능력이 생기고, 4세에서 6세 사이에 두뇌가 괄목할 정도로 발달함으로써 사유 자체에 대해 숙고할 뿐만 아니라 배운 내용을 구조화할 수 있는 메타인지(metacognition) 능력이 형성된다. 집중력을 요구하는 수업을 통해 학습의 과정에 본격적으로 참여하는 것은 학교 아동기에 이르러서야 비로소 가능해지는데, 어린이는 학교생활을 통해 자립심을 기르고 질적으로 새로운 배움의 차원이 열어간다.[8] 이러한 내용을 전제로 이제 학생에 대한 역사와 학생을 이해하는 다양한 관점 그리고 교육 본질적 관점에서의 학생 이해가 어떠한지 살펴보자.

02. 학생, 그 존재의 역사

교육의 역사에서 어린이는 오랫동안 성인의 지도와 간섭에 의해 훈육되어야 할 존재로 인식되어 왔다. 근대에 이르기까지 학교에서 배울 수 있는 자격은 특정한 계층의 어린이들에게만 주어지는 혜택으로 간주되었으며, 교육이란 체벌과 억압을 전제로 한 교화(敎化)의 과정으로 여겨져 왔다.

아마도 공부를 좋아할 어린이란 없을 것이란 생각에서 그들을 강제적으로라도 배움으로 이끌어야만 한다고 보았을 것이다. 그리하여 국가와 사회의 요구에 의해 국민교육을 위한 학교들이 생겨났을 때에도 타율적 힘에 의해 계획된 학습을 추진하는 일이 학교교육의 핵심으로 이해되었다.

루소(J.-J. Rousseau)를 위시한 여러 교육사상가들은 어린이를 중심으로 하는 교육을 요구하였지만, 국가 주도의 학교교육 현실에서 그들의 주장이 제대로 수용되지 못했다. 학생 고유의 발달단계나 자발성을 고려하지 않고는 무엇을 배우도록 하거나 또는 제대로 가르칠 수 없다는 인식은 실로 현대에 들어와서 서서히 보편화되었다고 말할 수 있다. 그럼 먼저 학생 이해가 역사적으로 어떻게 진척되어 왔는지 간략하게 살펴본 후, 현대 교육학이 학생에 대해 보이는 관심은 어떠한 성질의 것인지 알아보자.

학생 존재의 출현

교육의 역사를 거슬러 올라가면 고대에도 학교가 있었으며 그에 따라 학생 또한 존재했음을 알 수 있다. 오늘날처럼 공교육기관으로서의 학교는 아니었지만 소수 특권층의 교육을 담당하는 기관은 고대 이집트에도 있었다.[1] 이렇듯 학교의 역사는 오래되었으며 학생의 역사 또한 오래되었을 것으로 보인다. 그러나 학생은 학교교육의 역사에서 그 주체가 아닌 대상으로 파악되었기 때문에 교육에 대한 서술에서 아예 배제되거나 기껏해야 주변인의 모습으로 나타날 수밖에 없었다.[2]

고전고대에서 근대 초기에 이르는 기간 동안 학생은 연령과 관계없이 어울려 공부하였으며, 수업내용의 수준을 기준으로 구분된 학급에는 어린아이부터 20세가 다 된 청년들이 뒤섞여 있었다. 중세의 학교에서는 교육과정이 단계화되어 있지 않았을 뿐만 아니라 구두로 반복하는 수업방식을 택하였기 때문에 학생의 연령 자체에 대해 무관심했으며 어린이는 학교에 등록하자마자 곧바로

성인의 세계에 입문하게 되었다.[3]

14세기에 프랑스의 콜레주가 발달하면서 학교수업의 무질서와 학생들의 방종한 생활이 제재를 받게 되었는데, 이를 계기로 수업에서의 연령 혼재에 대한 반감 또한 생겨났다. 그때부터 학생은 '학교에서 배우는 사람'이라는 신분 특유의 규율에 복종하게 되었고 성인의 세계로부터 분리되었다.[4]

학교제도에서 나타나는 이러한 변화는 연령 및 아동기에 대한 의식변화의 결과라고 할 수 있다. 15세기 중반 이후에는 학생이 연령 혼재로부터 분리되었을 뿐만 아니라 사회적 삶으로부터도 격리되기 시작하였다. 학생은 학년으로 구분된 수업을 받게 되었으며 아동기와 청소년기도 서로 구분되었다. 이렇게 학생을 학년별로 구분하여 교육하게 된 것은 학생 수의 증가로 인한 불가피한 상황 때문이었지만,[5] 학교조직상으로나 발달심리학적 측면에서 볼 때 이런 현상은 당연한 것이었다. 따라서 16세기 이후부터 학생이란 동년배들이 모인 집단의 일원으로 이해되었다.

근대의 '아동기 발견'과 더불어 학생에 대한 이해가 획기적으로 확장되었지만, 학생들은 여전히 엄격하게 감독하며 가르쳐야 할 대상으로 인식되었고 점점 더 교사의 교수 방법과 연관되어 파악되었다. 그 결과 인본주의 사상가 에라스무스(D. Erasmus)나 교수학의 선구자요 학교교육의 중요성을 강조했던 코메니우스(J. A. Comenius)에게서도 학생은 교사 및 교수 방법과 연결되어 언급되고 있다. 인본주의 교육자 가운데 한 사람이었던 무르멜리우스(J. Murmellius)가 1505년 발간한 『학생편람(*Enchiridion scholasticorum*)』에는 학생이 학습열, 명민한 이해력, 기억력, 건강, 먹고 입는 데 필요한 자금, 적

절한 거주지, 검증된 교사, 다수의 서적 등을 갖추고 있어야 한다고 적혀 있다.[6]

교육학에서 어린이나 학생을 언급할 때 빼놓을 수 없는 사람은 루소(J.-J. Rousseau)이다. 그는 어린이를 본래 선한 존재로 파악하였으며, 교육이 어린이로부터 출발해야 할 뿐만 아니라, 아동기를 보호하기 위해 일정 기간 동안 어린이에 대한 사회적 영향을 차단해야 한다고 생각했다. 그에 의하면 교육은 학생의 의무가 아니라 권리이며 교육적 관계형성에서도 학생의 이러한 존재 규정이 적용되어야 한다는 것이다.[7]

문화비판적 관점에서 학생을 이해했으며 교육이 일방적인 문화전수 및 사회질서의 내재화일 수 없음을 강력하게 제시했던 루소는 이후의 인본주의 교육학에 지대한 영향을 주었다. 그러나 그의 어린이 이해 및 학생관이 교육의 현실에 반영되기는 쉽지 않았다. 국민교육의 향상과 통제를 위해 국가가 교원양성과정을 설치하고 공교육제도를 체계화하던 18세기 후반에도 학생의 지위와 권리를 인정하거나 학생의 관점에서 교육을 논의하는 일은 활성화되지 못하였다.

유럽 여러 나라에서 학교교육의 기능화 경향에 대한 비판이 일어나면서 '아동 중심의 교육'을 천명하게 된 것은 1890년에서 1930년대에 이르는 시기였다. 당시의 개혁교육학(Reformpädagogik)운동은 근대의 '교육학적 기획'을 통해 전개된 학교교육이 배움의 기술화, 학제의 관료화 그리고 인간성 상실의 문제를 야기했다고 보았다. 그리하여 전래된 권위적이고 지식전수 위주의 학교는 학생의 삶과 동떨어져 있을 뿐만 아니라 어린이의 개별성을 고려하지 못한다는 비판이 신랄하게 전개되었다.

개혁교육학에서는 어린이가 소외되지 않은 삶의 상징으로 칭송되었으며, 그들이 바로 교사요 구원자라는 과장된 표현마저 사용되었다.[8] 이렇게 제시된 아동관은 개혁교육학의 교육방식을 정당화하였고 학교교육에 대한 교육학적 비판과 교육개혁의 준거가 되었는데 '어린이로부터의 교육'이 바로 그것이다. 이러한 교육개혁운동은 어린이 존중 및 학교교육의 개선에 영향을 주었지만 그렇다고 해서 국가와 성인에 의해 주도되는 교육현실이 바뀌지는 않았다.

한국의 경우 고대에서 근대에 이르기까지 신분계층에 따른 교육기관의 차별이 존재하였고, 전통적 학교교육에서 학생의 지위는 독립된 것이 아닌 신분 획득을 위한 예비적 지위라는 성격을 지녔었다.[9] 그러므로 학생은 개성적 자기발달 및 자기도야 과정보다는 사회적 명망과 지위 획득 과정으로서의 학교교육에 임했던 것으로 볼 수 있다.

갑오교육개혁 이후 신분제도가 타파됨으로써 학교교육이 신분을 대신하는 기제가 되면서 오늘날 한국의 학교교육에서 나타나는 문제들이 배태되었다. 현재 학생들이 보편적 복지권의 일환으로 학교에서 교육받을 권리를 보장받고는 있지만, 국가 및 사회적 의도와 설계에 의한 공교육에서 인간으로서의 학생 자체에 대한 관심과 배려가 아직도 충분치 못하다는 점은 여전히 교육학의 난제로 남아 있다.

결론적으로 요약하자면, 국가 주도의 근대교육이 발생하여 현대에 이르기까지 수많은 교육전문가들이 아동기의 고유함과 개별적 인격에 따른 교육의 중요성을 강조해왔다. 그렇지만 글로벌 경쟁체제에 함몰된 학교교육이 비인간화됨으로써 결국에는 뒤늦게 탄생된 아동기마저 '실종'되고 있음을 탄식해야 하는 역설적 상황에 도달하고 말았다.[10]

현대사회와 학생

현대에 들어 국가의 교육독점이 강화되면서 교육은 개인의 문제를 넘어 국가 및 사회 차원 사안으로 인식되었다. 그에 따라 본래부터 명확하지 않았던 학생의 역할과 위치 또한 '미성숙한 자에 대한 배려'와 '국가의 발전'이란 틈바구니에 끼여 표류하고 있다. 지식정보사회를 대비하여 학생들이 좀 더 개성적이고 창의적으로 성장해야 한다는 목소리가 커지고 있는 최근에도 교육학은 '스스로 형성하려는 학생 자신의 힘'보다는 사회의 필요에 따라 '기능적으로 형성시키려는 외부 환경의 힘'을 더 중요시한다.

학부모와 학생들 역시 잠재력을 이끌어내기 위해 시간을 더 들여 우회하는 교육이나 상상력을 자극하며 학생들의 자율적 학습태도를 격려하려는 교사를 답답해한다. 이는 당장 시급한 성적경쟁에서의 우위 확보가 학교교육의 궁극목적인 것처럼 간주되는 현실과 밀접히 연관되어 있다. 대다수의 학부모와 적지 않은 교사들이 교육의 관건은 효율적으로 가르치는 일에 있으며 배우는 주체로서 학생의 권리나 욕구는 2차적 문제라고 여긴다. 그러다 보니 가르치고 배우는 일이 '주체적' 교육행위가 아닌 기능적 활동, 즉 '교수-학습의 설계'로 이해되기 일쑤이다.[11]

교육학 본원의 관점에서 고찰하자면, 교육은 배우는 사람(학생)에게서 출발해야 하는 '자기도야' 및 '세계와의 관계형성' 과정이며 교사와 마찬가지로 학생들 역시 교육활동의 주체이다. 이때 교육은 기능적 학습 과정을 뛰어넘어 서로를 인정하고 대화하는 관계적 행위[12]로 이해된다. 따라서 수업과 교육에서는 대화적 관계를 지닌 두 주체가 반드시 필요하다. 또 인간은 자신이 하는 행위의 주인일 경우에만 자기 소외의 상태에 빠지지 않기 때문에 대화적 관계에서 학생과 교사 모두 행위의 주체가 되어야 한다.

그렇지만 오늘날의 학생들은 더 이상 가르침과 배움 관계의 주체가 아니라 지시를 따르는 객체로 이해되고 있다. 그들은 획일화된 수업과 기능적 학습 과정에서 자발적으로 참여할 의욕을 확인하지도 못한 채 주어진 조건에 자신을 맞추어 나간다. 이런 상황에서도 학생 자체에 대한 교육학적 관심과 연구는 매우 제한적일 뿐만 아니라, 소수의 관련 연구에서도 학생이 실존하는 존재로서보다는 교육실천의 다른 이해관심과 연관된 변수로서 다뤄지는 것이 일반적이다.[13]

여성이나 외국인 노동자처럼 차별과 불평등에 직접 노출된 사회적 약자 집단에 대한 사회·정책적 관심이 급격히 증가하는 현실에 반해, 학생 단계의 삶에 들어선 어린이의 존재를 바라보는 사회와 교육계의 진지한 시선과 배려는 아예 실종된 상태이다. 학교에 다니는 동안 어린이는 제도적으로 부여된 사회적 의무를 수

행해야 하는 권한 없는 복종자일 뿐이다. 학생은 자신의 고유한 존재성을 사회로부터 망각 당한 존재, 아니 실재함에도 불구하고 인정받지 못하는 사회 공동체의 하위 구성원으로 남아 있다.

교육학의 담론에서조차 학생은 오히려 교육적 문제인 양 언급되고 논의되는 일이 흔하다. '학교부적응', '학습부진', '교사와의 갈등', '학교폭력', '청소년범죄' 같은 문제 상황을 다루는 연구에서나 학생들이 주목받고 언급되기 때문이다. 학생에 대한 긍정적 이미지를 다루거나 그들의 인격적 존엄성에 대한 연구와 언급을 교육학에서 찾기란 아예 불가능한 것처럼 보인다.

이렇게 관련 학문인 교육학마저 학생들의 사회적 소외현상에 대해 관심을 갖지 못하는 상황에서 간헐적이나마 학생 존재의 문제를 대중들의 의식 수면 위로 끌어올리는 분야는 아이러니컬하게도 문학과 영화 같은 예술 영역이다. 사회 구성원으로서의 학생이 처한 심리·정서적 위기 및 좌절과 무력함에서 기인하는 내면적 절망감과 성인세계에 대한 반항심이 예술가의 눈과 정신에 포착되고 있는 것이다.

성장소설 가운데 학교생활이 무대가 되는 작품들에서 우리는 때때로 개별적 학생 존재가 지니는 삶의 고통과 의미를 접하게 된다.[14] 또 비록 연출가의 문제의식과 예술성이 반영되었다고는 하나 주로 상업적 이해관심에 의해 제작되는 영화에서도 학생이 사건의 발단과 전개의 주역으로 등장함으로써 그들이 처한 삶의 상황과 실존적 문제들을 엿보게 해주는 경우가 있다.[15]

이러한 현실은 현대 교육학이 학생을 학문 체계 및 방법적 관점에서만 이해하려 함으로써 인간으로서의 그들이 지닌 존재의 의미와 가치를 박탈해왔음을 반증하고 있다. 이제라도 우리는 일생의 상당한 기간을 학생이란 존재형식으로 살아야만 하는 미래의 주역들이 어떤 이유에서 교육학의 망각된 구성원으로 남아 있게 되었는지 탐구하고 자기 반성적으로 논의해야 한다.

03. 학생 이해의 다양한 관점

반복적으로 언급되지만 학생은 지금까지 심리학이나 사회학의 관점에서 간헐적으로 연구되고 이해되었을 뿐 교육 본질의 관점에서 학생을 고찰하려던 시도는 매우 드물었다. 가장 최신에 발간된 『교육학 대백과사전』에도 '학생'이란 항목이 아예 빠져있는 것은 그리 놀랄만한 일이 못된다.[1] 이 백과사전에서는 그 대신 '학생문화'라고 하는 항목 하에 학생의 삶을 사회현상의 한 단면으로 파악하는 내용이 실려 있다. 이러한 사실은 교육적 주체인 학생처럼 교육과 교육학의 핵심 사항은 제쳐 놓고 이해관심이 있는 현상의 관찰과 서술에만 열중하는 사회과학적 성향의 교육학이 지니는 한계를 보여준다.

랑에벨트(M. J. Langeveld)는 학교를 인간 존재양식으로서의 '어린이 존재'가 형성되는 어린이 '삶의 길'로 묘사하였다. 즉 교육을 책임져야 할 기성세대가 배우는 세대들과 학교에서 함께 함으로써 "인간 존재의 역사적 형상이 재생산될 뿐만 아니라 또한 새롭게 생산된다."[2]는 것이다. 이미 오래전부터 학교는 인간의 사회·문화적 삶을 구성하는 한 부분이 되었으며 어린이와 학교의 관계, 아니 인간과 학교의 관계는 평생 동안 지속된다. 그러므로 '학생'이라는 존재양식은 학생을 교육적 관계의 주체로 인정하고 그들의 존재와 삶을 어떻게 고찰할 것인가 진지하게 고민해야 할 필요성을 우리에게 제기하고 있다. 학생을 이해하려는 다양한 관점들 가운데 법률적 관점, 심리학의 관점, 사회학의 관점 그리고 교육인간학의 관점을 간략하게 고찰하자면 다음과 같다.

법률적 관점

개념적으로 볼 때 학생은 필요한 지식과 기능 등을 습득하기 위해 학교수업에 참석하는 어린이, 청소년 그리고 성인 모두를 지칭한다. 그러나 좁은 의미에서 학생은 직업이나 상급학교의 진입을 준비하기 위해 공·사립학교를 다니는 어린이나 청소년을 의미한다.[3] 각국의 교육법에서는 어린이들이 의무적으로 학교에 다니도록 규정하고 있으며 학생의 자치활동을 권장하고 보호한다. 또한 교육상 필요할 경우 학생을 징계할 수 있도록 하였다.[4] 학생이 학교에 가는 것은 개인 고유의 숙명일 뿐만 아니라 공공의 문제이며 정치적 요인을 지닌 현상이다.

교육은 국가가 부과하거나 베푸는 의무 또는 수혜가 아니며 '인간다운 삶'을 실현하기 위한 기본적 권리나 공공서비스라는 의미로 이해되고 있는데, 이는 국가가 교육기회를 제공하고 학생은 국가가 제공한 기회를 활용해야 함을 뜻한다. 따라서 학생 신분을 획득하는 것은 교육기회 보장을 통한 인권의 실현을 의미하는 동시에 교육청구권자로서의 학생이 법률적 관계 속에 있음을 보여준다.

학생의 신분·권리·의무 및 책임 관계를 의미하는 법적 지위는 헌법상에 보장된 협의의 인권이라 할 수 있는 기본권을 보장하고 제한하는 범위를 설정하고 개정하는 데 준거가 되는데, 그 지위 선정은 공법이나 사법의 일방적 원칙이 아닌 교육법의 원리에 따라야 한다.[5] 그러나 학생의 법적 지위는 사회·역사적 의미도 지니기 때문에 동시대인의 학생관에 의해서도 영향을 받게 된다. 이런 점에서 학생의 지위는 학생에게 부여된 권리와 부과된 의무 및 책임이라는 법률적 요소 외에도 교육에 대한 국민들의 가치관, 교육 자치의 발달 정도, 교원 신분보장의 수준, 학부모의 학교교육 참여 수준 등에 의해 영향을 받는다고 할 수 있다.

교육청구권 및 그에 상응하여 주어지는 취학의무 하에 있는 학생은 학교교육의 과정에서 특정한 권리를 지닌다. 학생이 누려야 할 권리는 학교교육의 규칙적인 진행 보장 및 교육하는 과정에서 생길 수 있는 위기상황의 해결에 그 핵심이 있다. 즉 학생은 양질의 교육 제공, 객관적이며 공정한 평가 및 학년진급, 개별적 능력에 상응하는 학업지원, 교사로부터의 호의적 대우를 받을 권리가 있다는 것이다.[6]

한국의 교육기본법 총칙에서도 모든 국민의 학습권을 보장되고 있으며(제2조) 법령이 정하는 바에 따라 학생이 학교운영에 참여할 수 있음을 명시되어 있다(제5조 2항). 또한 교육당사자에 대한 내용을 다루는 부분인 제12조에서는 "학생을 포함한 학습자의 기본적 인권은 학교교육 또는 사회교육의 과정에서 존중되고 보호된다."[7]고 밝힌다.

심리학의 관점

오늘날 어린이의 신체·심리적 발달은 지적능력이나 사회성의 발달과 더불어 교육의 중요한 영역을 차지하고 있다. 교육학에서 인간의 신체·심리적 성장과 발달의 측면을 다루는 분야는 교육심리학으로, 신체·심리적 발달뿐만 아니라 그와 연관된 언어, 사회성, 성격의 발달 등 교육의 다양한 영역과 관계한다.

교육학의 역사를 통해 볼 때 심리학은 교육의 과정과 수단 및 장해요인이 무엇인지를 교육학에 제시해 주었는데, 현대 교육학에서 심리학적 이론이 차지하는 비중은 점점 커지고 있으며 교육의 실천에 막대한 영향을 주고 있다. 이러한 경향을 반영하듯 어린이와 청소년에 대한 경험연구가 활발한 분야 또한 심리학으로 아동의 성장발달 및 학습에 관심을 집중한다. 심리학이 학생을 이해하는 바를 간략히 제시하자면 다음과 같다.[8]

첫째, 심리학은 어린이 발달의 측면에서 학생을 고찰한다. 교육은 그들이 신체·심리적인 측면에서 정상적으로 성장하고 발달하도록 도와주는 과정이다. 성장하는 유기체로서의 학생은 '조직된 전체'이며 자신이 처한 상황과 끊임없이 상호 작용하는 독립된 단위로서 복잡한 관계 속에서 역행할 수 없는 발달과정 한가운데 있는 존재이다. 그러나 직접적 관찰과 실험을 통해 밝혀진 심리학의 보편적 사실에만 의존해 각 개인의 특수성을 간과해서는 안 된다. 교사가 학생에게서 나타나는 발달상의 개별적 차이점을 제대로 인식하지 못할 경우 그의 교육적 노력은 제대로 효과를 거둘 수 없다.

둘째, 학생의 학습사태에 관심을 지닌 학습심리학은 학습효과 극대화 방법을 연구한다. 학습은 최적의 학습조건이 갖추어져 있으며, 학습자에게 학습동기가 제대로 부여되고, 학습 과정에 적절한 지도가 행해졌을 때 가능하다는 판단 하에 학습심리학은 학습행동과 관련된 문제(학습현상, 학습조건, 학습동기)와 학습자의 정의적 특성 및 인지적 특성 등을 다룬다. 그리고 더 나아가 인간의 개념, 언어, 문제해결, 운동기능 등 학습과 연관된 심리학적 이해에 대한 여러 가지 지식과 정보를 제공함으로써 교육의 실천에 도움을 주고 교육적 효과를 극대화시키고자 한다.

이렇듯 심리학이 학생들을 성장하고 학습하는 존재로 파악하여 그들의 심리상태와 발달 과정을 상세히 연구해 교육에 기여한 것은 사실이다. 그러나 경험과학인 심리학은 객관적으로 확인되는 사실에만 관심을 지니기 때문에 학생들을 전인적으로 온전히 파악하고 이해하는 데 한계가 있다. 학생을 제대로 파악하자면 그들이 지닌 내면세계는 물론이고 역사·문화적 상황에서 형성된 정신세계까지 함께 고려·이해할 필요가 있으며, 교육인간학적 관점에서 학생을 고찰하는 일도 요구되기 때문이다.

사회학의 관점

인간은 나면서부터 사회 안에서 생활하며 성장하고 발달해간다. 따라서 교육은 사회적 환경 속에서 영위될 수밖에 없다. 사회학은 인간이 사회생활을 유지·존속시키며 더 나아가 개량하는 과정으로 사회가 목적하는 바를 달성하기 위한 수단으로 교육을 이해하기 때문에 교육에서 사회적 이상이나 관심이 반영되는 것은 당연하다고 여긴다. 인간은 살면서 사회화를 통해 그가 속한 사회의 일원이 되는데, 교육이 한 사회에서 요구되는 지식과 기능 그리고 태도 등을 체득시킨다는 점에서 사회화 과정의 한 부분으로 간주된다.

사회학의 관점에서 학생과 교사 사이의 인간관계 및 교수-학습 관계는 따라서 자연스레 사회적 관계로 이해된다. 학교가 사회적으로 인정되는 문화와 가치를 전수하는 기관이란 점에서 이처럼 학생 존재를 사회와 연결하여 이해하려는 것은 물론 당연한 일이다. 제도적 기관으로서의 학교는 학생이 심신에 내재된 능력을 발휘하도록 요구하며, 사회적 소속감을 형성시키고, 사회적 자기주장을 습득케 하는 주요 공간으로 파악된다. 사회학의 관점에서 학생을 고찰하면 다음과 같은 역할 특성을 열거할 수 있다.

첫째, 학생은 학교라는 특정한 사회 체제에 소속된 사람이다.

둘째, 학생은 대체로 강제에 의해 학교에 소속된다. 우선은 법률적 강제(취학의무)에 의해, 그 다음에는 부모의 요구나 졸업장의 필요성 등과 같은 사회·문화적 강요에 의해 학생은 지속적으로 학교에 소속된다.

셋째, 학교에서 접하게 되는 사회화나 교육의 목표는 물론 학습방법 등을 결정하는 데에서 학생은 실질적으로 거의 영향력을 행사하지 못한다.

넷째, 학생은 사회에서 요구되는 목표를 달성하기 위해 학교의 규칙과 교육목표에 자신을 맞추어야 한다. 이는 부모가 학생에게 기대하는 내용이기도 하다.[9]

학생의 역할은 무엇보다 사회화 과정에 순응하여 교육의 사회적 기능을 이어나가는 데 있기 때문에 교육의 과정에서 학생은 자신과 관계하는 다양한 집단의 기대와 요구에 부응해야 한다.[10] 예를 들면 사회는 학생에게 어린이와 청소년으로서의 역할을, 가정에서는 부모가 자식으로서의 역할을 기대하며, 또 학교에서는 교사나 학급친구들이 학생이나 친구로서의 역할을 요구한다.

그렇지만 개별 학생은 자아실현과 자기결정에 대한 요구와 기대 또한 스스로 지니기 때문에 서로의 상이한 역할기대에 의한 갈등이 생기기도 한다. 그러므로 학생에 대한 사회학적 관점의 논의가 지니는 한계는 교육의 과정에서 그 주체인 학생의 개별적 정신과 인격을 소홀히 할 수 있다는 점이다. 즉 교육을 사회현상으로 파악하려는 시도에서는 교육의 본질이자 궁극적 목표라고도 할 수 있는 인간 개성의 발현보다는 사회화에 더 초점이 맞춰져 있다는 비판이 가능하다. 설혹 사회학에서 개성의 문제를 다룬다고 해도 이는 사회 체제와 인간의 개별성 사이의 문제로 환원되기 쉽다.

교육인간학의 관점

인간은 '교육 필연적 동물(animal educandum)'로서 교육하고, 교육받으며, 또 교육을 필요로 하는 존재라는 사실이야말로 인간 모습의 근본적인 특징에 속한다.[11] 칸트(I. Kant)는 인간이란 교육을 필요로 하는 유일한 존재로서 교육적 산물 이외의 아무것도 아니라고 하였으며, 파스칼(B. Pascal) 역시 인간을 신과 동물 사이에 끼어 있는 존재로 파악하여 신처럼 전능하지도 못하고 또 여타의 동물처럼 짐승의 세계에 속할 수도 없기에 교육이 필요하다고 보았다.

만물의 영장인 인간일지라도 교육의 힘을 통하지 않고는 자신의 사람됨을 드러내주는 개별성을 형성할 수 없다. 따라서 학생은 교육과 떼려야 뗄 수 없는 '교육적 존재'이다.[12] 인간의 이러한 특성을 고려할 때 우리가 학생 존재를 교육이란 관점에서 파악할 수밖에 없음은 자명하다. 학생은 철저히 교육에 의존하고 있으며 교육을 받을 수 있는 능력을 지니고 태어난다.

인간은 무한한 잠재적 가능성을 가진 존재이지만, 다른 동물에 비해 자립하여 살 수 있는 능력이 가장 결여된 상태로 태어난다.

또 인간은 모든 동물들 가운데 자신의 성장과 발달의 한계에 가장 늦게 도달하게 된다. 동물은 많은 현실 적응 능력과 극히 적은 잠재 가능성을 지니고 태어나는 반면, 인간은 그와는 상반된 상태로 태어난다. 그러므로 성장 단계에 있는 학생의 무한한 가능성이 제대로 실현되기 위해서는 교육적 지원이 반드시 필요하다.

학생은 신체·심리·사회적으로 상당한 기간 동안 부모나 교사의 도움에 의존하게 되는데, 이렇듯 인간에게 주어진 생물학·문화적 조건은 교육을 통해야만 인간적 가치를 구현할 수 있음을 보여준다. 따라서 동물과 달리 개방된 상태로 태어나 자기 존재를 스스로 형성해 나가는 인간은 성인이 되기 위해 먼저 배우면서 성장하는 학생 존재의 단계를 필요로 한다.

교육인간학의 관점에서 교육은 학생 존재의 본질 그 자체에 해당되는 내용이다. 교육은 단순히 동물과 비교할 때 인간에게서 나타나는 상대적인 특성이 아니라, 학생 존재에 이미 속해 있는 인간 본연의 고유한 특징으로 인간학적 전제라는 것이다. 따라서 인간에게 필연적으로 속하는 교육이 어린이와 학생 시절에 결핍될 경우 사람됨을 발현시켜 나갈 수 없게 된다.

학생이 '교육적 존재'라는 말은 교육을 받아야만 하고(homo educandus), 교육 받을 수 있는 능력을 지녔으며(homo educabile), 또 학생 존재가 성숙한 인간으로 성장·발달하기 위해서는 교육이 필요 불가결한 조건이란 의미이다. 그러므로 학생은 자신의 의존성과 미성숙함으로부터 벗어나 개성을 지닌 성숙한 어른이 되기 위해 교육적 지원에, 즉 기성세대인 부모와 교사의 도움에 전적으로 의존하게 된다. 교육은 학생 존재의 본질을 결정하는 가장 중요한 요인이라 할 수 있다.

종합정리: 이렇듯 교육과 연관된 세부 분과학문인 법학, 심리학, 사회학, 교육인간학의 학생 이해는 각기 나름의 학문적 관심과 특성에 따른 학생 이해를 제시하고 있다. 그렇지만 이처럼 학생을 관점별로 분리하여 파악하려는 시도는 온전한 인간으로서의 학생 존재 전체를 다루어야 하는 교육학에 심각한 문제를 야기한다.

각각 분리된 학생 이해 및 학생관을 어떻게 통합할 수 있겠는가 하는 문제가 바로 그것이다. 왜냐하면 제시된 관점들의 분석과 이해가 각기 전인적 관점의 학생에게서 찾게 될 특성 하나하나를 제시하지 못할 뿐만 아니라, 그 각각의 합 또한 "학생 그대로의 모습 전체(Bild eines gesammten Schülers)"[13]를 제시할 수 없기 때문이다. 그러므로 학생에 대한 분과학문의 관심을 뛰어넘어 통합적 고찰을 하기 위해서는 교육학적 관점의 논의가 필요하다.

표 1 학생을 이해하는 관점들

관점	핵심 내용	관련 학문 분야
법률적 관점	• 취학의무가 주어진 어린이 및 청소년 • 교육청구권/학습권이 부여된 존재	법학, 행정학
심리학적 관점	• 성장·발달하는 인간 유기체 • 학습되어야 할 존재	심리학, 교육심리학
사회학적 관점	• 학교사회에 소속된 사람 • 사회화되어야 할 존재	사회학
교육인간학적 관점	• 교육 필연적 존재 • 교육 가능적 존재	교육인간학

04. 교육학적 학생 이해

법률적 관점이 법과 제도 속 학생의 신분과 권리에, 심리학이 학생의 신체적이고 심리적인 발달에, 그리고 사회학은 사회적 존재로서의 학생 지위와 역할에 주 관심을 두고 있음을 보았다. 또 교육인간학은 인간의 교육 가능성 및 필연성에서 출발한다. 이와 달리 교육학은 학생의 존재와 발달을 '인격적 전체'로 파악함으로써 학생의 삶과 교육에 영향을 주는 수많은 인간학적 요인들도 주목하고 있다.

즉 심리학이 학생의 성장·발달에 대한 일반적 법칙성과 원리에 관심을 집중한다면, 교육학은 이러한 법칙성과 원칙을 보편타당한 진리로 단정하지 않고 학생의 성장과 교육적 삶이 전체적으로 어떻게 진행되는가에 보다 더 큰 관심을 기울인다. 교육학은 또한 발달원리의 보편성과 개별 인간의 특수성을 동시에 고려해야만 학생의 성장·발달이 더욱 설득력 있게 이해될 수 있다는 점을 강조한다.[1]

연구방법론에서도 심리학과 사회학이 경험과학의 특성에 따라 학생의 성장·발달에 대한 관찰, 서술, 분석에 근거하여 '설명'하려는 관심을 갖는 반면, 교육학은 학생 존재의 본질과 실존적 상황 및 그 의미를 포괄적으로 '이해'하는 것을 추구한다. 다시 말해 심리학과 사회학이 사회과학적 연구방법에 의존해 명확히 한정된 인과관계를 밝혀 성장과 발달 및 사회화의 규칙성과 개연성을 획득하려는 데에 비해, 교육학은 전인적 차원에서 학생을 파악하고 이해하려 함으로써 서로 확연한 차이를 보이고 있다.

교육학의 문제의식은 인과적 법칙성에 한정되지 않는다. 그에 따라 자유의지와 문화적 환경 사이에서 정신세계를 형성하는 역사적 존재로서의 학생은 사회학이나 심리학의 경험적 연구만으로는 완전히 파악될 수 없다는 점을 지적한다.[2] 이는 학생을 고찰하는 데에 있어 인간학적 특성과 역사성 등을 고려하는 교육인간학적 관점이 필수적임을 제시하는 것이다. 여기서는 먼저 교육인간학의 관점에서 학생의 특성을 살펴본 뒤 교육학적 관점의 학생 이해로 나아간다.

학생의 존재적 특성

미성숙한 존재

교육은 어린 인간이 스스로 성숙한 존재가 되도록 도움을 주고 이끌어주는 과정이다. 또 '학생

(學生)'은 문자 그대로 '배우는 사람'이라는 뜻으로 학교에서 지식과 삶을 배우는 과정에 있는 사람이다. 따라서 학생을 이해하는 핵심은 '배우는'이란 표현의 의미에서 찾을 수 있다. 먼저 학생은 성숙한 어른과는 달리 학교에서 배워야 하는 미성숙한 존재이다. 어른은 이미 일정한 기간 동안 배우고 난 뒤의 상태에 있기 때문에 계속 학교에 다니지 않아도 사회에 적응하며 살아가는 데 큰 어려움이 없다. 반면에 학생은 아직 성숙의 상태에 도달하지 못했기 때문에 어른이 될 때까지 배워야 하는 것이다.

그렇다면 학생이 아직 미성숙하다는 것은 무엇을 의미하는가? 그것은 아직은 학생들의 판단력이 성인의 수준에 도달하지 못해 정확하고 옳게 판단하지 못해 잘못을 범할 수 있음을 뜻한다. 즉 학생이 성장하는 과정에서 본의 아니게 실수를 하거나 잘못된 판단을 하는 경우가 발생할 수밖에 없다는 의미이다. 실수와 잘못을 경험함으로써 학생은 더 많이 그리고 제대로 배울 수 있게 된다. 학생은 이미 알고 있는 지식이나 자신에게 익숙한 사고 및 문제 해결 방식을 넘어서는 새로운 수준의 내용과 상황을 접할 때 시행착오를 범할 수 있는데, 그러한 경험은 그가 더 배우고 더 성장할 수 있도록 하는 긍정적 계기가 된다.[3]

학생은 성숙한 어른이 될 때까지 그러한 시행착오를 끊임없이 반복한다. 그러므로 우리가 '학생은 배우는 사람'이라는 말에 동의한다면, 학생이 미성숙함으로 인해 실수하고 잘못을 저지르는 것에 대해서도 그들의 입장에서 이해할 수 있어야 한다. 성인과 다른 기준에서 어린 학생의 실수와 잘못을 평가해야 한다는 것이다. 물론 학생의 잘못을 꾸짖는 것이 항상 부정적 의미만 지니는 것은 아니다. 경고와 질책은 학생이 잘못을 반복하는 것을 예방하고 성숙의 과정을 촉진시키는 교육적 역할을 한다.

그럼에도 불구하고 우리 사회에서 학생들에게 행해지는 경고와 처벌은 때때로 비교육적이며 가혹하다는 평을 받는다. 학생의 판단력이 아직 성숙하지 못하다는 점을 충분히 고려하지 않은 채 무조건적 일벌백계 식의 훈육이 아직도 통용되고 있기 때문이다. 이는 학생의 미성숙함을 쉽게 간과하는 태도가 사라지지 않았음을 보여주는 것으로 개선될 필요가 있다.[4]

발달 과정의 존재

학생은 어린이에서 어른으로 성숙해 가는 과정에 있는 과도기적 존재로서 발달을 필요로 한다. 여기서 발달이라 함은 성장과 성숙을 모두 포괄하는 개념으로 어떤 개체 내에서 특정한 시간에 걸쳐 일어나는 일련의 연속적 변화를 의미한다. 발달은 인간의 육체에만 해당되는 것이 아니다. 정신적이고 도덕적인 측면에서의 발달 역시 중요한 의미를 지닌다. 그러므로 학생의 발달은 단지 겉으로만 관찰될 수 있는 과정이 아니며, 내면의 경험을 포함한다는 사실에 주목해야 한다.[5] 학생들 스스로가 확인할 수 있는 자신의 신체 및 지적 발달은 그들 각각에게 나름의 의미를 지닌다. 즉 자신의 발달 과정을 통해 학생들은 스스로의 능력과 무한한 가능성을 경험하고 자신감을 획득하게 된다.

심리학자들의 주장처럼 학생의 발달이 도식화된 순서에 따라 단계적으로 이루어지는 것만은 아니다. 학생의 발달은 일종의 창조적 작업으로 이해될 필요가 있다. 학생은 자연적 발달 단계를 맹목적으로 추종하는 존재가 아니라, 개방된 자신의 미래세계를 적극적으로 개척하는 존재이다. 이러한 개척 작업은 모든 학생들 각각에게 고유한 과업이며 자기만의 발달 과정을 밟게 된다. 그러므로 우리는 학생의 발달을 일종의 과제로 파악할 수 있다. 즉 성숙한 인간이 되는 일이란 자연적으로 이루어지는 과정이라기보다는 인간에게 주어진 과제로 파악되어야 한다는 의미이다. 학생은 자신에게 주어진 발달 과제를 스스로 성취해내야 하며, 이러한 발달 과정에서 부모와 교사의 도움이 반드시 필요하다.

감각적 존재

어린이와 성인 사이의 중요한 차이 가운데 하나는 성인들이 이성적 판단에 기초하여 살아가는 존재인 반면, 어린 학생은 감각의 영향을 보다 많이 받으며 생활하는 존재라는 점이다. 즉 성인이 살아가는 데 이성과 사유가 중요하다면, 어린이에게서는 감각이 중요하며 그래서 그들은 때때로 충동적이다. 어린이와 학생 존재의 삶과 배움에서는 무엇보다 감각능력이 우위를 차지한다. 특히 어린이의 연령이 어릴수록 주로 감각기관을 통해 세계를 파악하고 자신의 삶을 형성하게 된다. 엄밀하게 생각하고 표현하는 것이 그들 존재의 특성이 아니기 때문에, 논리적 사고와 깊이 있는 이해력 및 판단력을 그들에게 요구하는 것은 무리이다.

루소는 『에밀』의 제2부에서 "인간에게 최초로 형성되고 완성되는 능력은 감각이다. 따라서 감각을 먼저 길러야 한다."[6]고 말한다. 감각기관을 훈련한다는 것은 단지 그것을 사용하는 것이 아니라 감각기관을 통해 바르게 판단하는 법을 배우는 것이다. 어린이 시절은 이성이 잠자는 시기로서 감각을 통해 사물을 접하고 배우게 되는데, 우리는 이러한 특성을 존중해야만 한다. 따라서 이성적 인간을 만드는 것이 훌륭한 교육임에 틀림없다 할지라도 우선은 어린이 존재에 합당한 방식으로, 즉 감각을 통한 방식으로 세상과 삶을 깨닫게 해주어야 한다. 그것이 바로 루소가 말하는 자연의 교육방식이다.

연령과 발달 단계에 따라 차이가 있을 수 있겠으나, 어린이와 학생들은 사물 자체를 직접 관찰·경험할 때 대상을 쉽게 파악할 수 있다. 감각기관을 통해 느끼고 지각한 대상들을 되새겨보고, 비교하고, 생각함으로써 점차 이해력과 논리적 사고력 및 합리적 판단력 같은 고등 정신능력이 발달한다. 따라서 학생 존재에게는 직관 및 시청각교육이 매우 중요하며 이론과 지식을 전수하는 교육보다는 경험과 탐구의 교육방식이 그들의 수준에 적합하다.

활동적 존재

학생은 끊임없이 활동하는 존재이다. 학생의 하루 일과를 보면 그들의 삶이 얼마나 역동적인지를 쉽게 확인할 수 있다. 학교에서 친구들과 장난치고, 놀며, 공부하는 등 그들의 일상은 대단히 다양하고 활발하다.[7] 학생의 가슴에는 내적 에너지가 충만하다. 그래서 초·중등학교에 운동장과 휴식시설이 반드시 갖춰져 있어야 한다. 어른과 달리 그들은 생각하는 존재이기보다는 활동하는 존재이기 때문이다. 어린이의 이러한 특성을 면밀하게 관찰한 루소는 자신의 가상적 제자 에밀이 활동적 생활을 통해 아동기를 보내도록 하고 있다. 학생 존재의 활동에 있어 중요한 매개체는 신체이다.

학생의 신체는 삶의 세계를 경험하는 데 근간이 된다. 감각기관이나 손, 다리 등의 신체를 통해 학생은 다양한 일을 체험하며 그러한 체험을 바탕으로 사고하고 인식하게 된다.

학생의 신체는 또한 자기 자신을 이해하는 데, 즉 자기 동일성을 획득하는 데 바탕이 된다. 어린 학생은 신체활동을 통해 자신의 능력과 무력함을 확인하고 주변세계를 평가하고 판단한다. 따라서 자신의 신체에 대한 긍정 또는 부정적 경험은 자기 평가에 결정적인 영향을 준다. 학생의 신체는 물론 생물학적 대상이 아니라, 인간의 인격을 구성하는 기본 요소로 파악되어야 한다.

인간의 교육에서 신체적 측면이 강조된 것은 역사적으로 아주 오래되었다. 고대 그리스에서는 인간의 신체적, 사회적, 예술적 그리고 도덕적 측면이 조화롭게 통합된 교육을 추구했으며, 교육의 목표는 육체와 영혼 그리고 정신능력이 이상적으로 결합된 개성적 인간의 형성이었다. 그러므로 체육은 단지 여가 시간을 이용해 지식교육을 보완하는 신체활동이 아니라 어린이와 학생 교육의 본질적 과제로 인식되어야 한다.[8]

탐구하며 배우는 존재

어린이는 활동하거나 배우기 이전에 먼저 탐색·탐구하는 특성을 지니고 있다. 탐구란 이제까지 모르던 새로운 지식을 목표로 행위 하는 형식이라 할 수 있는데, 어린이의 탐구대상은 어떤 물건이거나 사람일 수 있다. 그러나 무엇보다 중요한 사실은 그들이 탐구활동을 통해 자기 자신을 알아나가게 된다는 점이다. 또한 탐구는 사물이나 인간에 대한 관계를 설정함으로써 모든 대상을 친숙하게 해준다. 질문, 찾아 나섬, 발견, 시도 및 창의적 적용을 통해 어린이는 현실에 대한 자신의 관점이나 이해 수준을 교정·확대해간다. 어린이는 탐구하는 과정을 통해 주어진 현실세계로부터 자신의 주관적 실제세계를 형성해가는 것이다.[9]

호기심과 탐구정신은 인간이 태어날 때부터 지니게 되는데 지식욕도 거기에서 생겨난다. 어린 시절 육체활동이 최고조를 이루는 시기가 지나면 지식을 추구하려는 정신적 탐구활동이 활성화된다. 그러므로 학생에게 세상과 지식에 대한 탐구심을 올바로 이끌고 활성화시킬 필요가 있다. 루소 역시 12세가 되는 시기부터는 학생을 지식탐구로 이끌어야 한다고 하였다.

루소는『에밀』의 제3부에서 지구와 천체, 주변의 물리적 세계, 다른 사람들과의 관계에 대한 탐구가 어린이의 활동성을 바탕으로 시작되어야 함을 역설하였다. 어린이는 사물에 유인되어 그것을 만지거나 먹어보고 또는 던져보는 행동을 통해 그 대상을 창조적으로 알아 나간다. 이처럼 끊임없이 주변의 새로운 것을 관찰하고, 그것에 흥미를 느끼며, 직접 시도하는 탐색과 탐구 작업을 수행함으로써 어린이는 자신의 고유한 모습을 형성하게 된다.

랑에벨트(M. J. Langeveld)는 이렇게 어린이가 사물들을 인지해 가는 노력을 "의미부여 작업" 또는 "의미해석 작업"[10]이라고 하였다. 어린이는 한 사물에 대해 다양한 의미를 부여한다. 즉 어린이에게서 어떤 대상의 의미는 고정되어 있지 않으며 어른들의 일상적인 이해 또한 초월한다. 어린이의 이러한 의미부여 작업은 창조적 활동으로 이제까지 다른 사람들에 의해 그 대상이 이해되었던 것과 전혀 다르고 새롭게 해석한다는 점에서 창조적이다.

의미부여 작업을 통해 어린이는 한 인격으로서의 독특한 자기 모습과 자신만의 내면세계를 가꾸어가게 된다. 그러나 어린이와 학생 존재에 탐구심이 결여될 때, 그들은 자기 삶의 세계에 적응하고 그것을 고유하게 구성해내는 용기를 갖지 못한다. 어린이에게서 배우는 일이란 자기 내면과 외부의 실제가 균형을 이루게 되는 현실세계를 만들어가는 합목적이고 자기 활동적 일이기 때문에 학생이 스스로 탐구하여 배우도록 격려하고 이끄는 것은 교육학적으로 매우 중요한 과제이다.

교육의 역사를 통해 본 학생

이미 앞에서 언급되었듯이 학생의 모습이나 학생을 이해하는 관점이 교육학에서 충분히 연구·논의되지 못했다. 우리가 흔히 후기아동기라고 부르는 6~12세까지의 기간에 어린이들은 학교에 다니면서 자기 주변의 세계를 배우고, 사회가 자신을 '학생'이라는 유형의 구성원으로 분류하는 것을 깨달으며 그에 상응하게 살아나간다. 이후에 시작되는 청소년기 역시 중·고등학교를 다니며 학생으로서 창의적이고 생산적인 생애단계를 보내게 된다.

그에 따라 지금부터는 학교와 사회에서 교사 및 성인들로부터 배우고 지도받는 어린이들이 교육학의 관심과 관점에서 어떻게 이해되어 왔는지를, 즉 학생에 대한 교육학적 관점을 서술한다.[11]

그런데 시대와 사회의 진전에 따라 변화된 이러한 학생관에는 학생 자신들에 의한 표상이 아닌 성인들에 의해 투영되고 만들어진 이미지들이 주로 자리하고 있다. 이는 기성세대의 보호와 감독을 받도록 규정된 미성년 성장세대의 운명이기도 하다.

성인의 축소판

18세기가 지날 때까지 오랜 기간 동안 어린이들은 작은 모습의 성인들로 간주되었다. 중세시대만 하더라도 어린이를 소중히 보살피고 보호해야 하는 생애 단계에 속한 존재로 여기지 않았으며, 오늘날의 시각에서 보면 의아할 정도로 어린이에 대한 관심이 없었다. 어린이의 생일을 기억하고 챙겨주기 시작한 것이 18세기에 들어선 이후의 일인 것만 보더라도[12] 아동기를 인정하게 된 것은 근대 이후임에 틀림없다.

중세시대에 어린이는 만 여섯 살이 지나 말을 알아듣고 스스로 몸을 움직일 수 있게 되면 성인들의 생업활동에 통합되어 자신의 밥벌이를 해야 하는 처지였다. 그들의 삶은 노동에 의해 규정되었고 성인과 똑같은 옷을 입었으며 같은 오락을 하였다. 신체가 작고 노동생산성이 낮았기 때문에 어린이들은 당연히 사회적 서열이 낮은 구성원으로 인식되었다. 작은 성인이되 아직은 그 역할을 할 만큼 성숙하지 않으므로 저가의 노동력으로 작업장이나 가사노동에 투입되었다.

이렇게 어린 나이부터 성인들의 사회질서 속에서 노동에 시달렸던 관계로 어린이들은 모든 측면에서 지속적으로 성장하는 것을 방해받았다. 즉 부모의 무관심과 성인들의 학대로 인해 그들의 정서적, 사회적 그리고 정신적 능력이 제대로 발달되기 어려웠던 것이다. 그 당시에는 민중들이 학교교육을 받을 수 없었던 관계로 어린이에게서 학생의 모습을 상상할 수 없었겠지만, 행여나 글을 읽을 수 있는 아이가 있더라도 성인을 위한 책밖에 없었다. 따라서 성인의 축소판으로 이해되는 어린이나 학생은 자신을 기성세대의 일원으로 인식하며 그들의 지배와 조처를 통해 일방적으로 사회화되어야 하는 숙명적 존재라고 할 수 있다.

성인 욕구충족 대리인으로서의 학생

성인의 충족되지 못한 소망을 대신 채워주는 역할로 학생을 이해하는 관점은 교육의 역사만큼이나 오래되었다. 성인은 자신의 자녀를 돌보고 간수하며 지원하는데 그 과정에서 때로는 자신에게 의존하는 어린이가 성인 자신의 욕망을 충족시켜주길 기대하기도 한다. 이때 어린이는 자신에게 가장 가까운 성인이 선호하는 대상을 충족시키는 수단으로 전락한다. 예를 들면 자녀를 학교에 보내고 열심히 지원하는 까닭이 부모가 원하는 대학에 입학하거나 직업을 선택하도록 하는 데 맞춰지고 있다는 것이다.

이러한 사례는 한국 사회에서도 흔히 나타나고 있으며 교육학자들의 비판 대상이 되고 있다. 실제로 자녀의 학업성취와 직업적 성공을 통해 부모들이 대리만족을 하려는 경향은 어제오늘의 일이 아니다. 이미 조선시대부터 한국의 (학교)교육과 밀접히 연결되어 내려온 구습(舊習) 같은 것이다. 부모의 소망에 따라 자신의 관심과 동떨어진 전공과 직업을 준비해야 하는 학생들은 아직도 많을 것이다.

이와 같은 자녀에 대한 부모의 부당한 기대 및 강요는 부모-자녀 관계는 물론이거니와 학생인 자녀의 자아 존중과 자의식 형성에도 부정적 영향을 준다. 이러한 현상에 대한 정신분석·정신의학적 연구에 의하면 아동에 대한 성인의 과도한 기대에는 전이(轉移)와 투사(投射)의 두 가지 유형으로 나타난다.[13]

먼저 '전이'의 경우 본래 성인이 맡아야 할 역할을 어린이에게 요구하는 것으로 미성년자는 스스로 원하는 바가 아니더라도 성인을 대리해야 한다. 아직은 어린 인간으로서의 학생은 이러한 역할에서 지나치게 부담을 받게 된다.

다음으로 '투사'는 주로 성인의 동경이나 거대한 꿈 또는 목표 설정과 관계가 있다. 성인은 이제껏 성취할 수 없었던 자신의 소망이 아이에게서 실현되기를 기대한다. 부모가 자식에게 자신이 동경했던 직업을 기대하고 강요하는 것이 대표적 사례가 된다.

이렇게 전이와 투사를 통해 성인이 자신의 좌절을 보상받으려 함으로써 어린이는 아무런 잘못도 없이 부당하게도 속죄양의 역할에 빠져들게 된다. 한국 부모-자녀 관계에서도 흔히 나타나는 이러한 사례들은 교육학적 관점에서 매우 부정적이고 불행한 현실이라 할 수밖에 없다.

교육적 조처 대상으로서의 학생

유럽의 경우 19세기 말 개혁교육학운동 전까지는 교육을 필요로 하는 존재로서의 어린이와 학생이 주로 모든 교육적 권위와 조처의 대상으로 여겨졌다. 근대교육이 성립된 이후 상당한 기간 동안 어린이는 우월한 지위의 성인들이 제시하는 조처들을 받아들여야 했다. 교사 또한 교육적 활동과 행위를 함에 있어 학생들이 어떻게 반응할 것인지 및 스스로 알아서 해야 할 부분이 무엇인지에 대해 전혀 관심을 갖지 않았다. 학생이 무조건 교사의 지시에 따라야 하는 것은 당연하게 여겨졌다.

교사의 세계관에 따라 학생을 사회의 구성원으로 만드는 것이 교육의 목적이었기 때문에 학생은 학교에서 행해지는 교육적 조처의 대상이었다. 이는 지금까지도 지속되고 있는 합리적 기능화로서 교육의 역사가 얼마나 오래 되었는지 보여준다. 학생을 객체화하는 이런 관점에 대한 교육학의 비판이 예상되는 오늘날에도 과연 학생을 교육적 조처의 대상으로 여기는 곳이 없을 것인지는 생각해볼 일이다.

교육 진행 과정 주체로서의 학생

근대 학교교육이 진행되는 과정에서 학생에 대한 또 다른 관점이 형성되었는데, 이는 교육의 진행 과정을 함께 만들어가는 주체적 존재로 학생을 파악하려던 시각이었다. 이러한 교육학적 시도는 사실 매우 상이한 방식으로 전개되었으며 서로 차이를 지닌 다양한 입장이 공존한다. 먼저 인본주의 교육학의 전통에서는 인간을 본래 자신의 고유함을 인식하고 형성해나가는 존재로 파악함으로써 학생이 자발성을 바탕으로 스스로 도야하는 과정을 중요시했다. 따라서 능동적 존재로서의 학생은 자신을 주변세계와 연계해 스스로 탐구하고 인식함으로써 개별성을 발현하게 된다는 것이다.

반면 루소의 영향을 받았지만 계몽주의적 교육실천을 주도했던

18세기 후반의 박애주의 교육사상가들은 학생의 주체적 참여에 근거하는 실용적 교육실천을 추구했다. 박애주의자들은 교육의 목표를 직업적 기량을 갖춘 선량하고 유용한 시민의 양성에서 찾았다. 그리고 산업혁명 및 실증주의 학문의 발달에 따른 시대·사회적 변화로 인해 학생의 기능적 도구화가 지속적으로 추진되었다.

이러한 경향에 대한 반발은 19세기 말 유럽에서 대대적인 교육개혁운동이 전개되는 계기를 만들었는데, 그 결과 학생을 고유한 주체로 이해하는 교육실천이 다양한 방식으로 주장되었다. 케이(E. Key), 몬테소리(M. Montessori), 코르착(J. Korczak) 같은 교육사상가들이 어린이의 주체성과 고유함을 신비주의적 수준까지 고양시키려 했던 점은 그 대표적 사례라고 할 수 있다. 또 '예술교육운동'에서는 학생들이 타고난 예술적 주체라는 관점에서 아동기 교육이 예술가적 창조성을 배양하는 방향으로 나아가야 한다고 보았다.

1970년대 인본주의심리학자요 교육학자였던 로저스(C. Rogers) 및 고돈(T. Gordon) 또한 아동의 주체적 역할을 인정함으로써 같은 역사적 전통에 서 있다고 판단할 수 있겠다. 이러한 학생관을 바탕으로 하는 교육이론에서는 교사-학생의 교육적 상호 관계가 학생으로부터 나와야 한다는 점이 중요시된다.

교육적 상호작용의 동등한 파트너

학생이 본원적으로 인격적 존재임을 인정할 경우 교육의 관계와 과정에서 동등한 파트너로 여겨지는 것은 당연한 일일 것이다. 물론 이 경우에도 학생이 아직 덜 성숙하다거나 그의 사회적 신분이 아직 법적으로 미성년이라는 점은 부인될 수 없다. 학생을 동등한 교육 파트너로 인정하려는 근거는 그들 역시 고유한 개별성(individuality)을 지닌 존재라는 인간학적 사실에서 나오게 된다. 1989년에 공포된 'UN 어린이 인권 협약' 역시 그러한 근거에서 만들어진 것으로, 비록 어리고 미성년의 상태이지만 어린이는 자기 고유의 가치척도와 세계관을 지닌 존엄한 존재임을 천명하고 있다.

사회학의 상징적 상호작용이론의 영향을 받은 교육학적 상호작용 모형은 교사와 학생 사이에 역량의 차이가 존재하는 것을 무시하지 않으면서도 교육적 작용에서 성인에게 일방적인 주도권을 부여하지 않는다. 그보다는 교사와 학생 양쪽 모두의 동일한 '사회적 역량'을 전제로 각각의 상황에 따라 어느 한쪽의 역량을 중시하거나 요청하는 방식을 취한다. 그에 따라 교육의 진행 과정은 두 파트너가 서로 주고받는, 즉 적극성과 수용성이 교차하는 공동의 계획으로 이해되고 있다.

학생: 인격적 관계형성의 존재

교육학적 학생관 가운데 인본주의적 관점은 어린이로서의 학생이 성년의 인간이 되는 데 필요한 교육적 관계를 제시하고 있다. 우리가 이처럼 교육을 '사람이 되는 과정'으로 이해할 때 학생은 교육의 대상인 동시에 부모 및 교사와 대화적 관계에 있는 인격적 상대자이다. 그는 자신의 개성을 형성하는 일, 의지를 행사하는 일, 그리고 심정적으로 생활하는 일을 통해 자기 자신을 실현해낸다.

고유한 인격체로서의 학생은 자기결정을 해야 한다는 점에서 자신 스스로의 교사이기도 하다. 자신의 자유의지가 점차 성숙해짐에 따라 학생은 자신의 되어가는 존재, 즉 사람됨을 스스로 결정하게 된다. 이 경우 학생에게 주어지는 외부의 영향은 그를 결정짓는 요인이 아니라 본인의 결정을 전제로 제공되는 도움이며 가능성이라 이해될 수 있다.

하지만 현대 교수-학습이론에서 학생은 형성된 조건에 따라 반응하는 수동적 모습으로 나타나고 있다. 상징적 상호작용이론에 근거한 교육이론에서도 학생은 교육적 상호작용의 파트너이다. 그럼에도 학생의 역할 관계는 결과적으로 드러나야 할 사회적 상황을 위한 전제조건으로 파악된다. 하지만 우리가 명심해야 할 점은 겉으론 마치 학생이 외부의 영향에 의해 좌우되는 것처럼 보이지만 이는 단지 그렇게 보일 뿐이라는 점이다. 학생에게 주어지는 외부적인 강제는 그저 겉으로만 따르는 척하는 행동을 이끌어낼 뿐 그 이상을 해낼 수 없다.

예를 들어 교사가 자신이 의도하는 대로 학급을 운영하기 위해 학생에게 어떤 조처를 취할 때 그들의 자율적 결단을 불러일으키지 못한다면, 이 조처는 타율성을 요구하는 강제적 성격을 지니게 되고 기껏해야 외형상의 복종과 변화만을 유발시킬 뿐이다. 외압이 주어질 경우 학생은 처벌이 두려워 그저 따르는 척할 뿐이지 실제로는 자신의 의지대로 결정하고 움직일 때가 많다.[14] 교사 앞에서 지시에 따르는 척했던 학생들이 실제로는 자기 내면의 의지에 복종하고 있는 것이다.

학생-교사의 관계에서 미성년의 학생이 항상 일방적으로 성인인 교사의 지시와 지도에 따라야만 하는 것은 아니다. '개인 내면적(intrapersonal)' 관점에서 볼 때 자신의 인격적 결단과 도덕적 판단에 따라 살아야 하는 인간은 누구나 스스로를 이끄는 교사이기도 하다. 그러므로 아직은 성년으로 나아가는 과정에 있는 학생 또한 자기 자신의 교사일 수 있다. 어린이들 역시 다른 사람의 가르침이나 도움을 받지 않고도 오로지 자신의 합리적 사유와 판단에 근거해 이제까지 전혀 모르던 대상이나 사실을 깨닫게 될 수 있는 것이다. 이때 그는 자기 나름의 방식으로 지식에 도달한 것으로 그 지식의 근거는 그 자신에게 있다.

사실 교사가 아무리 가르쳐도 학생이 자발적으로 배우려하지 않거나 자기 고유의 인식행위에 참여하지 않으면 어떤 지식도 습득될 수 없다. 그래서 인간은 누구나 학생인 동시에 교사이며 이러한 개인 내면의 교사-학생 관계는 모든 교육학의 근간이기도 하다.[15]

그러나 '대인 관계적(interpersonal)' 관점에서 학생은 성인인 교사를 필요로 한다. 왜냐하면 인간의 삶이 사회적으로 다른 사람들과 연결되어 있으며, 삶의 방식과 지식을 성장세대에게 전수하기 위해 세워진 것이 학교이기 때문이다. 근대 학교의 등장 이후 교과별로 선별된 지식내용을 바탕으로 수업을 담당해야 하는 교사에게 위계적 우위를 인정하는 교사-학생 관계가 불가피해진 것이다. 따라서 학교교육과 교육학적 영향력은 성인의 우월한 지위와 결정에 의해 발휘될 수밖에 없다. 그럼에도 불구하고 자신의 고유한 개성과 의지를 전제로 배우며 살아가는 학생들의 인격과 존엄성을 전제로 해야 비로소 자발성에 근거한 문화습득 및 사람됨의 형성이 가능하다는 사실을 망각해서는 안 된다.

자유로운 인격체인 학생에게 교육적 영향을 주기 위해서는 가치가 전제되어야 한다. 왜냐하면 의미와 가치만이 한 인격체의 의지를 움직일 수 있기 때문이다. 가치란 스스로 그 가치를 따르려고 하는 사람에 의해서만 실현되며 그런 사람만이 가치를 실현하기 위해 노력하게 된다. 그러므로 교사가 학생에게 행하는 교육적 작용은 기능적 지식전달의 차원을 넘어서서 가치를 깨닫고 실현케 하는 행위로 이해되어야 한다.

학생은 교사와의 교육적 상호 관계에서 자유로운 대화 상대자로 인정받을 때[16] 비로소 가치를 습득하고 실현해나갈 수 있다. 또 그래야만 교육을 통해 실현되어야 할 의미와 가치를 학생이 인정하고 진리를 추구하게 된다. 물론 자아를 실현시키고자 하는 강렬한 힘이 본래부터 학생 자신에게 내재되어 있지 않다면 교사는 교육에서 아무 일도 할 수 없다. 자기완성을 위한 이러한 생동적 힘은 학생에게서 원초적으로 솟구쳐 나오기 때문에 그 효과를 볼 수 있는 것이다. 이렇듯 내재된 자발성이 활성화될 때 학생들은 교사의 도움을 필요로 하게 된다.[17]

학교교육 과정에서 학생은 아직 완전한 사회 성원의 자격을 갖추지 못한 성장세대로 인식되어 법률·제도적으로 제약을 받는다. 그런데 학생의 불완전한 사회적 지위는 교육의 인격적 관계형성에서 학생이 어느 정도의 권리를 인정받아야 하는가라는 문제를 제기한다. 성숙한 민주시민을 양성하는 학교교육이 되기 위해서는 학생과 교사의 인격적 관계형성을 통해 학생의 자기결정권이 충분히 인정될 필요가 있다. 학교와 교사는 학생이 교육의 전 과정에 주체적으로 참여하여 공동으로 결정하고 책임질 수 있도록 지원해야 할 것이다.

그러므로 학생 스스로 경험과 문제해결 능력을 점진적으로 성장시킬 수 있도록 부모와 교사는 그들과 대화하고 도와줘야 한다. 학생 스스로가 참여하여 이해관심을 확장하는 것이 자기 발전에 의미 있는 과정임을 깨닫게 해줘야 하는 것이다. 학생은 스스로 참여·활동하고 함께 책임지는 경험을 통해 민주 시민적 사회참여와 책임의식을 훨씬 더 잘 배울 수 있다.

05. 학생의 인간화

이제까지의 논의에서 학생의 의미가 매우 다양하게 규정되고 있을 뿐만 아니라, 학문적 관점이나 사회적 삶의 맥락에 따라 그 의미가 각기 달리 사용될 수 있음을 알 수 있었다. 학생은 아직까지 정치적 자기결정권을 확보하지 못한 성장세대로서 법적·제도적으로나 사회·문화 규범적으로 성인들의 보호와 후원이 전제된 자기규율의 상태를 벗어나기 힘들다.

국가는 미성년자인 초·중등학생에게 정치·경제적 효용성 및 활용성의 차원에서 정책적으로 접근하고 있으며, 사회와 학교는 전통적 아동관에 근거해 사회적 약자인 그들을 교화하고 지배하려는 경향을 나타낸다. 어린 학생들이 '미래사회의 주인'이라는 정치적 수사(修辭)의 이면에는 학생을 위한 미래가 아니라 기성세대의 지배욕망, 아니 정치 및 경제 권력에 의해 조작된 '허울뿐인 미래'라는 사실이 숨겨져 있다.

오늘날 국가의 사회복지 확대에 따라 노인과 주부를 위한 다양한 지원과 편의시설들이 생겨남으로써 노·장년층의 사회·문화적 삶은 점점 윤택해진다. 그 반면에 참정권이 아직 주어지지 않은 학생을 위한 문화·정책적 혜택이란 여전히 열악한 수준에 머물러 있다. 선거 때마다 투표권을 행사하는 지역의 노인 및 성인들을 위한 다각적 지원이 약속되고 있지만, 선거에 참여할 권한이 없는 어린이와 학생들을 위한 국가 및 지방자치단체의 정책·행정적 배려는 찾아보기 어렵다.

소규모 지방자치단체에도 성인 유권자를 위한 문화센터가 건립되고 각종 여가 및 교육 프로그램들이 제공되는 것에 비해, '국가의 미래'라고 치켜세우는 학생을 위한 체육시설 확충이나 문화사업 지원은 인색한 것이 현실이다. 머지않은 앞날에 사회의 주도세력이 될 학생에 대한 관심이 이렇게도 보잘 것 없다는 사실은 교육의 또 다른 주체인 성장세대는 물론 교육학적 의식을 지닌 교사들마저 좌절하게 한다.

법률로 정해진 바에 따라 모든 어린이와 청소년들은 학생이 될 수밖에 없다. 또 그들이 국가와 사회의 미래를 담당하게 된다는 점에서 성인세대는 학생에게 좀 더 적극적인 관심과 지원을 보일 필요가 있다. 사회와 학교는 학생이 주인의식을 지닐 수 있도록 격려하고 후원해야 할 것이며, 교육학은 학생에 대한 다양한 학문적 이해를 바탕으로 그들에게 주체의식과 존엄성이 전제되는 존재적 의미를 부여해야 한다.

또한 시대·사회적 요구에 따라 인간의 기능적 학습능력 개발에만 몰두하는 현대 교육학이긴 하지만, 그럼에도 사회적 효용성 관점에서 학생을 다루려는 교육이론들의 한계가 무엇인지 성찰함으로써 그들의 인간적 존엄성을 복권시킬 필요가 있다. 왜냐하면 사회·경제적 효용성과 방법적 효율성이란 관점에서 추진되는 현대 교육학적 수업과 학습은 교육의 기본개념에 반드시 편입되어야만 하는 성년(Mündigkeit)의 계기를 포함하지 못하기 때문이다. 같은 이유에서 수업은 전인적 차원의 교육적 의미를 구현하는 일과도 연관될 수 없다.[1]

자율성에 근거하여 개성과 책임의식을 지닌 민주시민으로 성장하기 위해서는 성인사회와 학교가 학생을 자유의지에 따라 스스로 결정하고 책임을 질 수 있는 존엄한 인격으로 존중해야만 한다. 그러기 위해서는 사회·규범적 측면에서 학생의 추종적 역할만을 기대하는 일이나, 행정·제도적 차원 또는 인력자원 개발의 측면에서 학생의 잠재적 효용가치를 활용하려는 관심이 상대화되어야 한다. 즉 학생을 기능적으로 이해하려는 발상을 극복해야만 하는 것이다. 교육 본질적 관점에서 학생 존재를 이해하고 그들을 주체적이고 존엄성을 지닌 동료 인간으로 인정하려는 노력이 시급해 보인다.[2]

잘 알고 있다시피 한국의 학생들은 가족의 과도한 기대, 동료 학생들 사이에서 벌어지는 끝없는 경쟁, 어린이의 생동적 생활 맥락에서 단절된 입시위주의 교육 등으로 인해 육체는 물론 정신적으로 심각한 위기상태에 처해 있다. 그런데도 기능화 되어가는 자신의 상황을 고통스러워하며 거부하려는 학생들의 몸짓을 '사회·심리적 질병'으로 진단하여 '치료'하겠다는 발상이 마치 최선의 해결책인 양 교육현장으로 침투하고 있는 것을 보게 된다.

임상의학적 진단과 처방방식을 전용한 '치료 교육학'이 학생들의 학업·심리·행동의 문제를 해결할 뿐만 아니라 문제해결에 무기력해 보이는 기존의 교육학에도 활력을 불어넣어 줄 것처럼 횡행하고 있는 것이다. 심리적 상담과 치료가 그 고유의 기능과 역할을 지니고 있기는 해도 잘못된 학교교육의 폐해를 단순히 학생의 심리적 문제로 몰아가는 데에는 문제가 있다.

학생들이 처한 교육적 위기상황을 단기 양성 과정을 이수한 기능적 상담인력으로 해결하겠다는 교육이론이나 정책을 신뢰하기는 어렵다. 게다가 이러한 정책에 편승하여 소위 말해 '문제 있는' 어린이와 청소년 고객을 찾아 영리 추구의 심리진단 및 치료처방 인력이 확산되는 것도 문제이다. 비정상적인 학교교육이 야기한 학생들의 고통과 좌절을 마치 틈새시장인 양 여기는 태도나 이윤추구를 목적으로 우후죽순처럼 생겨나는 각종 심리치료 관련 연구소들을 지켜보고 있노라면 그 이면에 숨겨진 인간과 학생에 대한 단세포적 이해를 걱정하지 않을 수 없다.

한국의 학생들에게 시급히 필요한 것은 심리치료가 아닌 교육의 정상화이다. 심리치료는 문제의 근원인 학교교육이 아니라 고객으로서의 학생에만 주목할 뿐이다. 이러한 사실은 또한 사회과학 방법론적 접근의 한계가 어디인지를 여실히 보여준다. '교육'과 '치료'의 개념적 차이를 인지하지 않으려는 데에서 유발되는 혼돈과 충격은 차치하고라도, 기나긴 인류의 역사에서 아동기를 발견하고 올바로 이해하려는 것이 최근의 일인데 이제는 그마저도 쉽게 잊혀가는 것 같아 암담하다.

한국의 경우 전래된 유교적 세계관에 의한 학생 이해 그리고 학교 조직에 따라 기성세대에 의해 결정되는 학교문화 및 사회적 생활양식이 지배적이다. 학생과 교사는 이미 언어사용에서 지배와 복종의 상태가 확연히 구분되어 드러나는 일상적 삶의 현실 하에서 서로 마주할 수밖에 없다.[3] 게다가 입시준비 위주로 짜여 있는 획일적 학교교육은 학생의 사회적 지위 문제는 물론 인권 보장에 대한 요구마저 차후의 해결과제인 양 뒤로 미뤄놓고 있다.

최근 들어 몇몇 시·도교육청에서 '학생인권조례'를 제정하여 학교에서 학생들의 자율성을 신장시키고 인격적으로 대우를 받을 수 있는 여건을 조성하고 있는 중이다. 그러나 이 과정에서 체벌이 이제까지 기능적 효과를 지녔기 때문에 존속되어야 한다고 주장하는 입장과 인권 존중의 차원에서 즉시 폐지되어야 한다는 입장이 서로 첨예하게 대립하는 상황이 계속되고 있다.

이제까지 타율과 지시에 따라 행동하는 데 익숙해져 있는 학생들이 변화된 여건에 신속히 적응할 수 있을지 의문이다. 그리고 현실적으로 소수의 학생들이 이러한 상황을 악용하여 면학분위기를 해치지 않을까 하는 우려가 생긴다. 반면 학생에 대한 타율적 지배를 합리화하기 위해 이와 같은 정당한 우려를 역이용하려는 시도들도 보인다.

그러나 사회나 기성세대 모두가 성장세대인 학생들이 자율과 책임을 배우고 행할 수 있어야만 성년이 된 후에 민주적 사회 구성원으로 살아갈 수 있다는 사실을 인식해야 한다. 또 학생의 자기 결정권을 인정하는 것은 다름 아닌 그들의 인권을 인정·보장하는 일이라는 공감대를 형성해야 할 필요가 있다. 그래야만 이러한 공감을 바탕으로 한 학생인권에 대한 인식이 확립될 수 있을 것이며 그 교육적 의미가 실현될 수 있다.

학생의 사회적 위치와 권리에 대한 폭넓은 논의의 필요성은 점점 더 커지고 있다. 그러나 이제까지 한국의 교육학계가 학생의 권리문제에 대해 본질적 차원에서 적극적인 논의를 하지 못하고 여론이나 교육행정당국의 눈치만 보고 있는 것 같아 유감스럽다. 정부와 행정담당자, 교사와 학부모 그리고 학생과 교육운동가의 입장은 서로 다를 수 있다. 그럼에도 이 문제는 인권과 사람됨의 교육에 관한 것이기 때문에 서로 공감대를 형성하면서 해결점을 찾아나서야 한다.

어린이나 학생시기에 인간의 존엄성과 권리를 인정받아야만 성인이 되어 남을 존중하며 공존할 수 있다는 것은 자명한 이치이다. 그러므로 이에 대한 합리적이고 진지한 논의가 이제부터라도 시작되어야 한다. 그래야 성장과정에서 자기결정 능력을 배우고 익히는 주체적 학생과 사회적 효용성 지향의 시대적 경향을 비판하면서 자신의 존재 및 직업적 과제를 깨닫고 책임지려는 교사 사이의 교육적 관계가 가능해진다. 그리고 더 나아가 창의적 사회구성원으로서의 학생과 성인세대 사이에 서로 협력·존중하는 관계가 열리게 된다.

3부

교사의 자기 이해

독일 Köln 근교 어느 김나지움의 역사수업

교사는 학생을 통해 자신이 할 수 없는 것을 배운다.

- Lisz Hirn

학교에서 어린이들의 눈물을 닦아주는 교사가 더 훌륭한 교육자이다.

- Georg Skrypzak

01. 교사는 누구인가?

가족의 일상적 삶 속에 통합되어 있던 고대 및 중세시대 서양의 교육은 17세기에 들어서면서 점차 국가의 발전을 목표로 하는 왕권에 의해 '학교교육'의 형태로 일원·집단화되었고 이후 교육학이 급속도로 발전하기 시작하였다. 근대 국가에서 교육은 명시적으로 왕권이나 정부에 의해 개인 및 국가·사회적 삶에 유용한 내용을 효율적으로 전달하는 과정으로 규정되었다. 그리고 가르칠 내용과 가르치고 배우는 방법에 대한 학문인 '교수학(教授學)'은 이렇게 규정된 교육을 이끄는 모범학문으로 자리 잡았다. 국가에 의해 자격을 부여받을 뿐만 아니라 그 역할이 정해진 가르치는 직업인으로서의 '교사' 역시 이 시기에 생겨났다.

이처럼 학교교육은 근대사회의 형성과 더불어 발생하였으며 그 과정에서 교육과 관련된 것 전체를 장악하기 위한 메커니즘이 요구되었다. 그 하나가 교육에 대한 '정치적 통제'였다면 다른 하나는 이념적 통제기구로서 교육을 규정하는 학문, 즉 '교육학'이라고 할 수 있다. 인간의 개별적 삶과 사회생활에서 교육을 통제하기 위해서는 사회 효용성을 지향하는 교육학이 학교교육의 구성원들은 물론이거니와 교육의 내용과 진행 과정을 효율적으로 장악해야 했던 것이다.[1]

그런데 19세기 말부터 형성되기 시작한 경험주의 교육학은 이러한 통제 메커니즘을 학술적으로 강화하였다. 오늘날에는 공학적 사유를 바탕으로, 다시 말해 인간이든 사물이든 간에 기술적으로 응용하고 활용하려는 인식관심에서 출발하는 학문적 성격을 앞세운 교육학이 교사와 학생을 지배하고 있다.

누구보다 교육적 책무를 담당하는 교사들이 인과론적 경험주의 교육이론의 주된 표적이 되었다. 명칭과 상반되게도 '학습자 주도 학습'이나 '효율적 교수전략' 같은 현혹적 개념들로 치장된 최신의 이론일수록 교사를 지시·지배하는 수위가 더 높다. 교사는 가르치지 말고 이론이 지시하는 대로 기능하고 작동하라는 것이 아닌가 하는 걱정이 생길 정도도 현대 교육이론의 교사 지배력은 막강하다. 한마디로 현대의 교수-학습이론은 교육이론의 지시에 따라 움직이는 기능 영역의 직업인으로 탈바꿈한 교사를 기대하는 것처럼 보인다.

실제로 교사들은 처음부터 교육이론가에게서 배우고 그들이 제공하는 지식의 틀에 자신의 직업적 태도와 행위 방식을 맞춰간다. 양성교육에서부터 보수교육과 자발적 계속교육에 이르기까지 교사들은 교육이론가의 지배를 받지 않으면 안 된다. 어떤 교사들은 제공되는 이론들을 묵묵히 따르면서 그 안에서 움직이는 것이 오히려 더 편하다고 느낄지도 모른다. 어쩌면 스스로 주어진 상황을 반성적으로 사유·분석하여 비판적 시각을 형성하는 일에서 오랫동안 벗어나 있다 보니 사유하는 일 자체가 그들에게 낯설어졌는지도 모를 일이다.

이렇게 이해되는 교사의 모습은 어딘지 모르게 자기 고유의 생각과 판단을 유보한 채 거대한 행정운영 체제 및 직무활동의 틀에 갇혀 이끌려가는 기능적 존재처럼 보인다. 아무튼 교육이론이, 때로는 아주 교묘한 방식으로, 교사를 지시·지배함으로써 학생들 역시 똑같은 지배와 지시를 받는 상황에 놓이게 되는 것은 말할 필요도 없다.

02. 교사, 그 존재의 역사

언급했듯이 교사는 추상적 개념이 아니라 역사적으로 기획되고 만들어진 '직업인'이다. 따라서 교사와 교직이 어떻게 존재했는지 알기 위해서는 시대와 교육의 변화에 따른 교사의 위치와 역할을 살펴보는 일이 필요하다. 문자가 없었던 대부분의 문명 이전의 사회에서부터 근대사회에 이르기까지 교육은 가정이나 씨족 내에서 비공식적으로 행해졌다.

인간이 점차 안정된 생활을 하게 된 후, 특히 문자가 발명되어 문서기록이 실행되면서부터 학교교육처럼 새로운 형태의 교육이 가능하게 되었으며, 이때 지식과 기술을 다른 사람들에게 가르치는 직업적 교사가 출현하였다. 이후 근대에 들어서서 국가가 학교교육을 장악하면서 전문적인 양성 과정을 거쳐 일정한 자격증을 획득하고 임용선발 과정을 거쳐야만 교사가 될 수 있게끔 제도화되었다. 직업적으로 미분화되었던 고대 학교설립의 초창기부터 근대적 공교육제도 성립에 따라 직업인으로 전문화되는 과정을 거쳐 자격이 분화된 현대의 교직에 이르기까지 서양과 한국의 교사와 교직이 역사적으로 어떻게 변천해왔는지를 간략히 살펴보면 다음과 같다.

서양 교사의 역사

교육의 역사를 거슬러 올라가면 고대에도 학교가 있었으며 그에 따라 학생은 물론 교사 또한 존재하였다. 그러나 오늘날 서구식 학교의 원형이라 할 수 있는 교육기관을 조직하여 발전시킨 곳은 고대 그리스였다. 고전고대의 아테네에 학교가 있었으며, 기원전 6세기 이후에는 음악·체육·문자 교사가 어린이에게 공식적인 수업을 제공하였다. 당시의 아테네인들에게는 교사가 되기 위한 특별한 신분층이 아직 정해지지 않았으며, 모범적으로 성장한 투사나 자유민은 누구든지 자라나는 남자아이와 소년에게 이상적인 인물로서 스승이자 교사가 될 수 있었다.

독일어에서 교육자를 일컫는 단어인 'Pädagoge'란 원래 그리스어의 'Paidagogos(教僕)'에서 유래한 말로서, 당시 주인집 소년을 감독하면서 그를 스승(교사)에게 데려다 주고 또 집으로 다시 데려오는 노예를 뜻하는 말이었다.[1] 소크라테스(Sokrates)는 공공의 교사로서 활동한 최초의 아테네인이었으며, 소피스트(Sophist)들은 교육에 대한 대가를 보수로 받았다는 점 때문에 대중적 존경을 받지 못했다. 반면 이소크라테스(Isokrates)[2]나 로마의 퀸틸리안(Quintilianus) 같은 수사학자는 존경받는 지위에 있었다.

서양에서 중세시대 전체에 걸쳐 가르치는 기능을 수행한 사람들은 기독교 성직자들이었다. 가톨릭교회는 기독교적 삶의 수행을 위해 고안된 종교학교를 운영하였는데, 이곳의 교사들은 사고방식이나 교수 방법에 있어 독단적이고 편협하였다. 중세 후기에는 교역 및 전문직업의 증가로 인해 세속교육이 발생하게 되었는데, 직업교육 성격의 도제교육제도에서는 장인(匠人/Meister)이 견습공(Lehrling)과 직인(Gesellen)을 지도하는 교사의 역할을 하였다.

중세시대가 끝나면서 초·중등학교 교사에 대한 요구가 점차 증가하였지만 이들 교사의 전문적 자격조건은 거의 요구되지 않았다. 전문적 교사교육은 중세대학에서 활발히 이루어졌다. 사실 중세대학 학위의 가장 큰 특권은 교육받은 자에게 부여되는 가르치는 권리였다. 대학에서 수여되는 박사(Doctor) 학위는 라틴어 단어 'docere'에서 유래한 것으로서 본래 '가르치다'라는 의미를 지녔다. 대학에서 받은 학위는 교수(教授/teaching) 면허와 동일한 것이었다.

르네상스시대에는 그리스어와 라틴어 고전문헌에 대한 관심이 다시 살아나는 동시에 상업과 교역 등에 종사하는 새로운 중류층이 등장함에 따라 교육의 세속화가 가속되었다. 그 결과 인본주의 중등학교가 발달하였으며 양질의 전문적 교사들이 요구되었다. 이렇게 새로 설립된 학교에는 교회보다 대학으로부터 더 많은 교사들이 유입되었다. 이때까지도 가르치는 능력은 천부의 재능으로 간주되었다.

16, 17세기에는 보다 잘 준비된 양질의 교사계층을 형성해내고자 하였다. 루터(M. Luther)는 가르치는 일이 모든 소명 가운데 가장 고귀한 것이라고 간주함으로써 교사 직업을 대변하였고 학생과 부모들의 존경을 받는 잘 훈련된 교사를 요구하였다. 가톨릭 수도단체인 예수회(Societas Jesu)는 "교육지침서(Ratio Studiorum)"라고 하는 훈련교재를 바탕으로 최초의 교사양성제도를 운영하였다.[3] 교사가 자격이 있는 특별히 훈련된 전문가라는 점이 인정됨에 따라 그들의 사회·경제적 지위도 서서히 높아지게 되었다.

종교개혁기로부터 산업혁명기 사이에 가르치는 직업에 적잖은 변화가 나타났는데, 가장 중요한 변화는 교육이 교회의 통제에서 국가 권력으로 점차 이양된 것이었다. 18세기 말까지 교사들의 교수법에는 진전이 거의 없었다. 신체적 처벌과 모욕, 조소 그리고 정신적 훈육이 교사가 지닌 교수기술의 전부였다. 18, 19세기에 교사교육에서 큰 성과를 보인 나라는 프러시아로 처음으로 국가가 교사를 조직적이고 체계화된 방법으로 교육하였다.

프랑케(A. Francke)가 1695년 할레에 세운 교사세미나(Seminarium Praeceptorum)는 프러시아 최초의 교사양성기관으로 직업적 교사가 되기 위한 필수 관문이 되었다. 뚜렷한 자격 기준조차 정해지지 않아 글 읽기와 셈하기가 가능한 마을의 구두장이, 재단사, 땜장이 또는 떠돌이 교사 등에 의해 마을학교에서 초등교육이 진행되어 오던 프러시아에서는 1763년 지방학교 제 규정(General-Landschul-Reglement)이 제정됨으로써 처음으로 해당 교직에 요구되는 최소한의 기준이 생겨나게 되었다.[4] 교사는 이제 교과내용 지식에만 정통할 것이 아니라 교수활동을 필요한 교육학이론도 알아야 했으며 사회·경제적 지위도 향상될 수 있었다.[5] 프러시아에 이어 프랑스와 미국에서도 교사양성 기관이 설립·운영되었고 교직은 전문직으로 이해되었다.

교직의 질을 향상시키기 위한 움직임은 20세기에 들어서도 계속되어 교사는 전적으로 새로운 이미지와 지위를 얻게 되었다. 개인과 학습자로서의 어린이는 전보다 더 존중되었고 가르치는 일은 세련된 직업이 되었다. 교사들은 '교사협의회'를 설립하여 자신들의 공통적 실천의 방향과 목표를 논의하였다. '교사조합'이 결성되었으며, 교사들의 월급이 높아졌고, 보다 유리한 연금계약을 누리게 되었다.

서구사회에서 세속적 삶에 대한 교회의 권위가 감소됨에 따라 높은 도덕적 수준과 선량한 시민의식을 갖춘 교사들이 점점 더 요구되었다. 오늘날 교사는 교수자인 동시에 부모나 성직자의 역할마저 넘겨받도록 요구받고 있다. 현재 교사들은 이러한 변화의 교차점에 처해 있다고 볼 수 있는데, 이러한 변화 요구를 모두 충족시킬 수 있는 사람들을 어떻게 교직으로 끌어들일 수 있는지가 문제이다.[6]

한국 교사의 역사

한민족이 원시 부족국가의 형태를 벗어나 고대국가의 체제를 갖춘 것은 삼국시대라고 할 수 있으며, 고구려·백제·신라 세 나라는 유교·불교·도교 및 문자의 전래와 더불어 교육을 확립할 수 있는 기반을 갖추었다. 중앙집권적 통치기구를 갖춘 삼국은 유교적 교양을 갖춘 관리 양성을 위한 유학 중심의 교육기관들을 설립하였다.[7]

이렇게 시작된 형식적 학교교육에서 교사는 고구려의 경당과 태학이 설립될 때부터 대두되었다고 볼 수 있다. 경당의 교사는 그 마을에서 존경받는 지도층 인사였을 것이고 태학의 교원은 높은 지위에 있었을 것으로 짐작된다. 신라의 화랑도에서는 불교 승려들이 훈련지도자 또는 자문위원 역할을 담당하였다.[8] 불교가 국교이던 삼국 및 고려시대에는 국사(國師)제도를 운영하여 정신적 지도자를 후대하였으며, 오늘날 선생이라는 뜻의 '스승'은 그 어원상 불교의 스님과 밀접한 관계가 있다.[9]

통치이념으로 유교를 채택한 고려에서는 교육제도의 완비를 국가의 최우선적 과제로 인식하였다. 태조 왕건은 건국 초기에 왕권강화를 위한 교육의 필요성에 따라 학교교육을 강조하였고 성종대에 이르러 교육제도가 정비되었다. 관학(官學)으로 국자감(國子監), 동서학당(東西學當)과 오부학당(五部學當), 향교(鄕敎)가 있었고, 사학(私學)으로 십이도(十二徒)와 서당(書當)이 있었다.

국자감의 경우 유학계 교육의 삼학(三學)인 국자학(國子學), 태학(太學), 사문학(四門學)에서는 박사와 조교가 각기 경서를 분담하여 가르쳤다. 기술계 교육의 삼학인 율학(律學), 서학(書學), 산학(算學)에서는 박사만 두었다. 또한 사학(私學)인 십이도에서는 문도 중에서 과거에 급제했으나 아직 관직에 들지 않은 학생들로 하여금 강의를 담당케 하는 경우도 있었다.[10]

조선은 유교를 국가 통치 이념으로 채택하고 강력한 왕권의 확립을 위해 과거제도를 개선하여 교육체제를 확장하였다. 조선시대의 관학으로는 중앙에 성균관(成均館)과 사학(四學), 지방에 향교(鄕校)가 있었으며, 사학으로는 서원(書院)과 서당(書堂)이 있었다. 성균관의 교관은 다른 관직의 관리와 겸임하였을 뿐만 아니라 사학(四學) 같은 하급 교육기관의 교관으로 임명되기도 하였다.

지위에 따라 차이가 있지만 성균관 교관의 업무는 유생의 교육 및 생활지도, 과거시험을 감독, 그리고 각종 행정을 담당하는 것이었다. 향교의 교관제도에서는 6품 이상의 교수관(教授官)과 7품 이하의 훈도관(訓導官)이 있었다. 서원에도 제향(祭享)과 강학(講學)을 담당하는 강장(講長)과 훈도(訓導)를 맡았던 훈장(訓長)이 있었다.[11] 서당의 조직은 극히 간단하여 훈장(訓長)이 유일한 교사였으며 큰 서당의 경우 훈장을 보조하는 접장(接長)을 두었다.[12]

조선시대까지 교사는 학식, 경륜, 덕망이 뛰어난 관리가 겸임하는 경우가 많았다. 직급 또한 일반관리에 준하여 설정되었다. 이렇듯 전통사회에서는 교직의 전문성이 고려되지 않았고 가르치는 일에 대한 특별한 준비가 없어도 교사가 될 수 있었다. 그러다 개화기에 신학제가 수립되면서 전문적인 준비를 갖춘 사람이 교사가 되었다.

1895년 1월과 2월에 고종은 "홍범 14조"와 "교육입국조서(教育立國詔書)"를 공포하여 국민들에게 근대교육의 중요성을 강조하였으며, 4월에 내각관제의 공포에 따라 학무아문(學務衙門)이 학부로 명칭이 바뀌었다. 또한 교사양성의 중요성을 감안하여 정부는 사범학교 관제를 공포하였다. 그 결과 한성사범학교관제 등 각종 학교관제가 제정되었고, 근대학교 교육 체제가 법적으로 제도화되어 오늘날과 같은 의미의 '교사' 혹은 '교원'이라는 용어가 처음 사용되었다.

1910년 10월 1일 조선총독부가 식민지 통치정책을 효과적으로 수행하기 위한 의도는 교사양성교육, 즉 사범교육정책에서 분명하게 드러났다. 초등교사양성에 있어 종전의 관립사범학교를 없애고 관립의 고등보통학교와 여자고등보통학교에 사범과와 교원속성과, 임시교원양성소 등 초등교사 단기 양성과정을 부설토록 하였다. 그 후 일제는 제2차 조선교육령에 따라 독립된 초등교원양성기관인 사범학교를 설치하여 정규 초등학교 교사를 양성하도록 하였다. 일제의 교원양성정책은 한편으로는 민족적으로 차별하면서도 다른 한편으로 식민지정책을 보다 효율적으로 수행하기 위해 앞장설 수 있는 동화주의 교육을 추진할 대리인들을 양성하는 데 그 목적이 있었다.[13]

1945년 8월 15일 일제의 식민통치로부터 해방된 한국의 교육은 새로운 전기를 맞이하게 되었고, 남북으로 분단된 상황에서 남쪽은 미군정의 통치하에 놓이게 되었다. 민주주의 교육사상에 바탕을 둔 남한은 유치원, 국민학교, 중학교(초급/고급중학교), 초급대학과 대학이 포함된 학제를 도입하였고 교원양성기관으로 사범학교와 사범대학(2년제, 4년제)을 두었다. 1962년 초등교사 양성기관으로 2년제 교육대학이 신설되었으며 1980년대 초반에 4년제 대학으로 개편되었다. 미군정기에 설치되었던 2년제 및 4년제 사범대학은 1960년대에 4년제로 통일되었다.

이후 몇 차례의 정권교체와 그에 따른 교육정책의 변화가 있었지만 50여 년 동안 교육은 분단의 역사 속에서 겉으로는 자율성을 내세우는 서구 자유민주주의를 이념으로 표방하였다. 그러나 실제 운영에서는 국가가 과도하게 통제권을 행사하는 특성을 보였다. 지난 1세기 이상 한국의 교원양성교육은 정부주도하에 시대가 필요로 하는 교사를 양적으로 확보하는 일에만 급급하였다. 그러므로 앞으로의 교사교육은 보다 유능하고 전문성을 갖춘 질적으로 우수한 교원양성에 관심을 집중시켜야 할 것이다.[14]

03. 교사 이해의 다양한 관점

오늘날 교육학에서 교사의 역할에 대한 언급은 거의 예외 없이 교육의 효용성과 효율성을 추구하는 사회과학적 연구 결과들이다. 예를 들자면 계량적 방법으로 추출된 교사역할의 특징, 전문화된 행동의 결정요인, 교사-학생 상호작용의 인과적 관계에 대한 논의와 언급 등이 그렇다. 이러한 연구가 가능하고 또 필요하기도 하겠지만 '교사의 교육학'이 사회과학적 시각으로 좁혀진 분석에만 한정된다면 교직과 연관된 전통이 붕괴될 뿐만 아니라 교육학의 관점 축소를 피하기 어렵다.

교사의 직업적 특성과 자세가 반드시 사실로 주어져 있는 것에 대한 사회과학적 분석이나 서술에 의존해야만 하는 것은 아니다. 교사의 구체적 역할과 태도는 사실 교육의 개념에 의해 결정적 영향을 받으며 규범적이고 가치적인 것과 연계되고 있다. 교육 및 교육의 과제란 실제적인 것을 단순히 확인하는 데서 도출되는 것이 아니며, 오히려 실제에 반(反)하는 질문을 던짐으로써 그 의미와 추진력을 획득한다. 즉 인간이란 무엇인가(인간학적), 인간은 무엇이 되어야 하는가(목적론적), 교사는 이를 위해 어떻게 공헌할 것인가(방법론적) 하는 문제제기[1]가 바로 그것이다.

이와 같은 세 가지 교육학적 문제제기로부터 출발할 때 교사가 하는 일은 가치 규범적이고 실천적인 성격을 지니게 된다. 그러므로 교사의 직업적 특성과 행동을 이해하기 위해서는 어원·사전적인 개념이나 교직의 사실적 측면을 사회과학적으로 서술하는 것만으로는 부족하다. 교사에 대한 심원한 이해는 인간과 교육에 대한 문제의식 속에서 '교사는 어떤 존재인가', '어떤 교사가 올바른 교사인가'라는 질문에 대한 대답을 찾을 때 나온다. 이러한 맥락에서 이제 교사를 이해하는 관점 몇 가지를 살펴보자.

자연의 조력자

교사를 자연의 조력자로 이해하는 관점은 루소(J.-J. Rousseau)에게서 분명하게 드러난다. 그에 의하면 교육이란 자연적인 성장과 발달로서 타고난 욕구나 관심의 작용에 의해서 일어나는 것이다. 따라서 교사는 무엇보다 어린이가 본래적으로 지니고 있는 자연적 힘을 완전하게 실현시키는 데 관심을 가져야만 한다. 이를 위해 교사는 어린이의 자연적인 학습 요구와 발달 욕구를 주의 깊게 관찰하여 철저히 연구해야 한다.

이러한 관찰과 연구를 바탕으로 교사는 어린이가 즐겁게 자신의 자연적 발달을 해나갈 수 있는 환경을 조성하게 된다. 이때 교사는 어린이의 발달 과정에 직접 관여하지 않고 '자연의 걸음', 즉 자연이 진행되는 과정에 따라 어린이가 자연에 의해 주어진 대로 자기 발달을 할 수 있도록 도와주는 '자연의 조력자'가 되어야 한다. 루소의 『에밀』에 등장하는 교사를 예로 들자면, 그의 임무는 정원사가 나무의 성장을 촉진시키기 위해 잡초를 제거하거나 양분을 공급하는 역할을 하는 것처럼 교육에 필요한 환경을 아동에게 조성하는 일이다.

오늘날 우리에게 익숙한 개념을 통해 설명하자면, 교사는 인간의 발달을 '효율화' 내지 '극대화'하기 위한 수업환경 조성의 과제를 지닌다. 에밀의 선생님은 자신이 직접 나서서 이것 또는 저것을 배우도록 학생을 이끌지는 않는 것처럼 보이지만, 실제로 그는 더 효과적인 성장발달과 학습을 위해 교묘하게 미리 준비된 교육환경을 통해 '우회적'으로 지도하고 있다.

루소는 '자연', '인간' 그리고 '사물'이라는 세 교사를 구분하고 있다. 자연은 인간의 선한 힘과 능력을 펼치게 하고, 사물은 그것과의 경험을 통해 인간을 교육한다. 반면에 직접적인 영향력 행사에 익숙한 인간은 교육자로서 지극히 의문스러운 존재이다. 따라서 자연의 조력자로서의 교사는 자연과 사물 뒤로 물러나 기다릴 줄 아는 능력을 지녀야 한다.

『어린이의 세기』에서 지나친 권위주의적 교육을 비판했던 케이(E. Key)나 몬테소리(M. Montessori)의 교육이론에 내재된 자연주의적 암시 또한 루소의 교육학적 노선을 따라 움직이고 있다.

케이는 직접적으로 간섭하는 일을 삼가는 대신에 어린이가 성장할 수 있는 환경을 조성해주는 것과 어린이 "스스로 행하는 교육에 주목하는 것"[2]이 바로 교육이라고 말한다.

몬테소리 역시 이러한 간접적 교육을 자신의 교육학적 방법으로 끌어올려 어린이 교수도구의 완전한 체계를 만들어 내고자 하였다. 몬테소리 교육학에서 교사는 소극적인 태도를 취하며 관찰하고 기다려야 하며 어린이의 자기활동에 개입해서는 안 된다.[3] 썸머힐(Summerhill) 학교를 세워 반 권위적 교육을 실천했던 니일(A. S. Neill) 또한 교사를 자연의 조력자로 이해하려는 전통에 서 있다.

사회의 대리인

교육을 사회적 요구와 필연성에 의해 규정하려는 관점으로부터 또 다른 교사 이해가 나오는데, 이때 교사는 '사회의 대리인'으로 제시된다. 사회학자 뒤르케임(E. Durkheim)은 이러한 관점의 대표자라 할 수 있다. 그에 의하면 교육은 "자라나는 어린 세대에 대한 체계적인 사회화"이며, "성인세대가 아직 사회적 삶을 살기에는 성숙하지 못한 어린 세대에게 행사하는 영향력"이다.[4] 다시 말해 교육은 개인들이 '집단의식'을 내면화하도록 유도함으로써 사회적 존재로 형성되게 하는 과정이다.

어린이들은 교육을 통해 사회적 인간성을 형성하고 사회적 삶에 참여한다. 이러한 의미에서 '사회화'는 인간 존재의 보편적인 문제이며 성장세대를 사회의 성숙한 구성원으로 교육하는 과정이다. 이때 교사는 개별적 발달을 도와주는 조력자라기보다 오히려 성장하는 세대를 기성세대의 사회질서 안으로 인도하는 '사회의 대리인'으로 이해되는 것이다.

뒤르케임에게서 교육이란 태어나면서부터 개인적이고 비사회적인 인간 존재를 전혀 새로운 존재로 형성하는 작용이요, 인간의 타고난 자연을 극복하게 하는 '사회적' 작용이다. 그러므로 교육이 목표하는 인간은 자연적 인간이 아니라 사회가 필요로 하는 인간이다. 각 사회는 그 사회의 내적 질서가 요구하는 그런 인간을 원한다.[5] 결국 교육은 성장세대를 계획적으로 사회화하고 문화 및 직업적 자격을 획득시켜 사회적 역할을 내면화시키는 데 있다.

"교육은 그 독특하고 주요한 목적으로서 개인과 개인의 이익을 추구하는 것이라기보다는 사회가 영구히 그 자체의 존재조건을 재창조하기 위한 수단이다."[6] 개별적 인간은 자신 앞에 놓여 있는 역할 체계에 적응하는 노력을 통해 기존의 사회와 문화체제에 '통합'되고, 거대한 사회 전체에 순응하며 사회집단의 일원이 됨으로써 자신의 사람됨을 획득한다. 따라서 이렇게 사회적으로 규정된 교육의 과업을 담당하는 교사는 사회체제의 위임을 받은 일종의 대리인으로 파악되며, 여기에 동원되는 역할이론은 교육학을 일종의 행동과학으로 이해하게 한다.

교수 및 행동 기술자

공학적 관점[7]에서의 교사 이해는 행동주의 심리학자들이나 정범모의 교육개념에서 발견되는데, 이에 따르면 교육은 "인간 행동의 계획적 변화"[8]로 정의된다. 이미 목적이 주어진 상태에서 공학(工學)이 출발하듯이, 행동을 어떤 방향으로 변화시켜야 할 것인지가 먼저 제시되어야만 교육이 시작될 수 있다. 그래서 목표한 결과가 무엇이든지, 즉 사기꾼, 게릴라, 아니면 성직자든 관계없이 교육은 의도한 바를 유효하고 강력하게 달성하기만 하면 된다는 주장이 나오게 된다.[9]

여기서 중요한 것은 인간이 무엇인지, 또는 교육이 추구하는 목적이 무엇이어야 하는지가 아니라 교육의 강력한 '수단적 힘'이라고 할 수 있다. 이처럼 가치를 배제한 채 교육을 이해하는 관점에서는 교사의 인격성이 원천적으로 부정될 수밖에 없다. 교사는 행동 공학적 기술을 통해 학생의 행동에 변화를 유발하는 기술자 내지 기능의 역할만 하게 될 뿐이다. 그런데 문제는 이러한 교수공학을 통하여 교사-학생 관계에서 필요한 행동의 변화 및 교정이 달성되기도 하지만, 인간 사이의 관계 모두가 공학기술화 될 수 없다는 점이다. 교사의 교육적 행위에는 공학적 기술로는 환원될 수 없는 부분, 즉 교사 자신의 인격적 특성에 의해 규정되는 부분이 있게 마련이다.

다른 한편으로, 현대 구성주의이론이나 교수공학에서 주장하는 것처럼 학생들이 자신의 계획에 따라 교수기능을 행사하는 '새로운' 학습 환경을 구축해야 한다면, 교사와 학생 사이의 기능적 차이가 사라지게 된다.[10] 따라서 이러한 유형의 학습이론을 전제로 할 경우 교사의 역할과 기능이 완연히 달라져야 한다. 무엇보다 교과교육과 인격교육을 모두 담당해야 할 교사들이 학습 환경과 내용의 조직에 편향된 기능적 활동에만 매달려야 할 것이다.

교과담당 일반교사뿐만 아니라 교장 역시 교육적 실천과 관련된 전통적 역할 및 기능에서 탈피하여 학교를 경영하고 관리하는 '학교관리 전문가'가 되어야 한다. 교사들의 주요 임무와 과제가 수업관리 및 학교경영으로 바뀌어가는 것이다. 최근 들어 교육실천의 핵심기능으로 여겨지는 '교수전략', '수업관리', '학급·학교경영' 같은 내용은 교사에게 교육자의 역할보다 경영자의 자질과 역량을 더 요구한다.[11] 또 그에 따라 예전에는 교육적인 가치로 평가받고 중요시되던 것들이 이제는 교육현장에서 주목받지 못하고 잊혀간다.[12] 즉 사람됨의 가치나 의미는 교사의 직무수행과 더 이상 연결되지 않는 요소로 인식된다.

인격적 대화자

앞서 살펴본 것처럼 교육이 자연적 성향에 따른 성장과 발달의 문제, 사회화를 통해 사회의 구성원으로 적응해 나가는 문제, 그리고 인간 행동에 대한 기술공학적인 처방의 문제로 국한될 수 있는 것은 아니다. 교육은 더 나아가 인격적 존재로서의 인간이 자기결정을 통해 스스로를 실현시켜나가는 '사람됨의 과정'으로 이해될 수 있다.[13] 즉 교육은 "인격적 책임에 근거하는 자기실현"[14]으로 파악될 수 있으며, 이는 교사와 학생 사이의 인격적 참여와 대화를 통해 가능하게 된다.

교사의 인격은 그 자체로서 대단히 중요한 교육적 역할을 하게 되며, 교사는 실현된 인격의 대표적인 모델로 이해된다. 교육을 인격적 차원에서 이해하는 입장에서는 앞의 세 가지 관점과 달리 인간의 인식과 행위의 근거가 인간 자신에게 있다고 본다. 그럼에도 인간의 인식과 행위에서 나타나는 인격적 특성이 절대적인 것은 아니다. 인간은 언제나 자신과 삶의 세계의 다양한 조건들, 즉 타고난 자연성은 물론 사회·문화적 환경 및 기술공학적 효용성의 지배와 영향을 동시에 받고 있다.

교사를 '인격적 대화 상대자'로 이해하는 관점은 학교교육의 목적이 지식과 기능의 전수에 제한되어서는 안 된다고 파악한다. 교육의 목적에는 학생들의 태도나 가치관 형성이 반드시 포함되어야 한다. 근본적으로 교육은 기성세대가 성인으로 성장하는 과정에 있는 어린 사람들과 맺는 독특한 관계로 이해된다. 이러한 교육적 관계는 교사와 학생의 관계라는 특정한 형태로 나타나며 교과교육은 물론 인격교육의 근거가 된다. 교육적 관계는 교사가 특정한 목적을 위해 행하는 일종의 의도적 '사건'으로서 그 의도의 목적과 내용은 학생을 위한 것이다.[15]

교사가 이러한 관계형성을 위해 관여하는 행위는 맹목적인 추구나 감정의 표현이 아니다. 이는 자신의 자아를 성숙하게 하고 다른 사람을 지원하고 보호하며 그에게 좋은 일이 생기도록 하려는 교육적 의지이다.[16] 이러한 관계는 교사가 학생의 가능성을 의식하고 그의 선함과 끊임없는 성장을 신뢰하는 데서 나오는데, 학생들에 대한 호감과 호의, 관심, 지원하려는 마음가짐, 그들과 접촉하며 인격적 관계를 유지하려는 노력 등을 통해 드러난다.

교사와 학생 사이의 이러한 교육적 관계는 한쪽에서 영향력 행사하는 일방적 관계가 아닌 인격적 상호작용 관계이다. 그러므로 교육의 또 다른 주체인 학생에게도 관계를 형성할 권리가 부여되어야 한다. 이 관계는 처음부터 일시적 관계이며 궁극적으로 학생이 교사와의 관계에서 벗어나 자립적으로 성숙한 행위를 할 수 있는 능력을 지니게 되는 것을 목표로 한다. 이러한 교육적 관계를 형성할 능력이 없는 교사는 지식전달의 기술자일 수는 있겠지만 진정한 의미의 교육적 교사는 아니다. 따라서 학생과의 교육적 관계형성 능력은 교사의 자질과 능력 가운데 무엇보다 먼저 강조되어야 할 개별적 조건이라 할 수 있다.

종합정리: 지금까지 서로 다른 교육의 개념과 관점에 따라 정리한 네 가지 교사 이해에서 어느 하나만이 옳고 나머지는 잘못된 것이라거나, 또는 서로 간에 우열을 가릴 수 있는 성질의 것은 아니다. 각각의 교사상 또는 교사 이해는 그 나름대로 교사에게 주어진 과제와 교육적 본질이 무엇인가를 보여주고 있음에 틀림없다. 따라서 이 네 가지 관점의 이해는 서로 환원되거나 통합될 수 있는 것이 아니며, 오히려 다양한 관점에서 도출되는 모습을 동시에 소유함으로써 교사를 여러 양상에서 이해할 수 있게 된다.

다양한 관점에서 교사에 대해 더 심원한 이해를 하게 될 때 교사의 본질 파악에 보다 접근하게 된다.

다만 비코(G. Vico)가 말했던 것처럼 교육을 포함한 모든 인간의 행위는 각기 일회적인 것으로 반복될 수 없기 때문에 결단코 선험적으로 이끌어 내거나 과학적으로 만들어낼 수 없는 '역사적' 성격을 지녔다는 점을 상기할 필요가 있다.[17] 그러므로 교육학이 기술공학에서처럼 계획한 것을 생산하겠다는 신념하에 지나친 '계량화' 및 '기능화'를 통해 인간 존재의 인격적 차원을 상실시키지 않는지 교사 스스로가 경계하고 고민해야 한다.

표 2 | 교사를 이해하는 관점들

관점	핵심 내용	대표적 이론가
자연의 조력자	• 교육에 필요한 환경조성 • 소극적 관찰 및 기다리는 역할	Roussesu, Montessori
사회의 대리인	• 학생을 사회 안으로 인도 • 사회화 담당자	Durkheim
교수·행동 기술자	• 인간 행동 변화 유발자 • 행동·교수공학자	정범모
인격적 대화 상대자	• 실현된 인격의 모형 • 인격적 상호작용 추구	Buber

04. 교육학적 교사 이해

교육현실에서 교사는 학생에 비해 자아실현과 인격형성에 있어 앞서 가는 존재이다. 그렇기 때문에 교사는 학생들을 지도하고 육성하는 위치에 있다. 육성하고 지도한다는 말은 교사가 교육실천에서 주도적인 활동을 한다는 뜻이다. 그렇다고 해도 학생들의 '자발성'이 전제되지 않을 경우 교사의 수업과 지도활동은 효과를 볼 수 없다. 즉 교사가 교육적으로 육성하고 지도한다는 것은 학생들이 자기 발전을 하도록 자극하고 격려한다는 의미이며, 그러한 교육활동은 결국 학생이 스스로의 힘으로 성장하도록 지원한다는 의미이다.

이러한 교육적 관계는 도움을 필요로 하는 성장세대와 그들에게 교과지식 및 인격형성을 지원하는 교사 사이의 필수 전제조건(Conditio sine qua non)이다.[1] 성인으로서의 교사가 성장하는 학생들과 연관된 교육적 과제를 담당해내기 위해서는 다양한 측면에서의 자질과 능력이 요구되는 것이다. 교육학의 관점에서 교사에게 본질적으로 요구되는 다양한 과제와 능력들을 살펴보자면 교사 존재의 인격적 특성과 교과수업에 요구되는 교육학적 전문 능력 등을 들 수 있다.

교사의 존재적 특성

학교교육의 목적이 지식 전수를 넘어 학생의 인격적 성장을 지향한다는 점에서 교사 자신의 인격적 성숙함은 교육의 필연적 전제조건으로 인식될 수밖에 없다. 교사가 교육적 관계를 통해 수행하는 직무와 교사의 인격적 특성은 서로 연결하여 논의되어야 하는데 그 특성은 매우 광범위하다. 그 중에서 중요한 점을 몇 가지만 열거하자면 '신뢰감', '교육애', '인내심', '유머', '교육학적 판단력' 등을 들 수 있을 것이다. 물론 이 다섯 가지 이외에도 정의감, 명랑하고 밝은 생활태도, 자신의 직업에 대한 열정 등과 같은 여러 가지 인격적 특성을 추가할 수 있겠으나, 여기서는 핵심적 특성 다섯 가지에 한정하여 논의한다.

신뢰감 성장세대인 학생이 지식 및 인격교육을 통해 사람됨을 형성하기 위해 자신을 다른 사람의 손에 맡겨야 할 경우, 그 전제조건이자 필수요건은 부모이든 교사이든 간에 그가 그 사람을 믿고 신뢰할 수 있어야 한다는 점이다. 그래서 볼르노(O. Fr. Bollnow)는 "신뢰의 감정"이야말로 "모든 인간이 건강하게 성장하는 데 필수불가결한 전제조건이요, 또한 모든 교육의 전제조건이다. 오로지 그러한 분위기 속에서 어린이는 올바르게 자아를 발현할 수 있으며, 또 그러한 분위기 한가운데에서 세계의 의미 있는 질서가 어린이에게 열리게 된다."[2]고 말한다.

만약 부모 또는 교사에 대한 신뢰감으로부터 나오는 안정성(Geborgenheit)이 결여될 경우, 세상은 경악스럽고 위협적으로 협박하는 권력이 되어 삶에 대한 어린이의 의지를 약화시킬 뿐만 아니라 그를 절망적 상태에 빠지게 할 수 있다. 그렇기 때문에 신뢰감은 모든 교육과 수업의 필수적 전제조건이다.

아동·청소년기 학생들에게 교사란 존재는 동일시의 대상이다. 교사를 신뢰할 수 없다면 교육적 효과는 물론이고 학생의 자아정체성마저 위기에 처할 수 있다. 특히 초·중등학생의 12년 동안 교사와의 관계에서 학생이 얻게 되는 신뢰와 삶에 대한 신념은 교육적으로 절대적인 의미를 지닌다. 그런데 교육적 관계의 신뢰감에는 역으로 교사의 학생에 대한 신뢰도 포함된다. 교사의 학생에 대한 신뢰는 난관과 실망에도 불구하고 언제나 새롭게 학생 하나하나를 그 나름대로 인정하고 수용하는 구체적 신뢰이다.[3]

그러나 교사는 자신의 신뢰가 언제든지 실패할 수 있는 모험이라는 사실을 잘 알아야 한다. 특히 한번 실망한 후에 또다시 신뢰해야 할 경우 심리적 갈등이 뒤따르는 모험이 될 수밖에 없다.[4] 신뢰감이 교사의 교육실천에 필수적 전제조건이기에 교사는 언제라도 좌절될 수 있는 교사-학생 상호 간의 신뢰성 문제를 충분히 생각하고 대비해야 한다. 학생과 교사의 상호 신뢰에 기초한 인간 관계를 빼놓고는 학생의 인격형성을 위한 교육을 논할 수 없다.

교육은 긍정적 의미에서의 권위를 필요로 한다. 그러므로 교사는 교육적 관계에서 신뢰를 바탕으로 한 권위를 갖춰야 한다. 학생들에 대한 도덕적 책임에서 기인하는 교사의 권위는 학생들에 대한 위압적인 지배나 우월한 위치를 의미하는 것이 아니다. 권위는 권력이 아니라 책임이자 도움이다. 교사의 권위가 교육적 의미를 지닌 교육적 책임으로 행사될 때 학생은 그 권위를 수용하고 교사를 신뢰한다.

교사는 학생들과의 수업이나 학교활동에서 다방면의 노력을 통해 비로소 신뢰성에 기초한 진정한 권위를 획득하게 된다. 예를 들면 그는 자신이 가르치는 학과목에서 월등한 역량을 보임으로써, 또는 여러 교육적 문제 상황을 성숙한 이해와 결단으로 잘 극복함으로써 존경과 권위를 갖출 수 있다. 교사가 학생에 대해 교육적 책임을 지기 위해서는 학생들의 신뢰가 전제되어 있어야 한다. 신뢰받는 교사야말로 학생 스스로가 인격적 삶을 형성시키는 데 기여하게 된다.

교육애

교사는 사랑을 자각하는 사람으로 진리와 학생에 대한 사랑을 실천할 수 있어야 한다. 그의 교육적 관계는 무엇보다도 교육을 필요로 하는 어린이 하나하나에 대해 애정을 쏟는 일에서 시작된다. 사랑은 교육적 상호작용의 기본 정서로서 교사와 학생 상호 간에 형성되어야 할 심정(心情) 관계의 근본이다. 그래서 교사뿐만 아니라 학생들 역시 교사를 존중하고 사랑하는 자세를 지녀야 한다.

교사의 교육애(敎育愛)는 학생들에 대한 호감과 관심, 도움을 주려는 마음, 그들과 접촉하면서 인격적 관계를 유지하려는 노력 등에서 나타난다. 일반적으로 사랑은 관심 있게 지켜보고, 찾으며, 근처에 함께 있고자 하는 데에서 시작되어 서로 접촉하고, 일치하며, 결실을 이루는 데에서 성취된다. 사랑은 진정한 의미의 공동체를 창출한다. 그래서 빌볼(A. Willwoll)은 사랑이란 "가치를 긍정하고, 가치와 공동체를 창조하는 인간정신의 근본 힘"[5]이라고 정의하였다.

동서고금을 막론하고 사랑은 이웃과 함께 할 수 있도록 하고, 지고의 존재를 향하게 하며, 자신을 더욱 성숙한 자아로 나아가게 하는 원동력이다. 사랑은 맹목적인 추구와 감정이 아니라 다른 사람을 지원하고, 보호하며, 그에게 온갖 좋은 일이 생기도록 하기 위해 끊임없이 솟구치는 의지이다. 사랑은 사랑을 통해 성장한다. 사랑에 대한 보답으로서 또 다른 사랑이 없다면 사랑이란 도저히 존재할 수 없다.

그러므로 이러한 사랑의 문제를 교육학에서 그리고 교사·학생의 관계에서 상세하게 다루는 것은 반드시 필요한 일이다. 교사는 학생을 그들의 눈높이에서 마주하고, 그들의 인격적 삶에 관여하며, 그들을 격려하고 위로하며, 그들과 진심으로 교류함으로써 자신의 교육적 사랑을 표현할 수 있다. 교사의 이와 같은 인격적 태도는 특히 학생들의 입장과 관점에서 생각하고 느끼며 이해하려는 데에서 두드러져 나타나게 된다.

교사의 사랑인 교육애는 호의, 관심, 좋아함, 도우려는 마음을 통해 그 순수한 형식을 드러내게 된다. 학생들을 귀중하게 여길 뿐만 아니라 그들의 장래에 관심을 기울이며 교육적 관계형성을 추구하는 것이 교사의 교육애이다.[6] 학생에 대한 교사의 교육애는 이중적이다. 교사는 한편으로 특수한 관점에서 학생을 그 자체로 유일하고 고유한 인격체로 인정하여 잠재된 능력과 가능성을 발현시킬 수 있도록 아끼고 도와주어야 한다. 그러나 다른 한편으로는 보편적 관점에서 학생을 인류의 이상에 따라 마땅히 그렇게 형성되어야 할 그런 존재로서 사랑해야 한다. 교육애가 없는 학교는 '정서적으로 죽은 학교'이며, 이 경우 교사는 지식을 전수하는 기술자의 위치로 전락하게 된다.[7]

인내심

'사랑은 언제나 오래 참는다.'는 성서의 말처럼 교사가 인내하도록 이끄는 힘은 사랑이다. 인내는 사랑과 이해를 통해 형성되는 것이다. 인내는 단순한 무관심과 달리 학생에 대한 사랑과 이해를 통해 생긴다. 그래서 인내는 교사가 반드시 지녀야 하는 덕성으로 이해된다. 인내는 교육의 성과에 결정적인 영향을 주는 요인으로서 교사라면 누구나 갖추어야 할 인격적 특성인 것이다.

교육과 수업 그리고 학생에 대한 헌신적 돌봄은 교육자의 인내심을 통해 균형의 상태에 도달하게 된다. 타고난 능력과 재능이 각기 다른 어린이들에게서, 사춘기처럼 교육적으로 다루기 힘든 성장 단계에서, 그리고 다양한 성격 유형의 어린이들을 대하게 되는 교육실천에서 교사의 인내는 자신의 사유와 행위를 조절하게 한다. 그리하여 성급한 반응이나 흥분하는 행동을 억제하게 도와 교육이 빛을 발할 수 있게 이끈다.

교사의 인내심은 학생들의 미숙함이나 잘못을 사랑과 이해에 기초하여 침착하게 참아내는 태도라고 할 수 있다. 교사에게 요구되는 인내심은 그러나 단순한 무관심이나 냉정한 객관성과는 전혀 다른 것이다. 오히려 인내는 어린이의 성장과 발달에 주의 깊게 동행함으로써 가능하게 된다.[8] 교사가 주어진 상황과 사태를 잘 인내하기 위해서는 아동발달에 대한 보편적 지식과 개별 학생에 대한 지식이 필요하다. 이런 점에서 볼 때 교사에게 심리학적 지식은 매우 소중한 것이다. 또한 교사 자신이 경험했던 어린 시절을 회상해내는 것도 인내심을 기르는 데 도움이 될 수 있다.

'인내는 희망'이라는 격언도 있다. 우리가 흔히 교육을 미래에 대한 희망으로 비유하곤 하는데, 교사의 인내가 없이는 성장세대의 미래가 보장되기 어렵다. 교사가 수업에서 학생을 가르치는 일 역시 학생이 스스로 배움에 참여하고 노력하여 자신만의 고유한 인식에 도달할 수 있도록 기다리고 인내하는 과정으로도 이해될 수 있다.

그러므로 자식을 사랑하는 마음에서 온갖 어려움을 인내하는 어머니의 마음처럼 교사 역시 자신이 맡은 학생들을 교육적으로 책임지기 위해 인내하는 자세를 지니지 않으면 안 된다. 이렇게 인내심을 발휘해야 하는 교직은 실로 매우 힘든 직업임에 틀림없다. 그러나 교사는 다른 한편으로 인내와 사랑을 통해 성장하는 학생들을 지켜보며 성장세대의 행복한 삶을 창조한다는 성취감과 보람에 찬 직업을 지닌 사람일 수 있다.

유머 흔히 교사는 명랑하고 쾌활한 마음으로 교육에 임해야 한다고 말한다. 교육자에게 요구되는 이러한 명랑함을 유머라고 부른다. 교사의 유머는 일시적으로 나타나는 쾌활한 심정의 상태가 아니라, 지속성을 지닌 심정상태로서 완성된 기질이며 교사의 생활관이라고도 할 수 있다. 유머는 자기 인식에 바탕을 둔 자기 주장의 표현으로서 인생의 위대함과 가치를 확신하는 데에서 나오는 자신감의 표현이다.[9]

유머는 미숙함, 불충분함, 무가치하게 보이는 것에 대한 감수성을 잃지 않고 있기 때문에, 인간 삶의 사소한 것이나 위대한 것 모두를 하나의 커다란 관련 체계로 파악하게 한다. 따라서 풍부한 감수성을 지니고 진솔하게 삶을 영위하는 교사에게서만 교육자적 유머가 나타나게 된다.

인간의 삶과 세계에 대한 감정으로서의 유머는 명랑하게 생활하는 감정과 연결되어 있다. 유머는 어느 정도 거리를 두고 현명하게 관조함으로써 이 세상을 긍정하도록 이끄는 인격적 특성이기 때문에 조소나 냉소 그리고 풍자하는 마음가짐과는 근본적으로 다르다. 즉 유머란 넓게 조망하고 관용하는 태도와 낙관적 여유 및 침착함에서 나온다.

교사의 그 어떤 태연함과 탁월함에 연유하는 유머는 교육적 관계에서 그의 성숙하고 굳건한 마음가짐을 보여준다. 교사의 유머는 친숙하고 이해심 있는 분위기를 마련함으로써 인지·정서적 측면에서의 학습을 촉진하는 조건을 가능케 하고 교육학적 갈등상황을 무난히 해결하는 데 기여한다. 수업과 학교생활에서 심각함을 느끼게 되는 어떤 상황이 교사의 유머를 통해 극복될 경우 그

상황에 대한 견지가 바뀌게 되어 긴장감이 줄어들 뿐만 아니라, 이러한 "유머러스한 전환"[10]은 학생들로 하여금 그 상황의 진정한 의미나 무의미성에 대해 통찰하게 해준다.

교사의 유머는 학급 내에서 발생하는 학생-학생 및 교사-학생 사이의 공격적 다툼이나 심리적 갈등을 손쉽게 완화시키는 수단이 될 수 있다. 학생의 어긋난 태도나 행위에 대해 교사가 무조건 비난하거나 위계적 자세로만 대응할 것이 아니라, 때로는 자신의 성숙한 교육경험에서 나오는 침착함을 유지하면서 현재의 상황에 대한 유머러스한 소견을 제시함으로써 학생이 흥분을 멈추고 다시 자신의 본래 상태로 돌아가게 할 수 있는 것이다. 이처럼 심각한 상황에서도 유머를 잃지 않는 교사의 교육적 자세는 학생들에게 강한 인상과 더불어 교육자적 권위를 느끼게 해준다.

반면 쾌활하지 못하고 유머가 없는 교사는 수업과 교육의 분위기는 물론 교육적 관계마저 망치기 쉽다. 유머가 결여된 교사는 또한 자신의 변화무쌍한 감정을 학생들에게 쉽사리 노출시키게 되는데, 이 경우 학생들은 교사의 그런 태도에 실망하여 무기력함과 암담함을 느끼게 된다. 그러므로 교사의 유머는 학생들이 지닌 사소한 걱정이나 불안을 일종의 우월한 위치에서 관조하면서 가볍게 넘어갈 수 있도록 해주는 능력으로 이해될 수 있다.[11]

교육학적 판단력

교사에게는 섬세하고 정확한 판단력이 요구된다. 교육학적 판단력은 학생의 심리적이고 정신적인 상황을 섬세하게 읽어내는 직감적 능력이다. 교육애가 교사의 인격을 활성화시키는 기본 정서라고 한다면, 섬세한 교육학적 판단력은 이러한 교육애를 활성화하는 도구이다. 교육실천에서 야기되는 다양한 문제 상황은 항상 교사의 합리적인 사고를 통해서만 해결될 수 있는 것이 아니다. 경우에 따라 교사는 객관적 상황분석은 물론 학생들의 심리적인 측면까지도 고려하여 종합적으로 판단하고 행동해야 하며 그럴 때 진정한 의미의 교육적 효과가 생기게 된다.

교육학적 판단력의 심리학적 전제조건은 감수성, 주어진 분위기와 상황에 대한 섬세한 반응, 상상력, 구체적이고 개성적인 측면에 근거한 호감과 접근 등이다. 그러므로 교육학적 판단력은 교사가 교육행위를 하는 데에서 학생 혹은 학급의 내면적 상황을 섬세하게 감지하는 능력이라 말할 수 있다.[12] 이러한 판단능력이 형성되어 있어야 교사는 훌륭한 학습상황을 조성할 뿐만 아니라 가치 및 교육원리에 적합한 태도를 확고히 하려는 의지를 보일 수 있게 된다.

우리는 흔히 교사에게 담당하는 교과에 대한 풍부한 지식과 효과적인 교육 방법을 지닐 것을 요구한다. 특정한 교과를 효율적으로 가르치는 일이란 교사가 직업적으로 수행하는 수업의 핵심이다. 그러나 교과 및 교수법에 관한 지식과 실천능력이 교사를 교사로 인식하게 하는 모든 것은 아니다. 교사가 지녀야 할 교육학적 지식이란 자연과학적 지식들과 상당히 다르다.

교육학은 순수한 이론이라기보다는 오히려 교육실천을 거치면서 생겨나는 이론적 사유 및 성찰의 결과이다. 그렇기 때문에 교육학은 실천을 위한 학문의 성격을 지닌다. 따라서 교육학과 교육이론은 교사가 교육현장에서 교육학적으로 타당한 판단을 내려 교육을 실질적으로 수행할 수 있도록 지원하고, 또 교사가 스스로의 행위에 대해 사고할 수 있도록 이끌어야 한다. 그러므로 교육학은 궁극적으로 교육학적 판단을 위해 존재한다고 말할 수도 있다. 이러한 교육실천에서 교육학적 판단력이 진정으로 발휘되기 위해서는 교사가 교육학적 지식 및 교육애를 겸비해야 한다.

교사의 직업적 과제 영역

교사는 전문적인 양성교육을 받고 일정한 자격검증과 선발 과정을 거친 사람들로서 직업적 과제와 전문성을 지닌다. 학교에 근무하며 학생을 대하고 수업을 하는 직업인으로서의 교사는 먼저 학급의 학생들을 충만한 자신감과 헌신하는 자세로 사랑으로서 수업의 과정을 의미 있게 준비하고 이끌어가야 한다. 다음으로 교사는 학생들이 겪는 학업상의 어려움을 파악하는 전문능력을 바탕으로 학습 장애나 여타의 문제들을 해결하기 위해 마음과 정성을 다하여 노력하는 사람이다.[13]

한국에서는 교사가 수행해야 할 교육학적 과제를 공식적으로 명확하게 규정해놓지 않고 있다. 그러나 학교나 교직의 역사에서 확인되듯 교사의 본질적인 과제는 수업을 통해 학생들에게 지식을 전달하고 그들이 독자적이고 책임성 있는 행위를 하도록 지도하는 일, 즉 교과교육과 인격교육이라 할 수 있다. 이러한 과제들

은 모든 교사 집단에 똑같이 부과되는 것으로 학교 단계에 따라 그 세부 내용의 차이가 있을 뿐이다.[14]

면밀히 말하자면 교사에게 주어진 직업적 과제는 그 사회에서 학교의 과제를 무엇으로 정의하고 있느냐에 달려 있다. 그러나 일반적으로 교직의 과제는 가르치는 일이며 특별한 형식을 지녔다. 부모 역시 아이들을 가르치고는 있으나 그것이 부모의 주된 과업은 아니며 일상생활의 부산물에 불과하다. 그러나 교사는 가르치는 일을 부수적이 아니라 직업적으로 전문화하여 다루고 있다.

어린이가 일상생활에서 부모의 어깨너머로 세상을 들여다보는 것만으로는 자신이 살아가야 할 세계를 파악하기 어렵기 때문에 학교와 교직이 생겨나게 되었다. 사실 일상 및 일상적인 일들에 의해 부모-자녀 관계가 방해를 받고 있기 때문에 어린이가 부모로부터 무엇을 배우기란 힘들다. 그러나 학교의 교사는 보편적인 일상의 삶으로부터 벗어나 어린이와 교수-학습적 관계를 형성하여 새로운 형식의 대화를 시작하게 된다.

부모와 어린이가 매일 가정에서 공동의 생활현실에 묶여 지내야 하는 반면, 학교에서는 학생과 교사의 관계가 매년 새롭게 시작된다. 학년 초가 되면 서로 모르던 교사와 학생들이 새로운 관계를 형성하게 되고 학년 말까지 배움과 성장의 역사를 새롭게 만들어간다. 그렇다면 학교에서의 이러한 관계형성이 왜 필요한 것일까?

교육학적 의미에서 고찰할 때 학교는 인간의 도야에 기여하기 위해 존재한다. 도야(Bildung)란 한 인간이 사물과 사태 그리고 다른 사람과 자신에게 공정하며 도덕적 태도를 지니게 하는 능력이며 인간은 도야되어야만 자신의 삶을 성취할 수 있다. 따라서 교사의 직업적 과제 영역은 수업과 교육을 통한 인간도야, 수업과 교육의 전제조건인 돌봄(Fürsorge), 제도적 틀 안에서의 공동체 형성이라 할 수 있다.[15]

수업

학교는 처음부터 지식을 전수하는 기관으로 설립되었으며 여기에 종사하는 교사의 근본적 과제는 특정한 지식, 달리 표현하여 '교과지식'을 학생에게 가르치는 일이다. 즉 다른 직종의 종사자들과 직업적 자세 및 태도에서 구분되고 있는 교직의 가장 중요한 실행과제는 바로 교과교육이며 그가 담당하는 수업을 통해 수행된다. 모든 사회는 그 자체의 문화·전통·가치표상 등을 다음 세대에게 전수하고 보존하는 데 관심이 있으며, 학교는 일상적 생활에서는 체계적으로 획득하기 어려운 지식을 교과의 틀에 담아 학생들에게 전달함으로써 어린이와 청소년을 그가 속한 문화와 사회로 입문시키는 중요한 기능을 한다. 이처럼 선택된 문화내용으로서의 지식을 학생들에게 전달하는 교과수업이 바로 교사의 핵심과제이다.

어린이들은 수업을 통해 사실에 적합한 세계와의 관계를 형성하게 된다. 어린이들이 성장하고 사회적 삶을 유지하기 위해서는 수업에서 이러한 관계형성을 배우고 준비하지 않으면 안 된다. 초등교사는 가장 기초적인 문화내용들을 수업의 테두리 안에서 전달한다. 중등학교 교사는 학교 단계와 종류별로 다소 차이는 있지만 초등학교에서 배운 기초 지식을 토대로 보다 높은 수준의 학문적 기초를 제공하는 수업을 하게 된다.

학교에서 진행되는 모든 수업은 성인인 교사가 미성숙한 어린이를 가르친다는 위계적 관계에 근거는 근본 구조를 지녔다. 수업의 위계적 구조는 학교 안 다른 영역의 관계형성에도 영향을 준다. 이렇듯 교사-학생 관계는 개인적 연관성에 근거하는 것이 아니라 위계적인 사실 관련성이란 바탕 위에 존재한다.

학생들이 수업을 통해 배우는 지식은 전래된 전통적 지식이지만, 학교에서 진행되는 현대적 지식수업의 독특성이란 누구나 그 지식의 원리를 스스로 생각할 수 있다는 점에 있다. 이러한 이유로 학교수업에서 교사의 과제는 단순하게 지식의 외형을 암기시키는 것이 아니라, 학생들에게 지식형성의 과정을 유발시켜 그들 스스로 통찰할 능력을 길러주는 것이다.[16]

수업을 통한 배움은 교사에 의해 유발되고 안내되는 인식의 과정이지만 인식행위 자체는 학생에게서 일어난다. 그러므로 배움에 대한 최종의 책임은 교사가 아닌 학생에게 있으며, 교사는 학생들에게 지식에 대한 흥미를 일깨우고 교수 방법적으로 안내하는 데 대한 책임을 지게 된다. 또 뛰어난 교사란 학생들을 교수 및 학습방법에 의해 자신의 교과내용 영역으로 이끌어 격려하고 지원함으로써 그들이 스스로 인식의 단계에 들어서게 해주는 사람이다. 수업이란 결국 지식을 매개하는 과정이 아닌 학생의 인식을 유발하는 과정이라 할 수 있다.

교육

'교육'이란 용어에서 우리는 단순한 지식 전수의 차원이 아니라 학생들의 도덕적 행위를 이끄는 과정을 이해하게 된다. 학생이 무엇인가를 결정할 때 도덕적 관점을 수용하도록 요구하고 안내하는 것이 교육인 것이다. 물론 이러한 의미를 지닌 교육은 항상 수업과 연관되어 진행되어야 한다. 그런데 교육을 통해 도달할 수 있는 도덕적 상태란 인간의 자기결정(Selbstbestimmung)과 연관될 때에만 가능해진다.

오로지 자유로운 사람만이 도덕적인 결단을 할 수 있게 된다. 또 이에 앞서 선과 악 사이에서 결단할 수 있는 인간의 자유는 인간학적으로 본래 주어져 있다. 이러한 인간학적 전제가 없이는 교육학이나 윤리학이 필요하지 않다. 인간의 행위가 언제고 도덕적 요청 하에 있기 때문에 인간은 '비도덕적'일 수 없으며 이를 삶에서 실현해내야 한다는 말이다.

우리가 배우는 사실관련 지식들은 그 지식을 올바로 사용하는지에 대한 질문, 즉 다른 사람이나 자신의 존엄성을 해치지 않으면서 지식을 다루고 있는지에 대한 문제를 제기할 수 있어야만 한다. 예를 들어 사회과 수업에서 민주주의와 사회주의에 관해 배운다면 두 정치 체제의 기원과 역사 또는 유형적 특징에 대한 사실들을 기계적으로 익히는 수준을 넘어서야 한다. 이 두 체제의 인간이해나 미래에 대한 인식은 물론 이 지식의 올바른 사용에 대한 문제를 제기하는 수준까지 도달해야 하는 것이다.

교사에게 위임된 교육적 과제란 다름 아닌 이러한 방식으로 지식습득의 문제를 제기하고 다루는 일이다. 학생들이 배움을 통해 이러한 문제가 바로 자신의 문제임을 깨달을 뿐만 아니라 언제고 스스로 문제를 제기할 수 있도록 교사는 수업을 구성하고 실천해야 한다. 여기서 '과연 도덕성을 가르칠 수 있는가?'라는 의문이 제기된다.

도덕성은 우선 도덕적인 것의 위계성에 대한 요청, 즉 무엇이 더 도덕적인가 하는 요청이 인정되어야 다룰 수 있는 문제이다. 두 가지 결정 가운데 어느 것이 더 바람직한 결정인지에 대한 가능성이 존재해야만 도덕적 결단을 하도록 가르치는 일이 가능하다는 말이다.

또 도덕성이란 그냥 주장하면 되는 것이 아니기 때문에, 더 바람직한 결정에서 과연 무엇이 더 나은지 입증될 수 있어야 한다. 도덕적 결정은 우리 모두가 납득할 수 있을만한 근거를 지녀야만 하는 것이다. 어린이들은 학교에서 교사의 지도하에 자신의 행위가 도덕적으로 근거되어야 함을, 즉 행위의 가치평가를 배운다. 가치를 평가하는 준거는 의미 있는 삶과 성취된 삶이다.

'가치'라는 단어가 등장하는 데에서 이미 예측할 수 있지만, 도덕성의 문제는 객관적이고 합리적인 차원을 뛰어넘는다. 우리가 왜 도덕적이어야 하는가? 라는 질문은 합리적 근거를 벗어난 문제이다. 어쩌면 우리가 형이상학 없이도 도덕적 판단을 할 수 있는지는 모르겠으나, 인간이 도덕적이어야 한다는 것은 형이상학적 요구이다. 인간의 행위와 삶의 의미에 대한 질문을 객관적이고 보편적으로 대답하기는 어렵다. 이런 질문에 대해 우리는 스스로 책임질 수밖에 없는데, 그 이유는 도덕적 판단을 내리는 양심이 논의와 대담을 통해 결단을 내리지 않기 때문이다.[17]

그래서 교사는 교육을 통해 학생들이 다양한 가치들을 구분할 수 있는 상태로 이끌어야 한다. 그럼에도 마지막 순간에 결정을 해야 하는 사람은 학생 자신이며 교사가 이러한 결단에 관여할 수 없다. 교사와 학생은 결코 행위 공동체가 될 수 없기 때문이다. 교사가 할 수 있는 일이란 학생이 결단을 내릴 수 있도록 여건을 제공하는 것으로, 교사의 이러한 역할과 과업은 최신의 학습 이론이나 기술을 통해서도 대체될 수 없는 인격적 요인이다.

사물과 행위의 가치에 대한 질문과 논의는 오로지 인격적 교류를 통해서만 가능하며 이때 상호 간의 신뢰가 필수적이다. 따라서 교사-학생의 교육적 관계에서도 가치를 판단하고 결정하는 일이란 개인들 사이의 상호적 대화를 전제로 하게 된다. 교육은 언제고 자신의 실존을 자각하며 확고한 신념과 양심을 지향하는 책임 있는 인간의 형성에 관심을 갖는다. 즉 교육은 개별적 인격이 자신에게 본원적으로 주어진 자유를 누릴 수 있도록 도와주는 일인 동시에 자기결정과 책임의식을 강화하도록 하는 일이다.

인간에게서 책임성은 부가적인 속성이 아니라 자신을 인간답게 하는 핵심사항이다. 수업과 교육의 관계 및 그것이 학생의 개별적 도야와 연결되는 관계를 그림으로 제시하자면 <그림 1>과 같다.

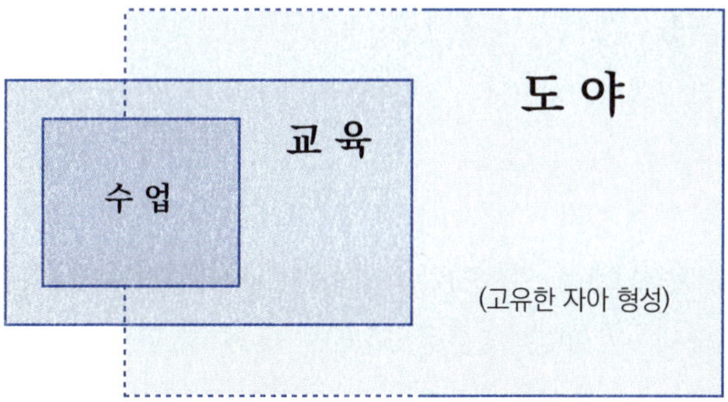

그림 1 수업-교육-도야의 관계

돌봄 흔히 학교는 학생들에게 전래된 가치와 생활방식 그리고 사회 및 학교생활에 필요한 규율을 가르치는 곳으로 이해되고 있다. 그러나 규율을 통해 사람을 교육할 수는 없다. 앞에서 언급했듯이 교육이란 인간의 삶이 도덕적 관점에서 성취되어야 한다는 규제적 이념(regulative Idee)에 따라 학생 스스로가 적합한 자기결정을 하도록 촉구하고 이끄는 일이다. 도덕성이 비록 (도덕적) 규율을 요구하기는 해도 외적인 통제만으로는 도덕성에 도달할 수 없다.

도덕성은 자기규율(Selbstdisziplin)을 요구한다. 이런 의미에서 규율의 전제조건은 자신의 합리성을 독자적으로 사용할 수 있는 능력이라 할 수 있다. 그런데 어린이가 이러한 능력을 아직 사용할 수 없는 영역에서는 교사들의 돌봄이 필요하다. 이처럼 돌봄은 자기규율이 부족한 곳에 투입되어야 하는 바, 교사는 어린이가 자기 자신이나 사회에 해를 끼치지 않도록 돌봐야 한다. 그렇다고 해서 돌봄이 자기규율을 대체할 수는 없다. 다만 아직까지 지식과 통찰력 또는 의지가 부족하여 자기규율이 형성되지 못한 곳에서 돌봄이 관여하는 것이다.

이런 의미에서 돌봄은 '보호적 (자기)규율화'라고 할 수 있다. 돌봄이란 아직까지 어린이들이 스스로의 책임으로 해내지 못하는 부분들을 보호하는 일이다. 학생들은 교사의 돌봄을 통해 아직은 자신이 해낼 수 없는 고유한 과제에 대해 배우는 보호 공간을 획득하며 점차 자신의 자기규율을 형성해 나간다. 학생들이 사물세계와 도덕성을 충분히 모르는 상황에서 돌봄은 필수적이며 이를 통해 학생들은 비로소 세계관과 도덕적 태도를 갖추게 되는 것이다. 따라서 교사의 본원적 직업과제인 가르치는 일에 속하지 않는 또 다른 영역, 즉 돌봄이라는 과제 영역을 지니고 있는 것이다.

교사의 교육 전문성

앞에서 언급했듯이 학교는 지식전달을 위한 수업의 장소인 동시에 학생의 도덕적 판단능력을 기르기 위한 교육의 장소이기도 하다. 학교의 교사는 단순히 지식과 기예를 전달하고 학생들을 지식내용으로 채우는 일만 하지 않으며, 학생들이 주체적으로 책임 있게 행위를 할 수 있도록 지도하게 된다. 그런데 교사의 이러한 과제는 주로 수업의 형식을 통해 실현된다. 왜냐하면 수업내용과 교수방식 자체가 학생들의 판단력과 책임의식을 각성시키고, 개별적 자기결정력과 협동심을 지원하며, 관철시키는 능력 및 타협하는 능력 등을 강화시키는 교육적 기능을 하기 때문이다.[18]

학생의 인격과 책임감을 형성해야 하는 교육에서는 교사 자신의 인격적 특성과 태도 등이 매우 중요한 의미를 지닌다. 교사의 인격 자체가 학생의 인격적 발달과 자기결정에 영향을 주기 때문에 그렇다. 특히 교사와 학생 사이의 인격적 대화는 교사-학생의 관계를 더욱 긴밀하게 해줄 뿐만 아니라 그 자체로도 커다란 교육적 힘을 지닌다.

교사의 두 가지 직업적 과제, 즉 지식습득 중심의 교과교육과 도덕적 인간교육 또는 인격교육은 동등하게 중요한 것으로서 단지 이론상으로만 구분된다. 이 두 과제는 교사의 실제적 교육행위에서 서로 분리될 수 없는 하나의 과정인 것이다. 그러므로 교과교육 없는 인격교육이나 인격교육 없는 교과교육은 근본적으로 불가능하다.

이러한 동등성에도 불구하고 현대의 교사에게 인격교육의 과제가 특별히 중요한데, 이는 시대·사회적 환경에 따른 어린이·청소년 생활세계의 변화, 미디어의 영향, 글로벌사회로의 전환 등이 학교에 대해 새로운 과제를 요구하고 있기 때문이다. 무엇보다 가정의 교육적 기능의 약화가 학교의 인격교육 강화를 필요로 하고 있다. 따라서 교사는 학교를 더 이상 학습공간으로만 여기지 않고 학생이 편안함을 느끼고 인격이 전적으로 육성되는 그들만의 생활공간(Lebensraum)으로 재구성해내야 할 과제를 지녔다.

이 두 가지 기본적 교육과제 이외에도 학급운영, 상담, 특별활동, 생활지도, 진로지도, 업무분장, 학부모 관련 업무 등 수많은 2차적이고 임의적인 과제들이 교사에게 부과되어 있다. 따라서 교사의 직업적 과제는 엄청난 이질성으로 특징지어진다. 이러한 이질적 과제들은 궁극적으로 교과교육과 인격교육이란 과제에 통합될 수 있으며, 이러한 통합을 지향하는 균형 있는 과제수행에서 교직의 전문성이 드러난다. 이런 점에서 교사의 과제수행에는 폐쇄적 '숙련성'보다 다양한 과제들을 심층적으로 서로 연결시키는 '자율적 전문성'이 더 중요하다.

교사는 교육이 이루어지는 전 과정에서 가장 중요한 변인이자 결정적인 원동력이다. 그러므로 학교교육에서 학생들에게 영향을 주는 다양한 변인 가운데 가장 중요한 것이 교사이다. 한 학생의 지성·정서·사회적 성숙과 자기발견은 그가 어떤 교사를 만나는가에 의해 결정된다고 해도 과언이 아니다. 그래서 우리는 수업을 담당하는 교사의 전문성, 즉 교사의 수업 과제수행에 요구되는 자격, 자질, 능력 등에 대해서 질문하게 된다.

교사에게 부과된 수업과제를 수행하기 위해서는 교과내용에 대한 지식, 교수 방법에 대한 지식, 그리고 학생에 대한 지식 등이 필요하다. 그러나 학교의 수업이 단지 지식과 기능의 전달뿐만 아니라 학생의 인격형성을 목적으로 하기 때문에, 그러한 객관적인 지식과 더불어 교사 자신의 내적 자질과 능력 등도 중요하다.

교육학적 안목과 반성적 사고

교사가 교과수업과 올바른 행위를 지도하는 데 직접적으로 필요한 지식과 능력을 갖추는 것은 당연한 일이다. 그러나 이에 앞서 가르치고 배우는 일의 내적 구조와 원리 및 교육실천 그리고 정책의 역사·사회적 의미와 영향 등을 이해하고 평가하는 능력을 갖추는 것이 중요하다. 교사가 자율·전문적으로 교육의 과제를 수행하기 위해서는 단지 수업에 대한 기능적 지식이나 기술뿐만 아니라 교육의 과정 전체를 종합적으로 조망하는 학술적 능력 및 교육실천 행위를 반성적으로 사고하는 능력이 함께 강조되어야 한다. 왜냐하면 교육이란 외부로부터 주어진 목적을 효율적으로 수행하는 기능적 작업을 넘어 주어진 상황에서 올바른 해결책을 찾는 실천적인 행위에 관한 일이기 때문이다.

경험주의 교육학은 자연과학에서처럼 대상을 일관적 체계로 객관화하기 위해 교육현상에서 교육적으로 의미 있는 것의 상당 부분을, 변인통제의 명목으로, 제외시킬 수밖에 없다. 그러나 교육현상은 워낙 광범위하고 복잡하여 경험적 관찰만을 통해서는 교육적 의미에 대한 법칙성을 찾아내기가 힘들다. 교육에 대한 인식의 체계적 통일을 위해서는 경험적으로 파악되는 내용에 교육학적 안목과 반성적 사고가 추가되어야 한다. 이는 교육현실을 역사·이론적으로 분석하는 것을 의미하며, 거기에는 교육행위와 결정에 대해 가치판단을 하는 일이 포함된다.

따라서 학교교육 전문가로서의 교사에게는 교육의 기본개념은 물론 교육정책, 교육목적, 교육과정, 교수방법 등에 대한 포괄적인 교육학 지식과 안목이 요구되고 있다. 더 나아가 교사는 심리학, 사회학, 정치학, 역사학, 철학 등 인간의 교육에 기본적으로 필요한 이론적 지식을 갖춰 교육적 성찰과 판단에 활용할 수 있어야 한다.

교과내용에 대한 지식

좁은 의미에서 교사의 전문성은 바로 자신이 담당하는 교과를 지도하는 능력이라고 할 수 있다. 어느 직업이나 직종에 따라 특수의 지식이 필요하지만 교사에게서 지식은 매우 특별한 의미를 지니고 있다. 교사는 특정한 교과내용, 즉 지식을 매개로 하여 학생의 인간형성에 작용하고 있기 때문이다. 따라서 교사는 학생들에게 교과내용을 성공적으로 매개하기 위하여 가르칠 내용, 즉 교과목에 대한 지식을 필요로 한다.

학생들에게 지식을 잘 전달하기 위해서 교사는 자신이 가르치고자 하는 교과의 내용에 대한 철저하고 정확한 지식을 가지고 있어야만 한다. 가르치는 내용에 대해 철저한 지식을 가지고 있는 교사는 해당 교과의 학문체계가 근거하는 가장 본질적이고 기초적인 지식, 개념, 원리 등을 파악함으로써 학생들에게 핵심 내용을 확실하게 가르칠 수 있게 된다.

교수 방법 지식과 능력

수업을 위해 교사가 갖추어야 할 전문성으로는 교과내용으로서의 지식뿐만 아니라 지식을 전달하는 방법에 대한 지식과 기능을 들 수 있다. 교과에 대한 지식이 완벽한 사람도 교수 방법을 모르면 잘 가르칠 수 없기 때문이다. 전문적 교사는 교과 내용을 잘 숙지하고 있을 뿐만 아니라 그것을 가르칠 대상에 맞춰 쉽고 효과적으로 가르쳐야 한다. 따라서 교사는 교수와 학습의 방법을 알고 있어야만 한다. 교과의 효율적인 교수 방법은 교사가 인식이론적인 방법을 알고 있을 때 획득할 수 있다.

그러므로 교사는 각 교과목이 토대로 하고 있는 해당 학문분과의 지식획득의 길로서의 방법론을 알아야만 한다. 모든 학문은 그 자체의 고유한 지식획득의 방법을 지니고 있기 때문이다. 교사가 교수 방법에 대한 전문지식과 기법을 습득하거나 활용하지 못한다면 그 교사는 가르치는 일에 만족을 느끼지 못하여 직업적으로 불만족스런 생활을 하게 된다.

학생에 대한 지식

수업이라는 직업과제를 수행함에 있어서 교사는 교과목에 대한 지식뿐만 아니라 그것을 학생에게 매개할 방법도 알고 있어야만 한다. 학생에게 지식과 기능을 제대로 매개하기 위해서는 학생을 올바로 이해하고 있다는 것이 전제되어야 하는 것이다. 교사가 자기 교육 활동의 대상인 학생을 올바로 파악하지 못한다면 교과수업은 성공할 수 없게 된다. 지식의 전수를 목표로 하는 교과수업이 더 나아가 내면적 인격형성에 관여하는 '교육적 수업'이 되기 위해서는 학생에 대한 보다 포괄·심층적 이해가 요구된다. 아동·청소년에 대한 지식은 심리학이 많은 도움을 제공하고 있다.

그러나 현대의 경험주의 심리학의 지식은 인간을 객관적으로 파악 가능한 부분, 즉 신체·심리적인 차원만을 다루기 때문에 인간이해의 폭이 제한되어 있다. 따라서 아동·청소년을 객관화할 수 없는 '고유한 개별성'으로 이해하는 관점이 추가되어야 한다. 즉 인간의 본질적 존재형식으로서 아동과 청소년을 총체적으로 이해하려는 '인간학적 관점'을 교사가 지녀야 하는 것이다.[19] 앞의 학생에 관한 장에서 그들의 존재적 특성을 제시했던 것처럼 교사가 학생 존재의 본원적 특징과 시대·문화적 특수성 등을 파악하여 수업과 교육에 활용하는 일은 매우 중요하다.

05. 교사와 책임의식

교육은 한편으로는 현실을 지배하는 법칙들의 강력한 영향을 받고 있으며, 다른 한편으로는 (교육의 역사를 통해 보게 되는 것처럼) 이러한 현실적 제약에도 불구하고 자기 책임성 및 독자성을 지녔다. 오늘날 교육학이 독자적 영역을 지닌 채 다른 학문들과 구분될 수 있는 것은 인간의 교육에서 자기 책임성이라는 특징을 드러내기 때문이다.

스스로를 사회과학 성향의 경험과학으로 이해하려는 현대 교육학은 경영·사회·행정·심리학 등 다양한 분야의 지식과 연구 방법을 끌어들여 교육현상을 객관적으로 분석하고 그것의 사회·경제적 효용성을 극대화하려 한다. 그러나 이 경우에도 교육에 대한 교사의 책임성의 문제가 사라지지 않는다. 다차원적 존재인 인간의 교육에서 자율적 사고와 가치적 판단에 근거하는 도덕적 책임성의 차원이 배제될 경우 이는 더 이상 교육학의 연구 대상이 될 수 없기 때문이다.

교육에 이렇게 개별적 인간 고유의 독자성과 책임성의 문제가 자리한다는 것은 교사에게 무엇인가 아주 특별한 사명이 위탁되어 있음을 의미한다. 즉 교사에게는 아직은 미성숙한 어린이를 성숙한 인간으로 발달시켜야 한다는 임무가 주어져 있다.

국가는 사회 구성원 전체를 위한 교육의 과정과 내용을 설정하여 제도적으로 운영하고 관리할 때 국가 차원의 효용성과 경제적 효율성을 강조한다. 반면 개별 국민의, 즉 고유한 존재로서의 인간의 삶의 의미와 목적은 실질적으로 고려되지 않는다. 국가 차원에서 양성·선발된 교사들은 교육행정체계에 따른 복무규정을 지키며 교과지식을 가장 능률적으로 전달하라고 요구받는다.

그러나 교사가 비록 공교육 체제하에서 이러한 교육임무를 수행하는 사람이기는 해도 자신의 임무를 단지 기능적으로 수행하지는 않는다. 교사는 교과내용을 단순히 전달하는 것이 아니라 자신의 인격성을 바탕으로 생동적 삶과 연계하고 판단하며 전수한다. 이렇듯 교사는 전달해야 할 문화내용을 매개하는 역할을 넘어 자신에게 맡겨진 학생들의 성장과 삶에 대한 '자발적인 책임'을 지는 사람이다. 경험주의 교육학의 학습전략에서 요구되는 것처럼 교사의 직무가 기능적 역할 담당에 한정되어 정의될 수 없는 까닭이 바로 여기에 있다.

학생은 후에 자기 스스로 책임을 질 수 있는 존재가 되는 데 필요한 고유한 세계를 형성하기 위해 배운다. 그러므로 개성적 존재로서 학생이 앞으로 고도의 정신적 삶을 영위하는 데 필요한 바탕을 마련할 수 있도록 수업하고 이끌어야 하는 책임이 교사에게 주어져 있다. 달리 말해 교사에게 주어지는 독특한 책임은 자연적 객체로서의 어린이에 대한 관리 책임이 아니라, 도덕적 삶을 영위하는 인격적 존재로 그들을 성장시키는 데 있다.

교사가 학생들과 진정한 교육적 관계를 형성해야 한다는 의무감은 이러한 책임성으로부터 나오게 된다. 언급되었듯이 교육적 관계의 핵심은 개별 존재로서의 자신에게 관심을 보이고 도와주기 위해 존재하는 교사를 학생이 신뢰하는 데 있다. 교사는 그 일회적 속성으로 인해 매번 다를 수밖에 없고, 결코 미리 계획된 대로 전개되지 않으며, 매 순간 구체적 사태에 의존하게 되는 수업상황 및 자신의 도덕적 판단과 양심에 따라 결정을 내릴 수밖에 없는 '교육학적 자율성'의 영역에서 직무를 수행한다.

교사는 외부 권력과 지배요구가 존재하는 현실적 교육상황에서 '나는 과연 교육적 책임을 질 수 있는가?'라는 질문을 스스로 던지는 사람이다. 그는 학생이라는 주체와 전통이나 문화 같은 내용적 객체 사이에서 자율적 자기 영역을 관할하는 '인격적 중개자'로 서 있다. 그러므로 교육학은 인간을 직접적으로 주시하면서 존엄한 존재로 대해야 하는 학문일 수밖에 없다.

이렇게 교육이 단순히 경험적으로 서술될 수 있는 사실 내용에 기인하는 연관 체계의 문제가 아니라, 그 본질에서부터 책임성과 연관된 인격적 현상으로 이해되어야 한다는 사실은 교사의 존재적 특성이 어떤지 잘 보여주고 있다. 가르치는 일과 직업에서 이렇게 행위와 책임성이 서로 맞물려 있다는 사실을 세분하여 제시하자면 다음과 같다.[1]

첫째, 교사에게는 교육의 방법과 조처에 대한 책임뿐만 아니라, 인간교육의 바탕이 되는 인간이해에 대한 책임 또한 주어져 있다.

둘째, 책임성은 교직 수행의 한계 상황이 된다. 왜냐하면 학생들이 자신의 삶을 스스로 책임질 수 있도록 성숙한 인간으로 성장시켜 더 이상 교육이 필요하지 않도록 하는 것이 교육의 과제이기 때문이다. 그렇다고 책임성을 깨닫게 함으로써 교육이 끝난다고 말하기는 어렵다.

셋째, 교육은 익명으로 진행되는 과정이 아니며 또한 주어져 있는 재료를 가지고 자유롭게 무엇인가를 만들어 내는 행위도 아니다. 따라서 교사의 직업적 실천은 과학이론 및 그것의 기술적 적용과 다를 수밖에 없다. 교사의 교육실천은 일반화된 전문지식을 활용하면서도 교육현장에서 자신이 처한 구체적 상황으로부터 출발해야 한다는 특성을 지닌다.

교육의 이런 특성에 따라 교사는 자신의 행위에 대해 스스로 의문을 던지고, 필요할 경우 잘못을 시정하려는 자세를 통해 책임을 다하게 된다. 어떤 교육이론이나 심리이론도 학생을 직접 마주하는 상황에서 내리게 되는 교사의 '교육적 결단'을 박탈할 수 없다. 교육행위나 수업의 보편적 상황을 전제로 인과론적 문제해결 방식을 제시하는 경험주의 교육이론이 교육적 상황을 제아무리 표준화하더라도 교사 스스로의 교육학적 판단과 그에 동반되는 책임의식을 제거하거나 경감시킬 수 없다.[2] 왜냐하면 교사가 학교에서 수행하는 교육실천은 시·공간적으로 구체적이고 일회적인 교육 상황을 전제로 하기 때문이다.

주어진 각각의 교육실천 상황에서 교사는 자신의 결단을 회피할 수 없다. 그는 결단을 통해 자신이 교육한 것에 대한 책임을 지게 되는 것이다. 이처럼 되돌리거나 예견할 수 없는 상황에서 이루어질 때 우리가 다른 인간에게 하는 행위의 순수성이 그 모습을 드러낼 수 있다.

그러나 이렇게 주어진 각각의 상황에 상응하여 순수한 교육적 행위 및 의미구현을 해야만 한다는 부담 때문인지 교사들은 때때로 스스로 책임지는 교육적 결단으로부터 도피하여 익숙해진 대체행위, 타성적 기능행위, 관행적 요식행위에 자신을 내맡기기도 한다. 또 때로는 교육 행정당국이 제시하는 정책적 지침과 행정지시를 맹목적으로 추종하거나 미래 지향적이란 미명하에 선행학습과 계획안, 모범사례, 막연한 기대치 등에 무비판적으로 의지하려는 경향도 보인다.

그러다가 교육시장에서 유행하는 특정 학자들의 유명한 '~이론'이나 '~원리'라고 하는 일견 보편적일 것 같으나 사실은 '상품화된' 이론들을 맹신하기도 한다. 더 나은 교육에 대한 열의가 넘치는 교사들은 시대와 문화적 배경을 초월하여 한국의 교육현실에 직접적 효과를 줄 것처럼 보이는 외국 교육의 성공사례 특강 등을 찾아 나서기도 한다. 예를 들어 혁신적 교사들이 국제학업성취도평가(PISA)에서 좋은 성과를 보인 핀란드의 학교교육 사례에 대해 지속적 관심을 보이는 것도 그런 측면이 있다.

그러나 어찌 보면 수업을 빌미로 특정한 교육이론에 집착하거나 잘 홍보된 교육기술에만 의존하려는 교사들의 이러한 행태는 주어진 우리의 교육상황을 비판적으로 성찰하며 진취적으로 대처하겠다는 각오가 부족함을 드러내는 것일 수도 있다. 교사가 자신의 교육적 행위 자체에 대해 스스로 반성하여 문제점을 명확히 인식해야 함을 보여주는 것이다. 그렇지 못할 경우 그는 자신의 교육학적 책임에서 멀어지게 된다.

교사는 학교교육의 진정한 의미가 무엇인지, 수업과 다양한 교육활동에서 추구되어야 할 교육적 가치는 무엇인지, 그리고 현재 주어진 교육의 상황에서 나 스스로 결단하여 추진해야 할 '교육적' 행위가 무엇인지를 고민해야 한다. 성적경쟁과 학벌중시 풍토의 지배하에 있는 한국 사회와 학교에서 교사가 단지 수업의 기능적 성과에만 매달린다면 자신의 직업적 임무를 온전하게 수행한다고 하기 어렵다. 교사의 직업적 실천에서는 반드시 학생의 배움과 삶에 대한 교육적 의미가 짙게 배어나야 하기 때문이다.

4부

학교교육과 사람됨

독일 Leingarten에 위치한 Eichbott 학교와 학생들

학교의 주된 목적은 언제고 인간에 내재된 사람다움을 일깨우거나
인간을 인본성(humanity)으로 도야시키는 일이어야만 한다.
- Paul Gerhard Natorp

인간으로 하여금 일말의 망설임도 없이
진정한 인간이 되도록 해주기에 학교는 사람됨을 형성시키는 곳이다.
- Johannes Amos Comenius

01. 학교는 무엇인가?

학교는 한 사회의 여러 하위시스템(subsystem)들과 연관 관계에 있는 또 다른 하위시스템으로 국가의 사회 체제를 형성하는 데 기여한다. 학교는 또한 법질서를 통해 정치시스템과 매우 긴밀하게 연관되어 있으며 인력을 양성한다는 점에서는 경제 및 고용시스템과도 밀접하다. 그러나 학교가 사회에 대해 독립적인 관계에 있기도 한데, 그 이유는 교육학적 기관(pädagogische Institution)이란 점에서 그렇다.[1]

학생들이 스스로 성숙하게 되도록 이끌어야 하는 학교는 민주사회에서 기능적인 동시에 역기능적일 수 있다. 성장세대에게 자기결정이나 스스로 책임지는 자세 그리고 반성적 사고능력을 길러주어야 하는 학교가 수업, 학교조직, 학교행정을 통해 과연 그러한 교육목표를 달성해내는지 의문이다. 어쩌면 학교교육이 문화전수나 사회 구성원으로서의 정체성 주입에 치우쳐 학생들의 개성적 삶의 형성을 저해하고 있을지도 모른다.

좁은 의미에서 학교는 유치원에서 대학교에 이르는 여러 단계의 학교들을 포괄하는 학교제도로 파악된다. 이러한 의미의 학교는 보편적 교육을 담당하는 사회적 기관으로 수업을 하기 위한 교육학적 조처들이 준비된 곳이다. 학교는 그 위치와 공간이 확정되어 있고 단계에 따라 재학하는 기간이 구분되어 있다. 또 학급과 같은 집단의 형태로 가르치며, 국가가 전문적으로 양성한 교사에 의해 체계화된 교육과정을 통해 정해진 교육목표를 달성한다는 특징을 지닌다.

포괄적 의미에서의 학교는 보편적 교육을 하는 공교육기관과는 그 성격이 다른 기관, 즉 노인대학 같은 성인교육기관이나 직업을 준비시키는 교육기관을 포함하게 된다. 한국의 다양한 사설 교육기관인 보습학원이나 어학원들 역시 그러한 범주에 들어간다 할 수 있다. 따라서 보편교육을 담당하는 학제상의 학교들과 학술적 교육기관인 대학 이외에도 광의적 관점에서 다양한 형태를 지닌 학교들이 존재함을 알 수 있다.

또한 본질적 요소에 따라 학교의 특성을 구분할 경우에는 매우 독특한 관점의 학교개념이 제시될 수도 있다. 예를 들면 '어린이가 나가는 길로서의 학교'[2], '학술적 기관으로의 학교', '인간해방 실현의 장소로서의 학교' 등이 그렇다. 이렇게 이해되는 학교개념들에는 각각의 교육관이나 교육이념이 반영되어 있으며 교육학적으로 해석하고 평가할 만한 가치와 의미가 내포되어 있다.

오늘날의 학교가 의도적이고 조직적으로 가르치고자 제도화된 기관[3]이기 때문에 학교의 본질을 '여가' 및 자유로운 '배움 활동'을 의미하던 그리스어 단어 'scholé'로부터 도출하려는 시도[4]가 과연 적합한 것인지 의문이 생긴다. 왜냐하면 그 의미맥락이 오늘날의 현실과는 정반대로 나타나기 때문이다. 따라서 학교의 역할과 기능 그리고 교육학적 의미를 파악하기 위해서는 그 발생 근거와 발전 과정을 살펴보는 것이 더 타당할 것이다.

02. 학교교육의 역사

어느 문화권을 막론하고 부모나 각 직업 분야의 장인은 생업활동에 병행하여 부수적으로 성장세대에게 더 이상 지식과 기능을 전수해왔다. 그러나 사회가 복잡해져 그 일이 가능치 않게 되었을 때 분업의 차원에서 이러한 교육적 과제를 담당할 기관이 필요하게 되어 학교가 생겨났다. 그러므로 학교는 사회에 의해 설립되었으며 학교와 사회의 관계 또한 단순히 그 발생에만 한정되지 않는다. 그보다는 사회가 제도화된 교육 체제를 통해 학교에 지속적인 영향력을 행사하는 관계를 유지해왔다고 볼 수 있다.

유럽에서 체계적으로 가르치는 기관으로서의 학교는 고전고대 그리스시대의 김나지움에 그 기원이 있다.[1] 당시 그리스의 학교는 국가에 의해 관리되지 않았지만 사회적 의미를 지니고 있었으며, 학교교육의 목적은 이성을 훈련하여 인간다운 삶을 추구하는 개인을 육성하는 것이었다.

아테네의 자유민 소년들은 7세가 되면 파이다고고스(Paidagogos)

의 도움을 받아가며 학교에서 체육과 음악을 포함한 기초교육을 받았다. 체육교육에는 신체발달은 물론 감정과 행동을 이성에 의해 제어하는 훈련을 포함하고 있었으며, 이러한 훈련을 통하여 인내심, 지구력, 용기, 충성, 헌신 및 타인의 권리 존중과 같은 여러 덕목을 발전시키고자 하였다. 음악교육은 시의 해석이나 악기연주 등을 통해 온화하고 안정된 몸가짐을 가질 수 있도록 정신을 순화하는 데 그 목적을 두었다.[2]

신체와 정신의 조화를 추구했던 고전고대 그리스의 학교교육은 학생들에게 특수한 전문지식보다는 일반적인 덕성을 요구하였고 읽기, 쓰기, 셈하기는 부수적으로 배우는 것에 불과하였다. 그리스의 김나지움에서는 후에 서양 학교교육의 핵심교과가 된 언어, 수학, 음악 및 체육 같은 과목들이 점차 생성되었다.

로마시대에는 황제에 의해 감독을 받는 교육제도가 형성되었으며 기초학교, 문법학교 그리고 수사학학교를 통해 영토를 통합하고 행정관리 인력을 양성하고자 하였다. 이 시기에 자리를 잡게 된 소위 말하는 '일곱 가지 자유 학과목(Septem artes liberales)'[3]은 이후 중세시대 교회학교는 물론 초창기 대학에 이르기까지 표준적 교과가 되었다.

로마제국의 몰락에 따라 교육제도마저 붕괴된 중세 유럽에서는 기독교와 교회가 교육제도에 결정적인 영향력을 행사하였다. 가톨릭교회는 신앙보급 및 종교적 교화를 담당할 성직자를 훈련하기 위해 학교교육에 관심을 갖게 되었으며 가르치는 일은 교회의 통제 하에 놓이게 되었다. 교회의 공식용어가 라틴어였기 때문에 학교의 수업언어나 교육받은 성직자 계층이 보편적으로 사용하는 언어 역시 라틴어였다.

9세기부터는 민중들을 위한 신앙교육이 교회의 주도하에 진행되었으며, 중세 전성기에는 분화된 학교 및 교육제도가 출현하였다. 이 시대의 학교에서는 세속적 교과목의 수업이 중요시되었지만 그럼에도 교육의 종교적 측면은 그대로 유지되었다. 학교제도를 이끌어간 계층은 전적으로 성직자들이었으며, 중세의 마지막 몇 세기가 되어서야 도시들이 학교제도에 관여할 수 있었다. 그리하여 도시가 더욱 번성했던 13세기부터 도시 고유의 학교들이 설립되었다.

중세시대 말기인 1,200년에서 1,500년 사이의 가장 중요한 교육현상은 대학의 출현이었다.[4] 자유로운 학자와 학생들의 거대한 조합이었던 대학은 점차 교회 및 세속의 권력에 의해 인정되었으며 특권을 부여받게 되었다.

십자군전쟁 이후 상업과 교역이 활발해지면서 도시가 발달하고 부를 축적한 새로운 시민계층의 출현함에 따라 새로운 교육적 요구가 발생하게 되었다. 특히 16~18세기에 걸쳐 진행된 경제 및 사회적 발전은 근대 중앙집권적 국가의 출현을 가능케 함으로써 학교에 대한 사회의 기대 및 교육의 목표가 완전히 새롭게 규정되게 하였다.

17세기 뉴턴(I. Newton), 케플러(J. Kepler), 갈릴레오(G. Galileo), 베이컨(F. Bacon) 등에 의한 과학적 발견은 개인의 사고와 생활을 종교적인 지배로부터 벗어나게 하는 데 영향을 주었다. 또 근대 학교교육의 선구자라 할 수 있는 코메니우스(J. A. Comenius), 로크(J. Locke), 루소(J.-J. Rousseau)는 신분제도에 묶인 채 교회의 감독을 받고 있던 학교교육을 세속적 관점으로 전환시키는 데 기여하였다. 이제부터는 국가권력이 학교제도 전반에 대한 국가의 책임을 주장하면서 이를 담당할 행정부서를 설치하기 시작하였다.

이와 같은 학교교육의 근대적 관점은 바제도(J. B. Basedow)와 잘츠만(C. G. Salzman) 같은 박애주의 교육자들에 의한 새로운 학교모델에 적용되었다. 박애주의자들은 계몽주의적 학교개혁운동을 통해 학생들에게 직업에 대한 의식을 일깨우고 생활에 필요한 직업능력을 향상시켜 계몽된 시민을 육성하고자 하였다. 이러한 그들의 노력은 당시의 학교제도 전반에 영향을 주었으며 공교육제도에도 그 영향력을 미쳤다.

19세기에는 민중을 교육하기 위해 국가가 정책적으로 학교제도의 개혁을 추진하였다. 모든 어린이에 대한 취학의무를 도입했을 뿐만 아니라 학제 또한 신분계층에 따라 분화되었다. 즉 학교제도가 상류층을 위한 인문학교(Gymnasium), 사회적 지위상승을 추구하는 소시민층을 위한 중간학교(Mittelschule) 그리고 하층민을 교육하기 위한 민중학교(Volksschule)로 분화된 것이다.

페스탈로치(J. H. Pestalozzi), 훔볼트(W. v. Humboldt), 헤르바르트(J. Fr. Herbart) 같은 신인본주의(Neuhumaismus) 교육사상가들은 신분에 따라 분화된 학교제도 및 지식전달 중심의 편협한 학교교육에 대해 비판하면서 인간도야 사상에 근거한 전인적 교육을 위해 일원화된 학교를 주장하였다. 즉 당시의 학교는 무엇보다 지배계층의 이해관심을 지키는 기능에 머물러 있었다는 것이다. 그리하여 그들의 비판은 학교가 어린이와 청소년들에 자격을 부여하고, 신분과 특권에 대한 사회적인 통제를 행사하며, 성적평가 및 유급제도를 통해 학생들을 선발·도태시키는 기능을 행사한다는 데 맞춰졌다.[5]

신분제학교 및 학습위주의 학교교육에 대한 비판은 20세기 초에도 전원기숙사학교나 노작학교운동과 같은 학교개혁 시도를 통해 전개되었고, 이 과정에서 강조된 어린이 및 청소년의 창조적 삶과 예술성은 기존의 학교교육에 큰 영향을 주게 되었다. 두 차례의 세계대전을 거치며 사회·경제적 변화가 가속되는 가운데 학교의 유형분화 및 취학기간 연장 등과 같은 학제의 전환이 지속적으로 이뤄졌다.

20세기 중반에는 민주주의가 전 세계적으로 확산됨에 따라 평등과 실질을 지향하는 공정한 학교교육이 강조되었고, 국민의 교육에 대한 국가의 의무와 책임이 점차 정착되어갔다. 그러나 다른 한편으로 현대의 학교는 여러 가지 문제들에 직면하게 되었다. 사회적 신분의 차이가 사라짐에 따라 사람들이 더 나은 지위와 소득을 갈구하게 되면서 학교교육은 점차 사회적 경쟁과 성취를 준비하는 통로로 여겨지게 되었다.

성취·경쟁사회는 학교의 조직과 수업의 운영을 경제적 효용성 및 기술적 효율성의 관점에서 요구하고 있으며, 그로 인해 학생과 교사가 점점 더 기능화 되어가고 있다. 문명의 전환과 사회변화는 또한 매체교육, 문화교육, 성교육, 약물중독 예방교육 등 끊임없이 새로운 교육적 과제가 생겨나게 하였다. 이렇듯 현대의 학교는 학생들에게 불확실한 미래를 제시하고 안정감을 상실케 하고 있어 그 존재와 기능이 무엇인지 돌아보게 해주고 있다.

지금으로부터 약 100여 년 전에 근대적 교육이념에 따라 서구식으로 새롭게 형성된 한국의 학교들 역시 서양 근대의 학교와 유사한 맥락에 서 있다. 한국의 근대학교 교육제도는 그 역사가 짧음에도 불구하고 보급 및 발전의 속도가 매우 두드러졌다. 그것은 아마도 신분사회의 종식과 더불어 출세 지향적 형식교육을 중시하던 유교적 세계관의 영향과 밀접히 연관되어 있기 때문일 것이다. 성취 지향적 근대 학교제도가 급속히 발달될 수 있었던 또 다른 이유는 한국의 학교교육이 산업화 및 근대국가 성립에 의해 자리를 잡게 된 생산모형의 교육관에 기초하여 새롭게 형성되었던 점에 있다.

학교가 지식과 기술 그리고 세계관을 가르쳐 국가에서 필요로 하는 인재를 생산하는 기관으로 이해되었으며, 학생은 배움의 자발적 주체라기보다 제도화된 기관에서 제공되는 수업을 그대로 따라가야 하는 객체로 간주되었다. 그리하여 학교의 교육적 기능은 약화될 수밖에 없었고, 생산성과 효율성을 목표로 조직된 수업 및 성적경쟁을 통한 선발기능이 더욱 강화되었다. 교육학적 이념과 기능의 측면에서 볼 때 한국의 학교는 사람됨의 형성보다는 국가·사회적 인력양성을 위한 지식전달과 선발에 치중한다는 문제를 지니고 있다.

03. 학교 이해의 다양한 관점

교사의 경우와 마찬가지로 학교는 어린이 세계와 어른 세계를 모두 포괄하는 동시에 이 두 세계 사이를 연결하는 다리로서 매우 복합적인 구조를 지녔다. 마치 양서류인 개구리가 물의 세계와 뭍의 세계를 넘나들며 존재하는 것처럼 교사와 학생이 함께하는 학교도 어린이 세계와 어른 세계를 모두 포괄하고 있다.[1] 이런 특성을 지닌 학교는 무엇보다 어린이들이 성숙한 어른으로 되는 데 필요한 자질과 능력 및 앞으로의 사회생활에 요구되는 지식과 기술을 배우게 하는 곳이다.

성장세대인 어린이를 성숙한 인간으로 이끄는 것이 학교의 일차적 과제이다. 이를 위해 학교는 먼저 기성세대가 지금까지 축적해 온 가치, 세계관, 삶의 내용 등을 파악하여 교육 내용화해야 한다. 학교에서 가르치는 지식과 교과내용이 바로 그것이다. 또한 학교는 어린이들이 행복하게 생활하며 성숙한 인간 및 사회 구성원으로 성장하는 곳이기도 하다. 성숙한 사회 구성원으로 활동을 하게 될 때까지 학생은 짧게는 12~14년, 길게는 16~20년 동안 제도적 교육기간에서 생활하며 배우기 때문에 이 시기의 경험은 이후의 자의식과 삶에 결정적인 영향을 미치게 된다.

그러나 오늘날의 학교는 산업과 정치 및 전 세계적으로 파급되는 문화변동에 의해 그 본연의 교육학적 이념과 목적에 상충(相衝)되는 사회·경제적 효용성을 우선시 하도록 강요받고 있다. 성취사회는 직업적 경쟁과 성공을 위한 학교교육을 강조하고, 정부의 경제정책에 따라 교육의 목표와 내용을 임의로 바꾼다. 게다가 교육적 열정보다는 안정된 직장이란 이유에서 선호되는 교직의 문화 등은 학부모와 학생들의 학교교육에 대한 기대는 물론이거니와 자의식마저 바꿔가고 있다. 교육학에서도 산업적이고 사회 기능적 측면에서 학교를 이해하려는 관점과 이론들이 주류를 이루고 있는 것이 현실이다. 이제부터 학교를 이해하는 몇 가지 시각인 사회학적, 법률 및 제도적 그리고 비판적 관점을 살펴보자.

사회학의 관점

오늘날의 학교는 대략 고대의 습자학교로부터 중세의 수도원학교를 거쳐 근대의 신분 및 계층에 따라 구분된 인문학교나 민중학교의 형태로 발전해왔다. 현재 학교에서 가르치고 배우는 내용 역시 이 기간 동안 걸러지고 발전해 온 결과물이다. 현대학교 및 교육의 근간이라 할 수 있는 근대학교의 조직과 과제는 근대국가의 형성에 따라 국가에 의해 결정되었다. 이제는 우리가 당연시하고 있는 교육기회의 평등 및 보편적 취학의무 또한 프랑스혁명 이후 근대학교를 통해 점차 일반화되었다.

한국의 경우에도 유교적 계급질서가 지배하던 조선시대까지 학교에서의 수업은 극소수의 특권층에만 한정되어 있었다. 구한말 교육구국운동을 주도한 민족학교 및 선교사들이 설립한 근대학교가 학교교육의 보편화를 여는 계기가 되었다. 그런데 학교가 이렇게 성립하게 된 가장 큰 원인은 국가가 사회적 기관으로 학교를 조직하고 운영하였다는 점이다. 국가와 사회적 목적을 위해 설립된 학교의 기능과 의미는 사회학적 관점에서 가장 잘 파악되고 이해될 수 있다.

사회학적 관점은 어느 사회에서나 학교가 존재하는 이유를 질문하면서 사회의 유지와 존속을 위해서는 학교가 필수불가결하다고 답한다. 즉 학교는 성장세대를 사회화하려는 목적에서 설치된 대표적 사회제도적 기관으로 사회의 유지·계승·발전이라는 근본적인 기능을 수행한다는 것이다. 따라서 학교는 기성세대를 대표하는 교사가 성장하는 세대인 학생들에게 사회 구성원으로서 공유해야 할 의식과 가치를 내면화시킴으로써 그들을 사회적 존재로 형성해내는 교육의 장이다.

인간은 이기적이고 비사회적인 존재로 태어나기 때문에 사회적이고 도덕적인 생활을 영위할 수 있는 새로운 능력을 길러주어야 하는데, 이러한 활동이 바로 교육이다. 인간은 교육을 통해 사회적 존재가 된다. 그러므로 학교교육은 학생을 사회화시키는 활동이다.[2] 사회학적 관점에서 학교는 다음과 같은 특성을 지녔다.

첫째, 학교는 민주적 법치국가로 이해되는 현대국가를 구성하는 한 부분이다. 오로지 국가만이 학교를 관리하거나 주도적 역할을 해야 하는 것은 아니지만, 국가는 취학의무, 보편적 교육내용, 학교교육을 수료할 때 취득하게 되는 자격 등을 정한다.

둘째, 학교는 국민의 기본권을 보장하는 차원에서 이해되고 국가의 지원을 받는다. 따라서 학교에서의 보편적 교육은 일상·직업적 생활에 필요한 지식, 언어능력, 실천기술 등을 전수한다.

셋째, 학교는 현대사회를 구성하는 하부 체계로 학교교육은 직업과 사회생활에 직접적 영향을 주는 쟁점 사항이다. 설립목적에 따른 학교의 유형과 교육과정에 따라 학생은 물론 교사의 일상생활이 정해지고, 학생들의 경우 학교 졸업 이후의 실질적인 사회생활이 결정된다.

학교에 대해 교육학과 사회학이 서로 공유하는 이해와 관심은 학교가 사회 체제를 유지하는 기능을 수행한다는 점이다. 그러나 인간은 스스로 자신을 결정해 나가는 존재이므로 학교가 성장세대를 단지 사회의 요구에만 맞춰 이끌어 가면 안 된다. 그러므로 자발성에 기초하는 학생 개인의 고유한 인격형성을 지원해야 한다는 점에서 사회학과 교육학의 학교를 이해하는 관점의 차이가 드러난다.

학교는 학생을 사회적 경향성에 순응하도록 연습시키는 장소를 넘어, 그들이 인격적으로 성숙할 수 있는 기회를 제공하는 공간이어야 한다. 왜냐하면 모든 인간은 사회의 구성원인 동시에 고유한 개성을 지닌 존재이기 때문이다. 그러므로 학교는 성장세대를 사회의 규범과 행동양식에 따라 학습시키는 기능과 더불어 개별 학생 고유의 잠재능력을 계발하여 사람됨을 형성·구현하는 기능도 수행해야만 한다.

법률·제도적 관점

현대에 들어서서 학교의 조직화 및 정책적 계획화가 진전됨에 따라 학교 본래의 교육적 기능, 정보전달 기능 그리고 선발하는 기능 사이의 균형이 점점 더 파괴되었다. 학교의 조직과 운영에 국가의 간섭과 영향력이 증대함으로써 정보전달 및 선발하는 기능이 주목받게 되고 이 두 기능에만 초점이 맞혀진 제도화가 심화되었다. 그리고 그 결과 학교의 교육적 의미와 기능은 단지 보조적 역할에 머물게 되고 말았다. 이제 학교는 사회의 다른 부분과 격리되어 존재하는 사회 공간(Sozialraum)으로 '조직된' 학습을 목표로 한다.[3]

동년배 학생들이 학교에 모임으로써 사회화가 촉진되고 함께 지내는 즐거움이 있다는 주장이 제아무리 설득력을 지닌다 할지라도, 한 반에 수십 명이 모여 수업을 한다는 것은 사회·경제적 효용성과 관리의 효율성을 위해 '인위적으로 조성된 공간'이 바로 학교라는 점을 그대로 드러낸다.[4] 수십 학급의 학생들이 함께 뛰어 놀거나 쉬어야 하는 대도시 학교의 운동장과 휴식시설에 대한 투자만 하더라도 아동기의 특성보다는 경제적 효율성의 원리에 따라 결정된다.

학교의 일상을 전제로 해도 학교의 일과(日課)는 조직의 체계, 공간, 지원 설비, 교사 활용 측면 등의 효율성을 종합적으로 고려해 정해진다. 어린이들의 즐거운 학교생활과 교육을 우선적으로 고려하여 정해지는 것이 아니다. 그렇기 때문에 기능적으로 조직된 학교에서 교사와 학생, 상급생과 하급생들 사이의 친근하고 역동적인 공동체를 기대하기가 쉽지 않다.

엄격히 말해 학교는 고도의 인위성을 지닌 학습조직체이지, 학생들이 그들의 배움과 삶의 세계를 형성하는 데 필요한 모든 것을 개성적으로 경험하도록 지원하는 곳이 아니다.[5] 이처럼 제도적이고 기능적인 관점에서 학교를 이해하고 연구하려는 분야는 법학 및 행·재정학 영역이다.

국가기관으로서의 학교는 법률·행정적 영역에 속한다. 본래 교육학적 의미의 교육을 지원하기 위해 구상된 법률·행정적 형식의 학교는 오늘날 '국가의 요구대로' 가르쳐야만 하는 기관의 성격을 지니게 되었다.[6] 그리하여 학교교육에서 기대하게 되는 교수학적 성취와 교육학적 가치실현 또한 '행정법적 준거'에 의해 측정·평가된다. 생산성과 효율성 추구의 국가행정 시스템은 학교에서도 '생산성의 극대화'를 목표로 하는 경제적 생산모형을 적용하려 시도한다. 그렇지만 이는 학교에서 학생들이 교육을 통해 성취하려는 고유한 '의미와 가치'를 최적의 '경제적 투자'로 대체하려는 발상으로 그 타당성이 지극히 의문시된다. 행정적 단위 조직으로서 이해되는 학교는 다음과 같은 몇 가지 특성을 지녔다.[7]

첫째, 학교조직의 산출물(産出物)은 인간으로 비록 구조적 특성이나 과정변인은 전혀 다르겠지만 교도소나 군대 조직과 비슷한 속성을 지닌다.

둘째, 사회의 요구와 국가의 필요성에 전적으로 의존하는 학교는 개방 체제이면서도 투입변인에 대해서는 거의 관심을 쏟지 않아도 되는 온상 조직으로 모든 관공서와 유사하다.

셋째, 학교는 그 주요 대상이 미성년자로 아동을 대상으로 하는 기업체나 병원 등과 유사하지만 고객에게 주어지는 선택의 자유가 크게 제한을 받는다는 점에서는 다르다.

넷째, 학교는 자율성이 약한 조직으로 중앙집권적인 운영방식을 택하고 있는 경우 상급 관청의 지시·감독에 절대 복종하며 지역사회의 요구를 수용한다.

이처럼 학교를 국가가 설립한 복합적인 법률·행정적 사회조직으로 보는 관점에서는 무엇보다 학교의 조직과 구조가 설정된 기능을 극대화하는 데 적합한지 검토한다. 특히 행정 관료의 지배하에 있는 교육부처의 하부기관으로 인식함으로써 학교를 단순한 행정기관처럼 지휘·감독하려 한다. 그에 따라 사회·경제적 생산성과 운영의 효율성은 물론이고 권력에의 순응을 덕목으로 하는 '관료적 복무태도'마저 요구되고 있다.

관료적 교육행정제도의 최하위 기관처럼 인식된 학교는 교육적 의미와 가치를 포기하면서까지 상부의 지시를 무조건적으로 복종해야 하는 무력한 상태에 놓일 수도 있다. 따라서 이렇듯 법과 행정 체제의 지배를 받는 인위적 공간으로서의 현대 학교가 학생들 하나하나의 효율적 학습과 개성적 성취를 이룰 수 있는 곳인지에 대해 비판적으로 고찰·논의해야만 한다.

비판적 관점

오늘날 우리에게 익숙한 학교는 18세기 중반 유럽의 프러시아에서 설립된 학교제도를 모델로 한 것으로 근대국가의 형성과 밀접히 연관되어 있다. 국민들을 통합하여 경제·군사적 측면에서 다른 나라들과 경쟁하기 위해 국가사회가 요구하는 지식과 기술 및 가치관을 가르치는 학교가 필연적으로 요구되었다. 이렇게 고안된 근대학교는 어린이들에게 취학의무를 부여하였으며, 학년에 따라 구분되어 편성된 교육내용을 국가가 양성한 교사를 통해 배우도록 하였다.

따라서 근대의 역사적 소산인 오늘날의 학교가 과연 인간의 삶과 존재에 절대적 영향을 행사하는 기관이어야 하는지에 대한 의구심이 생겨날 수밖에 없다. 즉 특수한 정치·경제적 이해관심에서 특정 연령의 어린이를 수용하여 지식습득을 지원하는 국가기관이 학교인데, 그런 학교가 과연 그들을 보호하고 가르쳐 개성 있는 자아로 형성시켜내는 일을 과연 해낼 수 있겠는가 하는 의심이 든다는 것이다.

학교에서의 교육에 대해 비판적 시각을 갖는 사람들은 학교가 학생의 잠재력을 개발시키거나 인격적으로 성숙한 개인으로 발달시키기지 못한다고 주장한다. 그보다는 오히려 산업사회의 필요에 의해 조직된 지식을 배우게 하고, 기존의 문화를 내면화하여 소수의 특정 이익집단에 기여하도록 취학의무를 강제한다고 생각한다. 그렇다고 해서 학교 비판론자들이 교육 자체를 부정하거나 거부하는 것은 아니다. 그들은 학교라는 구조 속에 숨겨져 있는 왜곡된 문제와 결함을 찾아내어 제거하면서 근대성의 산물인 학교를 대체할 새로운 교육 체제를 지향해야 한다고 주장한다.

오늘날의 학교구조는 저소득 계층에 불리하게 작용할 뿐만 아니라 교육적 의미에 반하는 영향을 준다고 비판하는 사람들을 흔히 '탈학교론자'라고 부르는데, 그 대표자로 일리히(I. Illich), 라이머(E. Reimer) 그리고 프레이리(P. Freire)가 있다. 이들은 그저 학교의 존재를 거부하려는 입장이 아니다. "우리들의 언어와 세계관을 특징짓고 있는 인간의 본성과 근대적 제도의 본질을 상호 연관 지어 명확히 하기 위해"[8] 일반적 문제제기의 사례로 학교를 논의하려는 것이다.

일리히는 1970년 『탈학교 사회(*The Deschooling Society*)』에서 교사의 유인을 통해 학생이 강제로 공부에 대한 의지를 지니게 하는 것보다, 학생의 자발적 동기에 의해 배우며 교사에게만 의존하지 않은 채 세상과의 관계를 새롭게 형성시킬 '학습 네트워크' 구축을 제안하였다. 라이머 역시 저서 『학교는 죽었다(*School is dead*)』에서 교사가 관리하는 강제적 교육과정에 반대하면서 또래집단의 네트워크를 구상한 바 있다.

일리히와 라이머가 비판적 관점에서 제시하는 학교의 특성으로는 강제성을 지닌 교육과정, 출석의무, 정해진 연령집단 그리고 전문가로서의 교사를 들 수 있다. 일리히는 학교야말로 거짓된 공익사업의 표본이라고 비판하면서, 학교가 외견상 모든 사람에게 평등한 것처럼 보여도 실제로는 일정한 교과(教科)를 마친 사람에게만 제약적으로 개방되어 있다고 말한다. 또 학교는 현대사회가 요구하는 역량을 배우기 위해 불가피한 것이라고 함으로써 조작적이다. 더 나아가 학교는 성장세대가 근대의 제도화된 가치를 욕망하도록 교육함으로써 자연스러운 성장 및 학습 요구를 포기하고 교사를 통한 학습 요구에 길들게 한다는 것이다.

비판적 관점은 '학교에 다니는 것 자체', 즉 학력(學歷)을 가치화하여 학교에 취학하는 것이 마치 능력 있는 것과 동일한 것인양 혼동하게 한다며 학교를 비판한다.[9] 이는 사람들이 보다 상급의 학교를 졸업할수록 능력이 뛰어나다는 사고방식에 물들게 하려는 것으로, 학교를 포함해 현대사회가 제공하는 모든 제도적 서비스가 중요한 가치를 지녔음을 확고하게 믿도록 하려는 의도가 숨어있다.[10]

그러나 제도화된 사회에서 빈곤층이 실제로 경험하는 학교교육의 가치는 이러한 선전과 상반되어 나타나며, 그들에게 사회적 서비스가 제공되면 될수록 오히려 그에 대한 의존성이 증가해 자기활동성과 자립정신을 상실하게 된다는 것이 탈학교론자들의 주장이다. 사실 오늘날 선진국은 물론이고 한국에서도 적잖은 국가예산을 투입해 사회적 빈곤층의 아이들에게 교육기회를 확대하고 학습활동을 지원하지만, 실제로 그들이 어느 정도나 중산층 자녀들의 학습 결과와 학력을 따라갈 수 있는지는 의문이다.

사실 학교에서 가르치고 있는 지식은 사회 어디선가에서 나온

문화자본(예를 들면 영어)으로 보다 큰 영향력을 지닌 주도집단의 관심과 신념을 반영하고 있다. 또 탈학교론자들은 사회 빈곤층이 학교에서 제도적 목표를 마치 정해진 규범인 것처럼 배우게 됨으로써 오히려 자기 자신으로부터 소외된다고 생각한다. 이와 같은 관점에서 프레이리는 사회계층 사이의 종속적 관계를 극명하게 보여주는 전통적 교육형식을 '은행저축방식의 교육(banking education)'이라고 비판한다.[11]

은행저축방식 교육에서 교사와 학생의 관계는 일방통행 방식으로 드러난다. 즉 교사는 가르치는 주체이고 학생은 채워져야 할 '빈 그릇'에 지나지 않는다. 이러한 교육에서는 빈 그릇에 채워진 편협한 지식을 통해 삶을 해석하는 수동적 인간이 주조되어 나올 수밖에 없다. 학교의 교육과정과 지식이 특정 집단에 유리하게 구성되어 있어 결국에는 계층을 재생산한다는 주장인 것이다. 그러나 탈학교론의 비판적 관점과 논거는 경험적 실증성이나 구체적 대안이 빠져 있으며, 실천적 전략이나 프로그램개발보다 비판 그 자체에 머무는 경향이 있다는 지적을 받고 있다.[12]

종합정리: 이제까지 살펴본 학교에 대한 여러 관점 가운데 일반적으로 오늘날에는 학교의 기능과 의미를 사회학적 관점에서 이해하려는 입장이 널리 통용되고 있음을 알게 된다. 이 입장의 학교는 사회제도의 한 형태로서 사회를 지탱하는 적절한 기능, 즉 자질부여와 선발 그리고 분배와 정당화 기능 등을 지니고 있다. 이와 같은 사회학적 관점의 분석은 학교의 기능을 다각적으로 파악할 수 있도록 해 준다는 점에서 학교에 대한 이해의 폭을 넓히는 데 기여

하고 있음에 틀림없다.

그러나 사회학적 관점만으로는 학교가 지니고 있는 의미와 기능을 충분히 파악했다고 말할 수 없다. 왜냐하면 인간을 교육하는 기관으로 학교를 고찰하는 교육학적 관점에 따르면 학교를 사회적 기능에서만 파악할 것이 아니라, 그 본질적인 모습과 과제가 무엇인가라는 질문을 제기함으로써 학교의 교육적 의미와 과제를 파악하려는 노력이 동시에 요구되기 때문이다.[13]

학교는 본래 기성세대인 어른이 성장세대인 어린이를 위해 만든 기관, 즉 기성세대가 성장세대를 현존하는 문화 및 사회적 삶으로 이끌어내기 위해 만든 기관이다. 그렇다고 해도 학교에서 교육을 시킨다는 것이 단지 성장세대가 살아가는 데 필요한 지식과 기술을 효율적으로 제공하는 일에 국한될 수 없다.

학교에서 교육을 한다는 것은 미성숙한 어린이가 자유롭게 판단하고 책임질 수 있는 성숙한 어른으로 성장하도록 하는 데 요구되는 모든 관점과 차원의 지원을 의미한다. 비록 아직은 미성년의 상태이지만 인권을 지닌 학생은 신체·심리·사회·정서·정신적 차원에서 온전하게 성장할 권리가 있으며, 학교는 이와 같은 정당한 요구에 부응하지 않으면 안 된다. 따라서 교육의 의미와 가치를 전제로 하여 학교를 어떻게 이해할 것인지에 대해 사유·논의하려는 교육학적 관심과 노력이 없이는 학교가 그 역할을 제대로 수행하기 어렵다.

표 3 학교를 이해하는 관점들

관점	핵심 내용	대표적 이론가
사회학적 관점	• 사회·문화의 유지와 존속에 필요 • 성장세대의 사회화 기관	
법률·제도적 관점	• 인위성을 지닌 학습공동체 • 학습의 사회·경제적 효용성 추구의 국가기관	
비판적 관점	• 산업사회의 필요에 의한 지식전수기관 • 특정 이익집단을 대변하는 학습기관 • 사회 빈곤층을 소외시키는 교육장소	Illich, Reimer, Freire

04. 교육학적 관점의 학교

간략히 말해 근대 이후 교육은 기성세대가 성장세대를 돌보며 그들의 타고난 재능을 촉진시키는 관계로 파악되었다. 그런데 이러한 관계는 국가에 의해 미리 계획된 것이며 학교라고 하는 특정한 공간 안에서 조직된다. 이처럼 학교가 전제되어 있는 교육적 관계란 어린이가 가족생활이나 노동으로부터 떨어져 나와 교육만 담당하는 기관으로 넘겨질 때 생기게 된다.

오늘날의 경우 학교에 대한 이해가 역사나 문화 및 이론적 관점에 따라 각기 다르게 나타나기는 하지만, 본래 학교를 지칭하던 라틴어 schola는 그리스어 σχολή(scholé)에서 온 것이다. σχολή는 '여가' 또는 '생활을 위한 노동으로부터 자유로운 상태'에 있는 계층이, 즉 노예가 생필품과 재화를 생산하던 사회에서 여유를 지닌 자유민이 정신적 자기도야로 나아가는 것을 의미하였다.

이미 고대부터 인간은 주어진 일상생활에 전적으로 매달려 살다보니 당장 필요하지는 않지만 꼭 알아야 할 것을 배우거나 자기만의 정신적 세계를 구축할 수 있는 계기를 얻기가 어려웠다. 그렇기 때문에 여유가 없는 일상에서 분리되어 존재하는 학교가 성장세대를 위해 요구되었다. 그러다가 중세를 거쳐 근대에 들어서자 현재 우리가 이해하는 의미에 접근하는 학교의 형태가 일반화되기 시작하였다. 모든 사람을 대상으로 한 학교설립에 대한 생각은 17세기 코메니우스에 의해 제시되었다.[1] 이후 국가에 의해 주도되는 공교육이 학교를 중심으로 전개되었고, 오늘날 어린이와 청소년들은 하루의 상당 부분을 학교에서 보내게 되었다.

학교는 축소된 사회로서 학생들이 교사를 통해 필요한 지식과 문화를 배우는 곳이다. 체계적으로 가르치기 위해 학교에서는 전문 교사를 필요로 하게 되었는데, 분업과 자격요건은 근대 직업사회의 특징으로서 교사들은 그러한 자격요건을 점차 갖추게 되었다. 어린이들은 학교에서 교사의 직업생활을 접하게 되고 성인사회를 차차 알아나가게 된다.

교육학의 관점에서 첫째, 학교는 어린이와 교사의 삶의 공간이다. 학교가 단지 배우는 곳만이 아니라 어린이들의 생활공간이란 사실은 20세기 초반 개혁교육자들에 의해 강조되었으며 그 의미가 다양하게 실천되었다.

둘째, 학교는 우연히 혹은 부수적으로 배우는 것 대신에 체계적이고 합리적으로 조직하여 배우는 장소이다. 학교의 이러한 특성은 근대 전체에 걸쳐 인간의 삶에 요구되었던 합리적 정신의 산물이라 할 수 있다.

셋째, 학교는 주어진 사회적 기능인 학생의 자질을 부여함으로써 직업 및 사회적 실천을 준비하는 곳이다. 오늘날 교육학은 학교의 사회적 기능에 초점을 맞춤으로써 인력을 양성하는 기관으로 그 성격을 규정하려 한다.

삶의 공간

학교는 또한 삶을 통해 어린이들에게 미래의 어른 세계를 알게 해주고 그 세계에서 잘 적응할 수 있도록 지원하는 기관으로 이해될 필요가 있다. 왜냐하면 이러한 관점으로부터 우리가 학교의 교육 본질적 과제와 책임을 확인하게 되기 때문이다. 즉 학교가 비록 성인들에 의해 설정된 목적을 달성하는 기관이기는 하지만, 어린이를 위해 설립되었다는 본래적 특성을 지니고 있다는 것이다.

이렇게 학교가 어린이를 위해 조성된 공간이란 점은 매우 중요한 교육학적 의미를 담고 있다. 오늘날 교육현상을 객관·기능화하여 분석하려는 사회과학적 관점의 교육학에서는 수업의 방법과 효과에만 치중하느라 이러한 점을 간과하고 있으나, 교육을 전인적 성장과 자기 도야의 과정으로 파악함으로써 학교를 '어린이들이 살며 성장하는 공간'으로 이해하는 것은 필수적이다. 학교는 일종의 '삶의 공간'으로서[2] 가족과 집 그리고 거리와 이웃 및 자연과 더불어 어린이의 삶을 허용하는 곳이어야 한다.

먼저 학교는 어린이들이 행복해야 할 공간이란 의미를 지닌다. 마치 가정에서처럼 어린이들이 편안함을 느끼고 안주할 수 있는 공간, 즐겁게 뛰어놀 수 있는 곳, 고향처럼 언제나 돌아가고픈 심정이 생기는 공간이 바로 학교여야 한다. 그래야만 어린 시절 삶의 한 부분으로서 또는 생활하는 공간으로서의 학교가 그들의 성장에 큰 영향을 미치게 된다.

다음으로 학교는 어린이의 삶을 인도하는 곳이라는 의미를 담고 있다. 어린이의 삶을 가꾸고, 어린이가 자신의 고유함을 알게 하며, 앞날의 희망을 키우는 곳인 동시에 어린이를 하나의 온전한 인간으로 성장시키는 곳이 바로 학교다. 어린이들이 학교를 행복한 공간으로 느끼고 경험할 때 비로소 학교는 가정과 더불어 그들의 성장기 및 그 이후의 삶에 막대한 영향을 주게 된다. 한국의 초·중등학생들처럼 학생들이 학교에서 보내야 하는 시간이 많을 경우 삶의 공간으로서 학교의 중요성은 더욱 커진다.

어린이가 학교생활을 통해 기분 좋고 다양한 경험을 하였으며 그가 간직한 경험들이 자신의 삶에 큰 영향을 미쳤다면, 그가 다녔던 학교는 분명 훌륭한 학교일 것이다. 반면에 어린이들이 학교에 가는 것을 즐거워하지 않거나 학교생활을 불행하게 느낀다면, 그 학교가 자신의 본래적 과제에 충실한지 진지하게 의문을 제기할 필요가 있다.

한국인들 대부분에게는 학교와 학교생활이 학생 시절의 추억거리가 되기는 해도 행복했던 순간으로 기억되는 일은 드물다. 이것은 아마도 한국의 학교가 주어진 본연의 교육학적 과제에 충실하지 못했다는 사실을 반증하는 것이라고 할 수 있을 것이다. 광복 이후 지금까지 우리의 학교는 사회발전의 기능적 역할을 충실히 담당해 왔다. 부존자원이 부족한 상황에서 다양한 전문 인력을 양성하여 국가발전에 기여한 점은 실로 세계에서 전례를 찾아보기 힘들 정도이다.

그러나 이러한 긍정적 기여에도 불구하고 많은 사람들의 기억 속에 학교에 대한 이미지가 어둡게 남아 있는 이유는 학교가 그 본래적 기능인 인간교육에 충실하지 못했기 때문일 것이다. 즉 우리의 학교는 지금까지 사회에서 필요한 인력양성기능에는 충실했지만, 학생 개개인의 고유한 자아실현을 지원하는 등 교육 본질적 과제의 실현에는 소홀하였다.

따라서 이제 학교는 그 본연의 존재 목적을 실현하기 위해 자기 혁신을 해야 할 필요성이 있다. 즉 학교는 학생의 삶을 인도하고, 그들의 개성적 성장을 위해 존재한다는 본질적 과제와 책임을 재확인하며, 그것의 실현을 위해 힘써야 한다. 그럴 때에야 비로소 배우는 공간으로서의 학교 역시 표현 그대로의 의미를 획득하게 될 것이며 학생들이 생활하는 공간이라는 본연의 역할을 충실히 담당할 수 있게 된다.[3] 현대 사회에서 어린이와 청소년이 적어도 12년에서 대개는 20년 가까이 학교생활을 한다고 볼 때 학교를 그들이 생활하는 공간으로 인정하는 것은 매우 중대한 의미를 지니게 된다.

찌어러(K. Zierer)는 교육학적으로 구성된 삶의 공간으로서의 학교란 <그림 2>에서 볼 수 있는 것처럼 다음과 같은 특성을 지녀야 한다고 말하고 있다.[4] 먼저 학교는 체험하는 곳으로서 경험하고 행동하는 공간이어야 하며, 학교건물이 교육과 수업에 기여할 수 있도록 설계·건축되어 교육적 의미를 성취하는 데 도움을 주어야 한다.

다음으로 학교는 학생들이 인간교육의 기본범주라고 할 수 있는 휴식·놀이·활동과 공부를 하는 장소여야 한다. 이때 중요시해야 할 점은 이러한 공간 분위기의 특성이 어린이의 안정성으로부터 나와야 한다는 것과 실내 구성이 너무 낯설거나 또는 너무 친숙하지 않음으로써 배우고 가르치는 학교로서의 기능을 다할 수 있어야 한다는 것이다.

마지막으로 학교의 교사(校舍), 운동장 그리고 학급 공간 등을 구성함에 있어서 학생들이 참여할 수 있어야 하고, 공간 구조가 너무 경직되지 않고 자연스러워야 하며, 학업은 물론 휴식과 놀이 및 활동 영역으로 구조화되어야 한다.

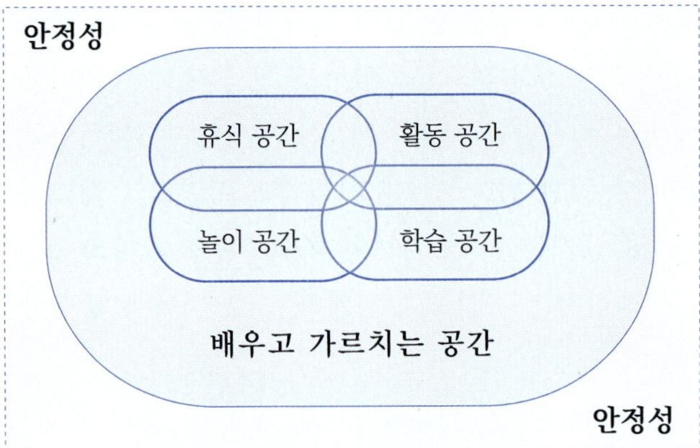

그림 2 삶의 공간으로서의 학교

배움의 공간

근대학교가 발생하게 된 사회·정치적 배경에도 불구하고 학교는 기본적으로 학생들이 배우기 위해 다니는 곳이다.[5] 학교에서 진행되는 일반교육의 핵심적 교과내용이라 할 수 있는 모국어, 외국어, 수학, 자연과학 그리고 역사를 철저히 배우는 일은 반드시 필요하다. 또한 일반교육은 학생이 사회·문화적 삶의 모든 영역에 참여하면서 사물과 사태에 대한 자신의 의무뿐만 아니라 다른 인간에 대한 의무를 인지하고 완수하도록 이끎으로써 인간 존재의 의미에 대해 질문하고 답을 찾도록 해야 한다.

따라서 학생이 학교에서 배워야 하는 지식은 그 본질적 측면에서 두 가지로 논의될 수 있다. 그 첫째는 사물과 문화세계에 대한 '내용적 지식의 도야'로서 학생은 학교에서 이제까지 축적된 자연과 사회 및 지식의 세계를 배우게 된다. 또 둘째로 세계의 대상을 그 가치라는 관점에서 고찰하면서 그에 상응하는 행위를 깨닫고 배워가는 '도덕적 도야(sittliche Bildung)'이다.[6]

내용적 지식 도야

먼저 세계에 대한 내용적 지식의 도야를 알아보면, 학교에서 배우는 그 첫 번째 대상은 물질적 실재에서 나타나는 세계이다. 그렇다고 해서 자연과 문화적 세계를 배우는 데에 세계에 대한 지식 모두가 요구되는 것은 아니다. 오히려 그보다는 관찰하고 배우는 학생 자신의 정신적 지평에 새롭게 나타나는 대상들을 밝혀내어 이미 존재하는 지식의 체계에 그것을 새롭게 정리하는 일이 필요하다. 그리고 경우에 따라서는 새로운 지식의 요구에 따라 기존에 이해하고 있던 세계를 수정할 준비가 되어 있어야 한다.

이렇게 배워야 할 실재에는 학문, 기술, 산업 그리고 경제 등이 속한다. 그렇지만 배우며 도야하는 인간은 그 존재적 상대성을 특징으로 하는 물질과 문화적 세계 자체에만 매달릴 것이 아니라, 그러한 세계를 정신적으로 재구성해내는 일을 배움의 중심에 놓을 수 있어야 한다.[7] 그러므로 배움의 공간인 학교에서 학생이 배워야 하는 내용은 분과 학문적으로 제약된 교과 지식적 세계를 이해하는 것에 국한되지 않는다.

학교의 일반교육을 통해 학생이 궁극적으로 배워야 할 지식의 세계란 정신적 직관과 통찰을 통해 제시된 대상들 서로 간의 연관 관계를 파악함으로써 하나의 세계상으로 연결하는 일과 관련되어 있다.[8] 물론 학교의 수업과 배움을 통해 세계를 하나의 전체로 파악하고자 의도한다고 해서 학생이 세계 전체를 인식할 수 있는 것은 아니다. 왜냐하면 인간의 정신이 배우고 파악하는 지식은 개방되어 있는 것으로 그것의 완전한 상태에 도달하는 것이 불가능하기 때문이다. 결국은 자기 성찰적 배움과 도야의 과정을 지속적으로 추구하는 것이 필요하게 된다.

오늘날의 학생들이 비록 학교에서 집단적 수업방식을 통해 배우고 있지만, 궁극적으로 학생 각자는 이와 같은 지식형성 과정에서 주체적으로 도야하는 세계(Bildungswelt)에 들어서게 된다. 그러나 학교에서의 배움을 통해 각각의 학생에게 형성되는 도야의 세계는 그 학생 고유의 정신구조가 반영된 세계이다. 이런 까닭에 정해진 교과내용을 학교에서 똑같이 배운다고 해도 그것은 그 어떤 객관화된 세계를 형성하기 위한 작업이 아니며 배운 내용 역시 결코 동일할 수 없다.

물론 사회·문화적으로 통일된 세계관 및 사회적 집단의식을 목표로 학교의 수업이 조직될 것이고 집단적으로 전개되기는 할 것이다. 그럼에도 궁극적으로는 학생마다 상이한 개별적 세계들이 형성되어 존재할 수밖에 없는 것이다. 이처럼 학생들은 학교교육을 통해 고유한 자의식과 세계상을 지닌 개성적 사회 구성원으로 성장해간다. 구조·기능주의적 관점에서 주장되는 일방적인 사회화 과정이란 가능하지 않을 뿐만 아니라 인간의 교육에는 이질적인 내용이다.

도덕성 도야

학교에서의 배움이 목표로 하는 두 번째 측면은 도덕성 도야이다. '도덕성'이란 현상의 핵심에는 가치평가와 가치재(Wertgüter)에 대한 문제가 연관되어 있다. 그런데 여기서 중요한 점은 가치가 학생의 인식능력을 통해 확인될 수 있는 성질의 그 무엇이 아니라는 점이다. 왜냐하면 가치란 객관적으로 확인되거나 상대화될 수 있는 그 어떤 것이 아니기 때문이다.

학생은 자신의 정신이 감성적으로 활동하는 데에서, 즉 이상적 존재의 질적 상태에 들어섬으로써 가치를 체감하게 된다. 이렇게 이상적 가치를 감지하고 그에 따른 의미의 체계에 대해 반성적으로 사고하는 일은 개별 학생의 정신 안에서 일어나는 현상이다. 그러므로 이처럼 가치를 자각하는 일은 학생이 고유한 자아를 형

성해가는 과정이라고 파악될 수 있다.[9]

지식의 세계를 배우는 것과 달리 가치를 감지함으로써 도달하게 되는 도덕성 도야는 정신의 감성·의지적 힘에 근거한다. 도덕성 도야의 핵심과제는 개별적 인간이 감성적으로 가치를 느낌으로써 가치의 위계 혹은 가치의 지향성을 확립하도록 이끄는 데 있다. 도덕적인 행위를 한다는 것은 다름 아닌 상이한 가치 하나하나를 각각 올바른 관계로 연결하는 것을 의미한다.

그러므로 배우는 공간으로서의 학교는 수업과 생활지도를 통해 학생들이 가치를 감지하게 해주고 또 올바른 행위를 할 수 있는 의지를 기르게 해줌으로써 그들을 도덕적 존재로 성장시켜야 한다는 과제를 지닌다. 하지만 학교가 학생의 도덕성 도야에 실패할 경우, 배움을 통해 형성된 지식세계가 의미 있는 삶을 실천하는 데 제대로 기여하기 어렵다. 즉 학생이 지식은 지녔더라도 앎과 삶의 괴리로 인해 가치 있는 삶을 영위할 수 있는 능력 형성에 실패하는 것이다.

요약하자면, 학교에서의 배움을 통해 개별 학생이 구축해야 할 정신세계는 '지적 인식과 사유에 근거하는 차원'과 정신의 감성·의지적 힘에 근거하는 '도덕적 차원'으로 구성되어 있다. 이 두 차원은 학교에서의 일반교육의 두 기둥, 즉 인식과 도덕적 행위를 제시한다. 따라서 인간이 배움을 통해 고유한 자아를 형성한다는 말은 직관하여 인식한 다양한 대상들을 하나의 세계상에 연결하는 일인 동시에 이 세상을 그 어떤 총합적 의미 체계로 파악하여 행위의 근본이 되는 '도덕적 에토스'를 창출한다는 뜻이다.

학생이 스스로 배우도록 이끄는 학교교육의 보편성이란 세계관과 도덕성을 전제로 성립된다. 이는 결국 개별 학생이 지식의 세계를 인식해가며 도덕적으로 고유한 존재가 됨으로써 보편적 인간도야에 도달한다는 말이다. 이와 같은 학교교육의 이념 그 자체는 시대와 관계없이 불변하는 그 무엇이지만, 지식을 배우고 도덕성을 함양하는 방법과 수단은 시대 조건에 따라 변할 수 있다. 그러므로 글로벌 시대의 변화된 사회·경제상황에서 한국의 성장세대가 배우고 자라나는 공간인 학교가 배움의 목표를 어디에 두어야 할 것인지에 대해 고민·논의할 필요가 있다.

자질부여의 공간

학생들이 학교에서 세계에 대한 내용적 지식과 전문지식을 배우며 가치의 관점에서 자신의 행위와 태도를 형성하는 도덕적 도야를 하는 일은 그 자체로서 보람되고 의미 있는 일이면서 또한 다른 사람들과 함께 사는 사회에서의 직업적 실천과도 연결된다. 학교교육은 교육 본연적 의미에서 고유하고 도덕적인 자아의 형성인 동시에 사회·문화적 생활공동체 안에서 직업적 실천을 위한 자질과 자격을 획득하는 과정이기도 한 것이다. 자질부여(qualification) 기능은 학교가 성장세대에게 정치·경제·사회생활에 필요한 자질을 갖추게 하는 것을 의미한다. 이러한 자질부여의 관점에서 볼 때 교사는 전문적인 양성교육을 받고 일정한 자격검증과 선발 과정을 거친 사람들로서 학생들에게 일반적 자질 및 특정한 전문적 자격을 획득하도록 가르치고 도와주는 직업 전문적 과제를 지니게 된다.

학교가 졸업 후 삶의 실천에 필요한 자질을 부여하는 공간으로 이해되는 것은 교육의 사회적 기능과 연결된다. 교육의 대상이 되는 인간은 언제나 사회적으로 형성된 인간이기 때문에 인간의 교육은 사회적 과정을 거칠 수밖에 없다. 학생과 교사 사이의 인간관계 및 교수-학습 관계가 바로 사회적 관계이다.

넓은 의미에서 교육은 삶의 현상이고, 따라서 교육은 사회적 삶의 현상에 속한다. 이러한 삶의 과정에서 인간은 사회화를 통해 그가 속한 사회의 일원이 된다. 한 사회에서 요구되는 지식과 기능 그리고 태도 등을 체득하는 교육의 과정이 사회화의 과정이라 할 수 있다. 사회적 접촉과 상호작용을 전제로 하는 교육을 통해 개인은 사회화되고, 그 결과 사회에서 살아나갈 능력을 획득한다. 학교교육에 부여된 사회적 기능은 인간·개별화 기능과 더불어 중요한 내용으로 교육학적 논의에서 제외될 수 없다.

학교교육의 가장 초보적인 사회적 기능은 문화전승의 기능이다. 이것은 사회 구성원들이 그 사회가 인정하고 요구하는 언어와 사고, 감정과 가치, 그리고 태도나 행동양식을 학습하게 하여 현재의 사회생활에 적응할 수 있게 하는 교육적 과정이다. 사회의 모든 구성원들은 그가 속한 사회의 존속을 위해 문화적으로 전승된 지식, 기술, 가치관, 규범 등의 제반 생활 및 행동양식을 계승함으로써 사회 구성원들 사이의 생활 및 행동양식의 동질성이 확보되고 사회의 질서와 안정을 가능하게 한다. 이처럼 사회 각 부분의 여러 이질적 요소들이 각기 고유한 기능을 유지하면서도 사회 전체적으로 모순이나 갈등 없이 조화를 이루게 하는 것을 교육의 사회통합 기능이라 한다.

그런데 학교교육이 수행하는 사회적 기능 중 가장 현실적이고 구체적인 기능은 바로 사회충원 기능이다. 학교교육은 인간에게 필요한 능력과 기술을 배양시켜 사회의 적재적소에 배치하는 역할을 수행하는데, 이 기능에는 인력의 선발, 분류, 배치가 속한다. 사회가 고도로 산업화되면서 학교교육을 통한 인력양성은 매우 중요하게 되었으며, 자질부여와 연관된 학력 및 학업성취의 정도는 사회적 선발과 배치에 중요한 기준이 되고 있다.[10] 자질부여 기능과 연관을 지어 생각할 경우 오늘날의 학교교육에서는 다음과 같은 내용들이 중요시된다.[11]

첫째, 내용 지식 또는 전문 지식의 영역에서는 지식을 기억하고 되불러오는 것, 능력과 기량을 키우는 것뿐만 아니라 메타 인지적 능력까지 요구된다.

둘째, 생활 실천적 응용지식의 영역에서는 생동감이 없는 타성적 지식만으로 충분치 않으며, 상황적 지식 및 응용 가능한 실생활 근접의 지식들이 필요하다.

셋째, 이미 습득한 지식의 전이(轉移/transfer)를 위해 핵심자질 및 메타 인지적 역량이 요구되는 바, 의사소통 및 협동능력, 자기비판 및 추상화 능력, 감정이입 능력 등이 그에 속한다.

넷째, 행위 및 가치지향성 영역에서는 구성적-낙관주의적 실행력, 스스로 정한 일에 대한 책임성 그리고 성실함, 용기, 인내, 겸손 같은 덕목이 요청된다.

이렇듯 교육은 사회 체제를 유지하고 존속시키는 데 무엇보다도 필수불가결한 요소이기도 하다. 실제로 모든 국가와 사회는 새로 태어나 성장하는 세대에게 학교를 통해 그 나름의 생활방식과 내용을 의도적으로 가르치려는 교육적 힘을 행사한다. 따라서 개별적 인간은 교육을 통해 그러한 문화유산을 습득함과 동시에 고유한 자기 자신을 형성하게 된다.

그러나 학교의 교육적 기능이 사회적 자질부여의 측면에서 지나치게 강조될 때 교육의 주체인 교사나 학생이라는 개별적 정신과 인격이 망각될 위험이 크다. 또 설혹 개성의 문제를 다룬다 해도 그것이 사회 체제와 인간의 개별성 사이의 문제로 환원됨으로써 기능적으로 이해될 가능성도 크다. 그러므로 새로운 문화를 창출하는 '창조적 정신'의 소유한 주체·능동적 인간은 학교의 교육적 기능이 지나치게 자질부여에 국한되고 있는 현대 교육학의 경향성을 비판적으로 주시해야 한다.

성취사회와 인간교육 학교

21세기는 산업과 금융 그리고 생산과 물류가 국가경제 단위를 뛰어넘어 파악되기 힘들 정도로 복잡하게 얽힌 글로벌 경제 체제로 진행하고 있다. 개인에서 국가에 이르기까지, 동네의 작은 가게에서 초국가적 기업에 이르기까지 경쟁을 통한 성공과 도태는 당연한 일인 것처럼 여겨지고 있다. 이러한 시대와 사회에서 살아야 할 학생과 청소년들은 성년이 되어 사회에 진출하기 위해 충분한 준비를 해야 하는 것이 논리적 귀결처럼 보인다. 그래서인지는 몰라도 오늘날 학교는 학생에게 직업적 삶을 준비시켜야 하고 또 그러기 위해 사회에서 요구하는 지식과 기능을 우선적으로 가르치고 전수해야 한다는 주장이 점점 커지고 있다.

이러한 상황은 초등학교에서도 커리큘럼 개정을 통해 지식 위주의 수업을 효율화하는 것이 당연한 것처럼 여기게 한다. 초등학생 시절부터 학업성취의 부담이 커지고 있어 어린이들은 때로 자신의 신체적 성장조건에 맞지 않는 과도한 지식 및 기능의 학습에 노출되기도 한다. 놀이를 통해 세상을 탐구하고, 이웃과 더불어 사는 지혜를 배우며, 인간 보편적 가치의 문제를 생각할 계기가 그들에게 제한되거나 상실되고 있다.

성취지향의 한국 학교

일반교육학 원리에 따라 파악하기엔 매우 독특한 역사·문화적 배경을 지닌 한국에서는 유치원생부터 학업성취에 내몰리고 있으며, 학교교육에서 학생들은 사회의 직업경쟁이 아니라 진학경쟁에 먼저 익숙해져야 한다. 이미 수백 년 전부터 법률·제도적 관점에서 학교교육을 이해해 온 한국인들은 거의 본능적으로 학교를 사회적 성취의 예비기관으로 간주하는 경향을 보인다. 그에 따라 각 급 학교의 학생들은 학교에 다니며 성적경쟁을 하는 것이 당연한 줄 알며 지내고 있다.

그러나 우리가 발달심리학적 지식을 조금만 동원하더라도 쉽게 알 수 있는 사실은 이와 전혀 다르다. 15세 미만의 어린이들의 경우 성취나 경쟁에 대한 요구를 최소화해야만 그들이 신체·심리·정신적으로 원만한 성장과 성숙을 이룰 수 있다는 것이 정설이다. 그런데 유감스럽게도 이러한 교육학적 지식과 판단이 현실에서는 제대로 수용되지 못하고 있다. 시험성적에 따라 학생들의 희비가 좌우되는 우리의 학교교육 현실은 교육 당국과 교육학자는 물론 국민 모두가 그 원인을 진지하게 분석하여 극복해 나가야 할 과제처럼 보인다.

경쟁과 성취추구의 사회를 당연하게 생각하더라도, 아니 더 나아가 성취지향의 사회를 필연의 조건으로 간주하더라도, 인간을 단순히 사회·경제적 성취에 따라 평가하는 일은 기계와 인간을 혼동하는 것이며 인간의 본질, 즉 사람됨의 문제를 잘못 다루는 것이다. 물론 성취를 지향하는 일 또한 인간의 본질에 속하는 것임에는 틀림없다.[12] 그렇지만 인간의 성취에는 학교에서의 지적성취만 있는 것이 아니라 다양한 종류가 있다. 이러한 사실은 시대를 초월하여 존재하는 사실이며, 누구라도 함부로 간과해서는 안 될 인간학적 조건이다.

이러한 조건들을 무시하며 어린 학생들을 마치 기계처럼 산출의 도구로 여기는 학교는 결코 인간교육의 학교가 될 수 없다. 한국의 현실을 전제로 할 때 학교가 인간화되어야 한다. 학교가 인간화된다고 해서 학생들의 성취를 포기해야 하는 것은 아니다. 어린이들의 연령과 타고난 능력에 맞도록 성취를 분화하고 조절함으로써 그들이 성취 압력으로부터 벗어나 흥미와 자발성에 터한 창의적 학업과 성장을 도모하자는 것이다. 그래야만 학생들이 전인적 측면의 인간으로 형성될 수 있다.

인간교육 학교

사회와 인간 삶의 조건이 어떻게 변화하든지 간에 교육학적 관점에서 학교는 미래지향적인 인간화 및 인본주의적 가치의 유지와 전달이라는 과제를 추진하지 않으면 안 된다. 학교는 학생에게 사람됨의 가치를 전수하고 이러한 가치가 사회에서 바람직한 것임을 천명해야 하는 것이다. 인간교육 학교(humane Schule)의 척도가 되는 요소로는 먼저 교사-학생, 학생-학생 그리고 학부모-교사-학생의 관계를 들 수 있는데, 이들 관계가 상호 신뢰적으로 편안하며 동반자적 대화와 협력을 가능케 해야 한다.

또한 학생들이 집중하여 사고하고 자신을 표현하는 데 지장을 주는 학업에 대한 공포가 없어야 하며 수업과 학교생활에 대한 학부모와 학생의 발언권이 보장되어야 한다. 더 나아가 교사 자신이 아닌 학생을 고려하는 수업방법이 중요한데, 이를 통해 배우는 내용이 삶에 의미 충만할 뿐만 아니라 개별 학생들이 자신에게 적절한 학업성취를 할 수 있게 되어야 한다.[13] 이러한 요건들이 전제될 때 학생들은 배움과 학교생활에 즐겁게 임하며 자신의 고유한 사람됨과 세계를 이뤄나가게 된다. 학생들로 하여금 자신의 사람됨을 발견하고 형성하도록 이끄는 인간교육 학교의 특징 몇 가지를 제시하자면 다음과 같다.[14]

첫째, 인간교육 학교는 전인교육을 지향한다. 페스탈로치와 빌헬름 폰 훔볼트를 대표적인 교육사상가로 제시하는 독일의 신인본주의(Neuhumanismus) 교육학 이후로 전인교육은 모든 유형의 교육에서 마치 좌우명처럼 여겨지고 있다. 페스탈로치가 상징화한 '머리-가슴-손'이 조화된 교육에 대한 열망은 교육을 인지적, 정서적, 정신 활동적 차원의 통합으로 이해하려는 현대의 교육이론가 블룸(B. S. Bloom)에게서도 그대로 나타난다.[15]

그러나 교육의 과학화를 추진하려는 현대의 교육학은 인간에게서 존재 및 삶의 의미에 대한 숙고를 간과하고 있다. 그런 까닭에 헨티히(H. v. Hentig)는 인간교육 학교란 다름 아닌 "의미의 문제를 제시하는 곳"[16]이라 하였다. 전인적 교육을 추구하는 학교에서는 사회·경제적 실리에 따라 존재와 삶, 고통과 죽음에 대한 질문이 제외되는 교육을 해서는 안 된다.

둘째, 인간교육 학교는 사회를 '인간화'하고 '민주화'한다. 학교교육은 개별 학생의 자기도야와 바람직한 사회질서의 촉진이라고 하는 긴장 관계의 목표 사이에서 주어진 과제를 해결해야 한다. 그런데 학교가 사회를 인간화 및 민주화하기 위해서는 무엇보다 사회 안의 갈등적 요소(빈부 격차, 이념 갈등 등)를 자각하고 그 해결책을 제시할 수 있을 뿐만 아니라 사회의 안정에도 기여할 수 있어야 한다.

그러므로 인간적이고 민주적인 학교란 결국 스스로를 비판적으로 고찰하며 개선 가능성을 모색할 수 있는 곳이다. 이런 학교에서는 학생들의 개인차 및 서로 다른 사회화 과정을 있는 그대로 인정하면서 보상교육을 통해 그 격차를 줄여나간다. 또 실천적 연대의식에 터하여 우월한 입장의 학생들은 그렇지 못한 학생들을 실질적으로 돕고 그들과 협력하도록 한다. 더 나아가 교사와 학생들이 서로 우호적인 소통을 통해 인간교육이 가능토록 한다.

셋째, 인간교육 학교에서는 따스하고 '협력적인 학습 분위기'를 조성한다. 가정의 보호를 떠나 학교에 온 어린이는 낯선 환경과 사람들 그리고 조직화된 학습생활에 불안을 느낄 수 있다. 학교는 어린이의 이러한 불안감을 그대로 인정하고 그 근거가 무엇인지 파악하여 그가 학교생활에 익숙해질 때까지 격려하면서 불안을 극복하도록 돕는다. 학생에게 일방적인 지시를 하는 것이 아니라 그들의 의견을 차분히 청취하며 대화 및 협력의 파트너로 존중하는 것이다.

이처럼 학생을 한 인간으로 인정하고 협력함으로써 학교는 학생들이 인간의 존엄성을 존중하며 함께 살아가는 방법을 배우게 한다. 또 학생들이 배우는 내용에 대해 흥미를 지니며 배움을 통해 자신의 세계를 깨달아 나가도록 돕는다. 이런 학교에서 교사는 학생을 진지하게 상대할 뿐만 아니라 서로 호의적으로 협동한다. 이처럼 학생과 교사가 서로 존중하고 협력하는 학습 분위기는 인간교육 학교가 지닌 특성이다.

넷째, 인간교육 학교는 '인간이란 서로 다르다'는 점을 고려하여 교육한다. 이 세상에 존재하는 모든 인간은 각기 서로 다르다. 따라서 각각 다른 학생을 전제로 하는 학교교육이란 개별화내지는 차별화의 과정이라 해도 과언이 아니다. 그런데 이러한 개별화 과정에서 학생들의 각기 다른 욕구가 어떻게 해결될 수 있겠는가 하는 문제가 제기된다. 다시 말해 학교는 학생들의 서로 다른 욕구에 맞춰 상이한 학습목표를 추진해야 하는가? 라는 질문이 생기는 것이다.

이 문제는 또 다시 학습수준의 평준화와 연계될 수밖에 없는데 학습수준을 어떤 방식으로 평준화하든 이는 필연적으로 학생들의 개성과 성향을 무시하고 획일적 기준에 묶어놓는 것이 된다. 이렇다 보니 균등한 학습목표를 추진하는 것이 과연 민주적 해결책인가 하는 의문마저 생기게 된다. 사실 학생들이 모여 있는 학교에서 균일한 학습목표는 성취 불가능한 희망 사항일 뿐이다.[17] 학생 각각에게 공정하기 위해 학교교육에서 차별화 및 개별화는 피할 수 없는 일이다.

중요한 점은 이렇게 개별화한다고 해서 인간 모두의 평등한 공존이 배제되는 것도 아니라는 것이다. 그러므로 인간교육 학교가 취해야 할 태도는 한편으로 가능한 한 많은 수의 학생들이 배움의 과정에서 다함께 주류를 형성하도록 지원하면서도, 다른 한편으로는 특별한 지원과 도움이 필요한 학생들 각각에게 적합한 학습 과정을 준비해주는 것이다.

삶의 공간과 인간교육

이제까지 논의한 것처럼 학교를 교육학의 관점에서 살펴볼 경우 삶의 공간, 배우며 자아를 형성하는 공간 그리고 자질을 부여하는 공간 등의 기능을 지녔음을 알 수 있다. 사실 학교는 그와 관련된 학생, 교사 그리고 학부모 모두를 위해 사전에 이미 구조화된 경험의 장소로서 교사와 학생의 일상은 물론이거니와 생애 전체의 일부분을 그곳에서 보내게 된다. 이런 의미에서 학교는 무엇보다 '삶의 공간'으로서 인간 삶의 여러 영역에서의 다양한 경험을 제공하는 장소로 이해되어야 한다.

그런데 이와 같은 삶의 공간으로서의 학교가 실제로는 개별적 인간의 이력에 중대한 의미를 지니는 졸업자격 부여 및 선발과 배치 등의 사회 연관성을 통해 주목을 받고 있다. 그 결과 어린이와 청소년 학생들의 생활공간이어야 할 학교가 수업규정이나 교칙 같은 조직의 규범적 측면, 교육과정이나 교과별 수업 같은 교육학적 기본 원칙, 또는 학업성취나 평가 같은 제도적 적응 등 실로 다양한 측면에서 학생에게 사회적 영향력을 행사한다.[18] 그 과정에서 학교가 학생의 개성적 발달을 지원하기보다는 교과지식, 시험, 학업과 성적경쟁, 교사 대 학생 및 학부모 사이의 갈등을 야기하기도 한다.

하지만 삶의 공간으로 이해되는 학교개념에서 우리는 근대교육이 시작된 이후 불가사의할 정도로 폐쇄성을 지닌 '교실'이라는 공간으로 환원되고만 수업 및 학교교육 현실을 극복해야 한다는 과제를 마주하게 된다. 즉 학교를 성장하는 학생들에게 실질적인 삶을 열어주는 공간으로 바꾸어야 한다는 교육학적 과제를 지니게 되는 것이다.[19]

삶의 공간으로 학교를 이해할 때 학생들은 학교 수업을 위해 미리 조직된 목표와 내용에 한정지어 배우는 것이 아니라, 고유한 자아 및 삶을 준비하기 위해 배워야 한다. 이러한 배움은 학생들이 학급 구성원이나 학업성취자로 간주되지 않으며, 교사들이 의식적으로 자신의 학생들 하나하나의 개성과 사람됨을 돌보고 지도할 때 가능하게 된다. 그러므로 삶의 공간으로서의 학교에는 교과 학습과 성적의 차원을 넘어서는 개성적 삶의 가치와 의미가 통합되어야 한다. 학교가 점점 더 교과학습의 장으로만 인식되고 있는 한국의 교육현실에서 '삶의 공간으로서의 학교'에 대한 사유와 논의는 반드시 필요하다.

학교를 교육학적으로 이해하려는 노력은 결국 학교에 주어진 인간교육의 과제와 의미를 충분히 파악함으로써 자발성에 근거하여 배우는 학생들이 자신의 고유한 사람됨을 형성케 하려는 것이다. 이처럼 인간교육의 관점에서 학생들을 지도하는 학교는 전인교육을 실시하며 학교교육을 통해 궁극적으로 사회를 인간화·민주화하는 데 기여한다. 인간교육 학교에서는 또한 집단이 아닌 각기 다른 존재로서의 학생을 전제로 하기 때문에 학교교육이 개별화 및 다양화의 과정이 될 수 있도록 추구할 뿐만 아니라 교사-학생 사이에 따스하고 협력적인 분위기를 조성한다.

그러므로 이 시대가 지식을 효율적으로 전수하는 사회기관으로 학교를 중시한다 할지라도 사회의 민주화와 구성원들의 사람다운 삶을 위해서는 인간교육 학교가 불가피하다. 학교 및 학교교육의 문제를 교육학적 관점에서 논의·비판하여 그 현실을 개선하려는 시도는 한국에서도 시급해 보인다. 그런데 학교 및 학교교육에 대해 전문적으로 다루는 교육학의 분과학문은 '학교교육학'이다.

05. 학교교육과 교육학

오늘날 학교는 여러 측면에서 비판을 받고 있다. 학생, 교사, 학부모 모두 학교교육 전반에 대해 강한 불만을 보이고 있을 뿐만 아니라, 학교를 설립하고 운영하는 사회 및 국가 행정당국 또한 학교의 낮은 생산성을 비판한다. 학교의 교육적 기능에 대한 불신, 학교 기피현상, 교실붕괴, 학교폭력, 교사들의 교육업무에 대한 무감각화와 체념 등 '학교의 위기'라고 밖에는 달리 표현할 수 없는 현상들이 대대적으로 나타나고 있다.

이와 같은 사회 및 교육 당국의 실망과 비판에 대처하기 위해서는 학교교육의 주체적 참가자인 교사와 교육의 학술적 협력자인 교육학자들이 위기관리 전담팀이라도 구성해야 할 판이다. 그러나 현실적으로 교사는 지쳐있고 학교 체제를 연구하는 교육학의 하위 분과 학문들은 제도·정책적 개혁을 외치며 해외 이론을 수입·모방하면서 실천 사례를 만들어가기 바쁘다.

학술적 연구관심이 무엇보다 학교의 교육 본원적 역할에 초점을 맞춰 학교교육을 총체적으로 다룰 수 있어야 한다. 왜냐하면 학교 및 학교교육에 대한 좀 더 본질적이고 근원적인 사유와 더불어 다양한 관점에서 학교 및 학교교육의 실제를 탐구하는 과정에서 문제점들이 명확해지고 해결책을 모색할 수 있을 것이기 때문이다.

하지만 한국의 교육학계에서는 교육실천의 문제를 경험주의적 이론의 차원에서만 접근하고 다루려는 학문적 경향이 지배적이다.[1] 그에 따라 교육실천 담당자인 교사를 양성하는 '사범교육학' 마저도 교육현상을 순수이론의 관점에서 파악해야 하며, 또한 객관성 확보 및 일반화를 추구하는 "여타의 '이론적 학문'과 동일한 성격을 가질 수 있고 또 가져야 한다."[2]고 주장되어 왔다.

이러한 관점에서는 교육현상에 대한 교육학적 이해가 실천으로부터 야기되어 다시금 교육실천을 지향하게 되는 것이 아니라, 이론적 이해 그 자체가 중요하고 또 그래야만 학문적으로 만족스럽다고 여긴다. 또 교육이론이 이렇게 규정됨으로써 학교교육의 핵심적 요인인 '학교', '교사' 및 '학생'에 관한 논의는 대체로 학술이론적 관심의 차원에서 집중적으로 다뤄지고 논의되었다.

그런데 학교교육에 대한 연구들이 이렇게 순수 이론적으로만 고찰되다보니 학교와 관련되어 나타나는 본질적 문제들이 세부적으로 주제화되기 어려웠다. 또 학교교육 현상을 도구·기능적 측면에서 경험적으로 연구하는 데 그치고 말아 학교교육의 본질과 기능 자체에 대한 체계적 인식관심도 생겨나지 못했다. 학교교육에 대한 교육학적 성찰 및 이론으로서의 '학교교육학'이 어떻게 형성되었으며 그 학문적 특수성은 무엇인지 독일의 교육학을 중심으로 살펴보면 다음과 같다.

학교교육학의 형성

학교의 역사와 더불어 학교교육에 대한 생각이 형성되어 점차 이론적으로 성찰하게 되었다면, 이론으로서의 학교교육학은 교육학의 여러 분과 영역들 가운데 가장 오래된 것이라 할 수 있을 것이다.[3] 사실 교육학이 독립된 학문으로 자리 잡기 시작한 것은 이제 겨우 200년에 불과하나, 학교와 학교교육에 대한 논의와 이론은 그보다 훨씬 오래 전부터 있었다.

그러나 학교 및 수업과 연관된 교육학적이고 교수학적 논의를 근대 이후로 한정지어 생각한다면, 학교 및 학교교육에 대한 교육학적 논의를 일반화한 최초의 시도는 무엇보다 코메니우스(J. A. Comenius: 1592~1670)의 『대교수학(*Didactica magna*)』이라 할 수 있다. 코메니우스는 이 책에서 교수학적 행위의 원리와 학교교육 그리고 학교와 교육과정의 이론적 기반을 제시하였다. 코메니우스 이후 학교교육에 대한 사유가 다시 주목을 받고 집중적으로 논의된 것은 18세기 후반 수업을 통한 국민교육의 개혁이 시도되고 교사양성기관이 설치되면서였다.[4]

오버베르크(B. Overberg)의 "합목적적 학교수업을 위한 지침(1793)"이나 니마이어(A. H. Niemeyer)의 "교육과 수업의 원리(1796)" 등은 오늘날 통용되는 학교교육학 이론의 기본적 바탕을 형성하는 글로서 학교교육학을 교육실천을 형성하는 이론적 지침으로 이해하고 있다. 그러나 이와 같은 학교교육의 실천에 대한 논의 이외에도 헤르바르트(Fr. Herbart)의 『일반교육학(1806)』에서 역시 도야와 수업에 대한 이론으로서의 학교교육학이 다뤄졌다고 말할 수 있다.

19세기 초 독일에서 체계화되기 시작한 일반교육학(Allgemeine Pädagogik)[5] 내에서 학교교육에 대한 이론적 사유의 단초가 형성되는 가운데 학교교육학은 점차 교사양성기관에 적용될 일종의 특수 목적의 교육학으로 인식되었다. 1835년에는 디스터벡(F. Diesterweg)의 『독일 교원양성을 위한 지침서』가, 1839년에는 교원양성세미나의 학장 바르텔(C. Barthel)의 『학교=교육학(*Schul=Pädagogik*)』이 출간되면서 학교교육을 위한 교육학의 필요성이 점점 더 가시화되었다. 그러나 19세기 말까지는 '일반교육학'과 '학교교육학' 사이에 뚜렷한 학문적 구분이 없었다.

20세기 초의 개혁교육학은 학교교육학적 사유가 일반교육학에서 분리될 수 있는 계기를 제공하였다. 철학자이며 사회학자인 짐멜(G. Simmel)은 『학교교육학』이라는 책에서 문화사회학의 관점에서 학교교육학에 대한 사유를 전개함으로써 새롭게 등장한 학교교육학이 학문적 독자성을 형성케 하였다. 짐멜은 학교교육학을 "교육과 수업에서 세부적 실천문제를 다루는"[6] 학문으로 이해하였으나 그의 이러한 시도는 교육학자들의 관심을 끌지 못했다.

1920년대에 들어서자 몬테소리(M. Montessori)와 케르셴슈타이너(G. Kerschensteiner) 등에 의해 시작된 학교의 수업개혁 시도가 교사양성교육의 개혁에 대한 관심을 불러일으켰다. 특히 초등교사 양성 과정에서 '이론 위주의' 교육학과 '교육실천적' 수업이론 사이에서 교육학자들의 업무 분장이 진행되었다. 반면에 중등교사를 양성하는 대학교의 교육학에서는 이러한 업무 분장이 관철되지 못하여 교육실천적 이론보다는 이념사적이고 철학적 근거의 교육학이 계속 주류를 형성했다.

1925년에서 1933년에 이르는 시기에는 '학교이론'이란 제목이 붙은 여러 글들이 출간되었으며, 점차 많은 사람들이 그 내용에 관심을 지니게 되었다.[7] 1950년대 말부터는 '방법학(Methodik)'이란 말보다 교수학(Didaktik)이란 개념이 보편화되면서 학교교육학이 사라진 듯했으나, 1960년대를 거쳐 1970대에 들어서면서 학교이론과 학교교육에 대한 연구가 번창하여 새로운 주목을 받게 되었다.[8]

그러나 아직까지 학자들 사이에 학교교육학의 개념과 의미에 대한 명료한 합의가 도출된 것은 아니며, 학교교육학은 실천 지향적 학문으로서 학교 및 수업운영에 대한 실질적 문제들을 다루어야 한다는 점을 서로 공감하고 있다. 독일의 경우 학교교육학은 교사가 되기 위해 대학교에서 교육학을 수강하는 학생들에게 매우 중요한 교직 수업 영역인 동시에 교원 국가시험에서도 핵심적 분야로 인식되고 있다.

학교교육학의 학문적 특성

그 형성 초기부터 학교교육학은 학교의 교육실천에 유용한 이론으로 인식되었을 뿐 순수한 학문 이론적 성격의 연구 영역은 아니었다. 따라서 학교교육학은 순수 학술적인 이론교육학(Theoretische Pädagogik)과 구분되는 실천교육학(Praktische Pädagogik)의 영역으로 여겨지기도 했었다. 마이어(H. Meyer)와 보그트(D. Vogt)는 학교교육학을 "학교생활 및 수업의 형성에 요구되는 학문적 개념구상"[9]이라고 정의하면서 그 학문적 특성을 다음과 같이 제시한다.

첫째, 학교교육학은 서술·분석적일뿐만 아니라 규범적·가치 지향적이다.

둘째, 학교교육학에서 이론과 실천은 하나가 된다.

셋째, 학교교육학은 학생, 교사, 학교가 성장·발전하도록 이끄는 학문이다.

넷째, 학교교육학은 학교 교육행위에 대한 구상을 반성적으로 검토한다.

즉 학교교육학은 규범적 가치를 포함하는 실천지향의 이론으로 그것 없이는 간과될 수밖에 없을 교육적 질서와 연결점을 우리 각자의 주관적 이론에 제공한다. 또한 자신의 경험을 절대화하는 교사 스스로가 학교교육이론을 통해 자신의 교육적 입장에 대해 근본적으로 사유하고 반성하도록 함으로써 실천상의 오류를 발견할 수 있도록 한다는 것이다.

1960년대에 클린크(J. G. Klink)는 일반교육학과 특수한 교육학을 구분하면서 학교교육학은 특수한 교육학에 속하는 독자적 학문이라 규정하였다.[10] 그러나 학교 및 학교교육과 관련된 다양한 분야의 내용을 체계·역사적으로 연구하는 일반교육학과 교육실천의 영역들을 포괄해야 하는 학교교육학이 교육학 이론 체계의 어느 부분에 위치해야 하는가라는 문제는 명확히 규정되기 어렵다.

그럼에도 학교교육학이란 개념에 '교육학'이란 단어가 붙어 있기 때문에 이 역시 학문으로서의 교육학이며, 그에 따라 교육학적 합리성으로부터 학교개념을 파악하고 형성해내는[11] 학문이어야 한다. 학교교육학은 교육학의 학문지평에서 개념들을 공유하는 동시에 역으로 '학교의 관점에서 교육학을 재구조화·구체화'해야 하는 것이다.

한국의 학교와 학교교육학

오래전부터 입시 위주로 진행되어 온 한국의 학교교육은 정권이 교체될 때마다 정치적 성향의 개혁 소용돌이에 휘말렸으며 정책적 처방에 의해 주로 제도 측면에서 변화를 거듭해왔다. 그렇지만 정치적 구호가 앞서는 개혁이 과연 우리의 교육현실을 얼마나 개선했는지 의문만 생겨날 뿐이다.[12]

최근에도 '세계화'나 '정보화'라는 구호를 앞세웠지만 실질적으로는 교육의 목적을 사람됨의 형성에 두지 않은 채 효율적 지식 습득과 교수 방법에 의존하는 기능적 교육만을 강화하고 있다. 그 결과 물질만능의 시대에 방향감각을 상실한 규격화된 인간을 양산함으로써 주체성과 삶의 균형 감각을 지닌 새로운 세대를 길러내는 일은 점점 더 어려워질 것으로 보인다. 이처럼 학생의 내면적 성숙과 고유한 정신세계의 형성보다 사회·경제적 조건과 요구에 충실한 학교교육은 경제발전 및 국가경쟁력 확보라는 논리 하에 묵인되어 온 비인간화 경향을 가속시킬 수밖에 없다.

학교교육을 포괄적 의미의 교육과 동일시할 정도로 제도교육이 중요시되는 한국 사회에서 학교와 학교교육은 수많은 문제에 부딪히며 그 교육학적 기능과 의미를 상실한 지 오래다. 학교를 살리고 공교육을 정상화해야 한다고 말은 하지만, 교육정책 당국이나 교육학자 어느 누구도 학교교육의 위기를 극복하겠다는 뚜렷한 관심이나 노력을 보이지 않고 있다.

그보다는 오히려 학교의 본질적 문제들은 제쳐 놓은 채 성적 경쟁 체제와 교수기술 개선을 강조하거나 학교의 행정감독을 강화하여 위기국면을 넘기려는 시도가 반복되고 있다. 이와 같은 학교교육의 효율성 제고에 대한 논의나 학교교육 개혁정책 논의는 투입된 시간과 비용에 비해 그 성과가 매우 불확실할 뿐만 아니라 정부의 교육정책에 대한 교육현장의 불만과 비판은 좀처럼 줄이지 못하고 있다.

이러한 시점에서 학교 및 학교교육에 관계되는 모든 분야를 교육실천적 관점에서 통합하면서 인간의 전인적 도야를 목표로 하는 독일의 학교교육학에 대해 고찰하는 일은 한국 학교교육개혁의 이론적 대안을 모색한다는 점에서 그 나름의 가치를 지닐 것으로 보인다. 물론 독일의 교육학 체계가 미국의 영향을 받은 우리 것과 차이를 지녔기 때문에 한국의 교육학연구 분과에 학교교육학이 즉시 편입되기는 어려울 것이다.

그럼에도 우리는 학교교육학적 사유 및 기본 원리가 한국의 학교교육 현실과 교육이론 구상에 주는 의미를 적극적으로 검토할 필요가 있다. 그 까닭은 학교교육학이 학교라고 하는 제도적 공간에서 진행되는 교육을 인간학 및 교수학적 측면과 조직 및 형식의 측면에서 성찰하고 논의함으로써 교육현장의 교사들이 교육이론과 실천 사이의 관계를 반성적으로 조망할 계기를 제공하기 때문이다. 그리고 더 나아가 한국의 학교교육을 위한 교원양성은 무엇으로 구성되고 어떠한 방향으로 나아가야 하는가라는 점을 전망할 수도 있다. 학교교육학이 한국의 교육현실과 교육학에 주는 의미는 다음과 같다.[13]

첫째, 학교교육학은 교육실천의 과정에서 부딪치게 되는 본연의 목적과 현실 사이의 괴리를 진지하게 사유할 수 있는 안목을 제공하며 또 그러한 문제의 해결 가능성에 대해서 생각하게 해준다. 교육학은 본래 교육실천의 문제를 검토하고 해결하는 데 필요한 사유와 방법으로 출발하였으며 순수한 '이론적' 인식만을 추구하는 것이 아니다. 교육학자와 교사들은 학교교육학을 통해 학교의 역사·문화적 의미와 기능을 파악하게 되며, 교육의 본질을 다루는 일반교육학적 측면과 교육의 실제와 연결된 학교교육학의 상호관계를 생각하게 된다. 이러한 사유는 궁극적으로 이론적 세계와 교육현실 사이를 고민하며 교육실천 가능성을 모색하는 교사들의 교육학적 판단력 형성에 기여할 수 있다.

둘째, 학교교육학의 관점은 이론교육의 결과를 근거로 하여 교원을 선발하는 현행 양성 및 임용제도에 대해 근본적으로 재검토할 계기를 제공한다. 보편적 순수 이론중심 과목들로 짜여 있는 한국의 교원양성 교육과정에서는 한국인의 교육관이나 교육문화를 고려한 이론적 논의는 물론 학교, 학생, 교사의 관점에서 학교생활과 수업이 어떻게 조직되고 진행되어야 할 것인가라는 실천적 내용을 접할 기회가 없다. 그러므로 교원양성을 위한 교육학은 순수 이론적 내용뿐만 아니라 학교에서의 교육실천적 논의를 체계화하려는 학교교육학의 학문적 관점을 수용할 필요가 있다.[14]

셋째, 학교교육학의 관점에서 교원양성 교육과정을 검토하는 작업은 교육학의 학문적 성격에 대한 논의를 새롭게 이끌어낼 수 있을 것이다. 우선 지금까지 시대변화에 따른 새로운 보편적 패러다임만을 추구하면서 주로 외국의 이론에 직·간접적으로 의존하던 한국의 교육학이 이론과 실천의 역동적 순환을 통해 교육의 실천적 맥락, 즉 한국교육의 역사·문화적 배경과 교육실천의 현실적 전제조건들을 검토하는 것이 가능해진다. 또 그에 따라 교육의 이론과 실천 및 이론가와 실천가 사이의 소원한 관계를 해소하고 서로 협동할 수 있는 계기가 마련될 수도 있을 것이다.

학교교육이 학교와 교육의 본질에 대한 보편적 사유 및 학교생활과 수업의 실질적 실행방안 사이에서 균형과 조화를 유지하기 위해서는 교사들이 교육학적 사유에 게으르지 않아야 한다. 교사에게는 교육학적 실천을 위한 준비를 필요한데, 이때 교육학적 지식은 단지 이론적 차원에만 국한되지 않는다. 교사의 지식에는 변화하는 학습과 교육의 상황에서 합당한 판단을 내리고 책임 있는 실행을 가능하게 하는 실천적 지식이 포함되어야 한다. 따라서 교사에게 요구되는 교육학은 '실천을 위한 실천적 학문'으로서의 교육학이라 할 수 있다.[15]

교사의 직업적 실천 과정에는 항상 이론적 성찰이 동반되어야 할 것이며, 교육학자는 실천을 전제로 한 이론의 구상에 적극적이어야 한다. 이런 관점에서 학교교육학은 교육의 이론과 실천을 연결하는 장으로서 교육실천가와 이론가들이 교육현실을 매개로 하여 서로 접근하고 이해할 수 있는 학문적 만남의 공간으로 등장할 수 있다. 그렇지만 유감스럽게도 한국의 현실에서는 교사가 실천에 종속된 업무수행자처럼 간주되고 있으며 교육학자들 역시 교육의 실천적 현실에 둔감하다. 그러므로 학교교육이 현행의 문제점들을 극복하면서 미래지향적으로 전환되기 위해서는 한국의 교육학적 논의에서도 이론과 실천의 순환적 상호작용을 전제로 하는 학교교육학에 대한 안목과 사유가 반드시 요구된다.

5부

누가 학교교육을 되살릴 것인가?

나는 무엇보다도 학교에 결석을 자주하는 학생이었다. 해변에서 서핑보드를 끼고 돌아다니며 담배를 피우는 일이 차라리 더 재미있었다. 나는 학창 시절이 끝나기만을 기다렸다. 불행하게도 나는 아이들에게 뭔가를 알려주려 하기 전에 그들 스스로가 배우고 싶어 하도록 해주는 것이 바로 가르치는 요령이라는 것을 알아챈 교사를 만난 적이 한 번도 없었던 것이다.

– Michelle Pfeiffer (미국 영화배우)

01. 학교교육 되살리기

한국과 학교교육

여러 차례 언급되었듯이 학력(學歷)이 지배하는 한국의 문화와 사회에서는 '학교교육'이 교육학적 의미의 '교육'과 동일시되고 있다. 어느 초·중등학교를 다녔고 또 수능시험성적이 어느 정도이며 궁극적으로 어떤 명문대를 졸업했는지가 자신의 사회·경제적 삶과 지위를 결정하는 데 중요한 요인으로 인식된다. 그렇다 보니 학교교육에서 성적경쟁이 과열되고 상급학교에, 특히 원하는 대학의 진학에 필요한 점수를 얻기 위해서는 수단과 방법을 가리지 않으려 한다.

수능시험 성적이나 내신점수의 향상 또는 대학이 인정하는 경력과 이력의 수집을 위해 학교, 학부모, 학생은 물론 사교육기관까지 나서서 기상천외한 일들을 벌이기도 한다. 학생과 학부모에게 사교육기관이 없는 한국이란 상상하기 어려울 것이다. 한국의 학교교육이 이렇게 된 데에는 그 나름의 역사적 배경이 있다.

유교적 세계관의 지배를 받던 조선시대에는 제한된 계층의 사람들만 교육을 받았으며 그 목적은 입신양명(立身揚名)에 있었다. 자신을 낳아 기르신 부모와 국가에 보답하기 위해 입신하고 이름을 후세에 남겨 역사적 평가를 받는 것이 교육의 목적이었다. 이러한 전통은 구한말까지 오랫동안 유지되면서 사회질서를 유지하는 수단으로 작용하였다.

그러나 20세기 초반 식민통치에 들어가게 되자 일본은 조선 사람들을 피지배 국민으로 이용하고 길들이기 위한 방편으로 학력위주의 인사 선발제도를 시행하였으며 출세가 점차 학교교육에 의존하게 되었다. 또 그에 따라 개인의 출세에만 집착하는 교육관이 뿌리를 내려 과정은 무시한 채 결과만 중시하는 입신출세주의(立身出世主義)가 판을 치게 되었다. 입신출세주의 교육관은 교육을 출세의 수단으로 여기는 도구주의 성격의 교육관으로 과시적이고 경쟁심을 유발하는 특성을 지녔다.[1]

1945년 광복과 더불어 미군정하의 한국은 민주주의 이념을 바탕으로 일제의 식민주의 교육관을 극복하고자 하였다. 미군정 당국은 한국의 낙후된 교육제도를 개선하기 위해 미국에 유학한 교육학자들과 협력하였다. 그 결과 미군정기 동안 프래그머티즘 교육관을 수용하게 되었고, 과거 상반(常班)의 구분에 따른 교육에 한을 품었던 국민들 또한 근대식 학교교육에 대한 열망을 더욱 강렬히 지니게 되었다.

프래그머티즘 철학으로부터 유래된 이 교육관은 진리를 인간의 경험으로부터 나오는 가설적인 것으로 규정하였으며, 교육을 공동의 경험 및 문제를 풀어나가는 사회적 활동으로 이해하였다.[2] 그런데 사회적 진보를 위한 근본적 수단으로 교육을 이해하는 이러한 교육관이 한국에 수용되는 과정에서 가족주의 및 입신출세 교육관과 묘하게 결합되었고 그로 인한 학교교육의 수단화 또한 가속된 것으로 보인다.

이후 학교교육의 과열은 특정 중·고교 입학을 위한 입시경쟁을 유발하였으며 사교육에 의존하는 과외공부를 유행시켰다. 입신출세주의 교육열은 결국 일류 대학입학으로 귀결되어 중등학교 교육을 대입경쟁의 희생물로 만들기 시작하였다. 학교는 성적경쟁을 위한 학습 및 평가의 공간으로 전락하고 말았으며 시험성적을 향상시키기 위해서라면 편법마저 서슴지 않으려는 이기주의적이고 반사회적인 행태까지 나타나게 되었다.

교과교육과 인성교육을 병행해야 하는 학교보다는 오로지 시험대비 학습요령만 전수하는 학원을 더 선호하는 성향이 학생과 학부모에게서 팽배하였으며, 하는 일이 근본적으로 다를 수밖에 없는 교사를 학원 강사와 비교하여 교사의 입지를 압박하고 있다. 이는 일제 식민지 통치 이후의 한국 학교교육 근대화가 인간의 이성을 발현시키고 인권에 근거하는 국민의식의 형성을 지향했던 근대교육의 본질적 측면을 달성해내지 못했음을 보여준다.

학교교육의 현실

정부와 일부 언론은 3년마다 실시되는 OECD의 국제학업성취도 평가(PISA)에서 한국 학생들이 우수한 성적을 올리고 있다고 홍보하고 있다. 일부 교육학자들마저 이러한 국제비교평가에서 나타나는 것처럼 주입식 교육, 사교육 의존성 그리고 시험성적 향상 위주의 학습 방법이 그렇게 부정적이지는 않다는 식의 논리를 서슴없이 주장한다. OECD 국가를 포함하여 세계 65개 국가의 15세 학생들이 참여했던 PISA 2009에서 한국 학생은 실제로 읽기와 수학 부문에서 OECD 회원국 중 최정상의 성취수준을 나타냈고 과학의 경우도 3위 정도임을 보여주었다.

우리가 물론 이러한 성취 결과를 무비판적으로 미화하거나 부정적으로 평가할 필요는 없을 것이다. 그러나 수치화된 평가결과의 이면에 숨어 있는 의미와 문제점들을 모른 척하고 넘어가는 것은 한국 학교교육의 현실을 올바로 인식하는 데 도움이 되지 않는다. 겉으로 드러난 수치가 학교교육의 어떠한 여건에서 나온 결과이며, 또 그러한 교육이 학생들에게 미치는 영향은 무엇인지를 질문하며 논의할 필요가 있는 것이다. 그렇기에 결과만 보고 무작정 즐거워할 일은 아니다.

학생이 교과수업을 통해 깨닫고 익힌 결과를 객관적으로 정확히 평가하기란 거의 불가능한 일이다. 그래서 지필시험이라고 하는 구조화된 평가 방법을 거쳐 수치화된 결과를 산출하여 학생들 간이나 국가 간을 비교하게 된다. 그런데 문제는 비교 가능토록 평가하기 위해 사용되는 방식이 과연 학생들의 학습능력과 결과를 정확하게 보여줄 수 있느냐 하는 점이다. 수학과 과학의 경우 문제풀이 결과인 답이 맞았다고 해서 수학적 또는 과학적 인식에 대한 학생의 관심과 창의성이 완전히 드러날 수는 없으며, 언어 분야의 경우에도 객관적으로 평가·비교하기가 상대적으로 용이한 읽기능력만을 테스트하여 학생의 언어적 능력과 성취를 결정짓는 것 또한 불가능하다.

사실 현대의 삶에 필수적으로 요구되는 의사소통 능력이란 말하는 능력과 읽고 쓰는 능력이 밀접히 연결되어 종합적으로 나타나는 결과라고 할 수 있다. 그러나 말하고 쓰는 능력을 객관적으로 평가하기가 쉽지 않다보니 PISA에서 읽기 하나만으로 언어능력을 평가하고 있다. 정책·경제적 이해관심에 따라 각국의 학교교육을 이런 식으로 단정 짓는 것이 과연 타당한 것인지 의문을 제기하지 않을 수 없다.

우리가 점수의 높낮이만 따져 학업성취의 결과를 있는 그대로 인정한다 할지라도, PISA 결과를 평가하기 위해서는 교육학적으로 중요한 또 다른 요소들을 고려하지 않을 수 없다. 단순히 지식을 주입하고 배운 결과를 효율적으로 활용하는 것에 학교교육의 목적이 있지 않기 때문에 그렇다. 학교의 수업을 통해 학생들은 객관적 교과지식의 체계와 내용을 배우는 것은 물론 자신이 속한 사회와 세계의 의미 및 가치 체계 그리고 일반화되지 않는 개별적 삶의 상황에서 올바로 판단하는 능력을 배워야 한다.

교과지식 전수에 한정된 학원과 달리 학교는 교사에 의해 교육적 가치가 실현되어야 하는 곳이다. 가치에 기반을 두는 공동체적 삶의 형식과 고유한 자의식을 학교에서 형성하지 못할 경우 학생들은 정서적 불안을 경험하게 되고, 자신의 삶에 만족하지 못하며, 자기 존엄성을 상실하게 된다. 그럼에도 교과별 성적으로만 평가·인정되는 한국의 학교교육에서 학생들은 지식 습득과 존재의 균형을 이루는 배움에서 벗어나 수치화되는 성적경쟁에만 몰입하고 있다. 그 결과 국제비교 성적이 높아도 한국의 학생들은 자신이 실력이 있다고 생각하지 않으며 학업에 대한 흥미나 자발성 또한 매우 낮다.

또다시 PISA 2009 예를 들자면 자연과학 부문 3위를 차지한 한국 학생들의 과학에 대한 흥미는 전체 조사대상 57개 국가 중 최하위에 속하는 55위이다. 이러한 현상은 알고자 하는 흥미가 결여된 상태에서 학생들이 배웠다는 것이며 그럼에도 좋은 성적을 얻었음을 말해준다. 이러한 현상을 우리는 어떻게 설명해야 하는가? 물론 학교의 수업을 좋아하는 학생이나 직장 일을 즐거워하는 어른은 흔치 않으며 누구나 어느 정도는 피할 수 없어 배우고 일하는 것이 아니겠느냐 라고 반론할 수 있다. 하지만 성인이 일하는 것과 학생이 성숙한 사회 구성원이 되기 위해 학교에서 배우는 것은 동일한 사안이 아니다.

어린이는 이미 정해진 일을 할 것이 아니라, 앞으로 변화하며 다가올 미지의 시간과 조건들을 준비하기 위해 흥미와 관심을 개발하면서 창의적으로 세계를 수용해나가야 한다. 따라서 배움은 연령대와 개별적 취향에 따라 분화될 필요가 있으며 스스로 즐겁게 임하는 과정이 되어야 하는 것이다.

이와 같은 인간학적 요인들이 무시되고 성적의 순위에 의해서만 사회적 인정과 보상이 따르게 될 경우, 학생들은 시험점수에만 매달리게 되어 어느 누구도 만족하거나 행복할 수 없는 무한경쟁의 악순환에 빠져들게 된다. 어떤 학생이 반에서 1등을 하더라도 그는 전교 1등이 아니라서 불만족스러울 것이며 혹시라도 학급동료가 자신의 성적을 추월할까 불안해 할 것이다. 교과수업에 대한 흥미와 배움의 즐거움보다는 시험점수가 더 중요하기 때문에 오히려 수업이 부담스럽고 두렵게 된다.

한국의 학교가 이런 상황이다 보니 이미 오래전 영화이지만 "여고괴담"에서 만년 2등만 하던 학생이 자존감을 상실한 채 자살이라는 극단적 선택을 했던 것이 이해될 법도 하다. 사실 이러한 일은 영화에서만 나타나는 것이 아니라 한국 학생들의 일상사처럼 되어 있다. 우리는 종종 뉴스를 통해 성적 때문에 스스로 자신의 삶을 포기한 학생들의 비극적 소식을 접하고 있다. 성장 과정에 있는 어린 학생들이 겪어야 할 통과의례라고 하기에는 이러한 성적다툼이 너무도 가혹하고 끔찍하다.

더 놀라운 점은 한국 학생들의 '더불어 사는 능력'이 세계 최하위 수준으로 PISA에서 성취한 결과와 정반대를 보인다는 사실이다. 국제교육협의회(IEA)가 2009년 밝힌 결과에 의하면 세계 36개국 중학교 2학년생 14만 600명을 설문한 청소년의 "사회적 상호작용역량"에서 한국의 학생들은 1점 만점에 0.31점을 얻어 35위에 머물렀다는 것이다. 이는 미래 한국 사회의 주역이 될 성장세대가 다양한 이웃과 더불어 조화롭게 사는 능력이 지나칠 정도로 낮으며 학교나 사회에 대한 불신 또한 크다는 것을 보여준다.

자신의 흥미와 관심에 따라 창의적으로 배울 수 없는 한국의 학생들은 지필고사 같은 테스트에서는 강하지만, 정작 성숙한 성인에게 필수적인 관계형성 능력이나 사회적 협동능력은 거의 갖추지 못한 채 학교교육을 마치게 된다는 무서운 경고이다. 그런데 이처럼 배려하는 공감과 이해가 결핍된 학생들에게는 일그러지고 파괴적인 자존감이 자리하고 있을 가능성마저 높아 한국의 학교교육이 지닌 총체적 문제점을 드러내고 있다. 그러므로 교과수업으로 구성되고 대변되는 학교교육에 대한 교육학적 관점의 비판적 논의가 요구된다.

수업기관인가, 교육기관인가?

지식이 급속도로 증가하는 시대에 들어서서 교수 방법과 기술이 점점 더 교육과 수업의 중요한 요인으로 등장하게 되었다. 특히 학교 수업이 지식습득 과정에만 밀접하게 연결하여 이해되다 보니 개인의 사회·경제적 지위획득 및 국가의 발전을 위한 수업의 효율성 향상과 전문화에 대한 요구가 커졌다. 시대·사회의 변화에 따라 교사는 수업 전문가이며, 수업의 복합적인 측면들을 능숙히 다루고 효율적으로 지배함으로써 자신의 직무를 수행하도록 요구받고 있다.

전통적으로 교육의 전인적 측면을 중요시했던 학교가 행정적 지배를 받는 수업담당 기관으로 변모하고 있으며, 교육행정 당국의 기술적 인식관심을 반영하려는 경험주의 교육학은 조건화 및 방법적 지시에 의존하는 교수-학습 과정에 집중하는 중이다. 또 이러한 변화는 마치 수업행위 자체가 교사의 직업적 과제의 전부인 양 보이도록 하고 있다.

이제 교사의 수업은 인간의 교육이라고 하는 거대한 행위와 의미 연관체계의 가치나 역할을 감당하지 못한 채, 분화된 기능적 지식전수 행위능력과 그에 상응하는 임금을 받는 '일상적' 직업행위로 전락하게 되었다. 사범·교육대학에서 교사가 되기 위해 준비하는 예비교사들에게는 수업 전문성이라고 하는 기술적 직업능력이 무엇보다 강조되며, 그들이 국가의 임용고시를 거쳐 교직에 들어설 때에는 수업 전문가여야 한다고 요구한다.

경제적 효용성과 생산과정의 효율성을 중시하는 현대 사회과학의 영향을 받고 있는 교육학 역시 학교를 지식전수를 위한 '효율적' 수업을 하는 장소로 이해하는 경향이 강하다. 그에 따라 교사는 효율적 수업방식에 요구되는 방법적 지식에 정통한 전문가이어야 한다. 이때 수업은 정책적으로 정해진 인력 양성계획에 따라 교육과정의 지식내용을 효율적으로, 즉 최소한의 비용과 시간 그리고 노력을 투입해 최대한의 생산 효과를 내야하는 기술적 산출과정으로 변모한다. 그래서 교사의 직업적 활동은 교육적 가치가 아닌 시험점수로 나타나는 산출물에 의해 그 타당·효율성을 인정받게 되는 것이다.

수업을 통해 교사가 생산해낸 결과물은 또한 학교 안의 다른 학급과 비교되고, 지역 교육청은 이를 산하 학교들의 수업결과들과 비교하여 서열화하며, 국가는 전국 단위의 획일화된 시험을 통해 교사의 교수능력과 학생의 학업수준을 평가하게 된다. 결국 교사의 존재가치 및 직업적 본질은 그가 수업을 통해 가르친 학생들의 성적에 의해 평가받게 되는 것이다.

평가 기준이 이렇다 보니 교과수업을 통해 보편적 인간교육까지 담당해야 하는 각 급 학교의 교사들이 오로지 영리적 동기와 결과에 의해 움직이는 사교육 시장의 강사들과 단순하게 비교되고 있으며 제 값어치를 못하는 성의 없는 직업인이란 수모를 당하고 있다. 주어진 업무와 수업에서 추구되는 궁극적 목적이 다름에도 불구하고 점수로 나타나는 획일적 산출지표에 의해 부당하게 비교되고 비난받게 되는 것이다.

수업이 이렇게 이해되고 평가받는 곳에서는 학교가 시험을 대비하기 위한 기능적 활동의 장소로 전락할 수밖에 없다. 점수 산출을 위한 기계적 작업만 하는 학원이 오히려 그 기능적 적합성을 더 높게 인정받게 된다. 그리고 교육기관인 학교의 특성상 시험공부만을 시킬 수 없는 교사들은 그에 따라 수업의 전문성이 떨어지는 집단으로 매도될 수밖에 없다.

이러한 현상은 '교육'하는 학교가 사라지고 있으며 오로지 시험결과를 준비시키는 '수업기관'만 존재하게 되었음을 여실히 보여주는 것이다. 이점에서 교육 당국과 사회가 교사에게 요구하는 수업 전문성이란 교육적 내용을 모두 배제시키면서라도 시험에서 학생들의 성적 산출만 높이면 된다는 식의 '반교육적' 이데올로기와 다를 바 없어 보인다.

이처럼 교사와 학생이 측정 가능한 교과시험 점수에만 매달릴 경우 자기결정과 책임성이 동반됨으로써 그 의미를 지니게 되는 교육실천이 쉽게 망각될 뿐만 아니라, 교육의 결과란 단순하게 인과적으로 확인될 수 없다는 사실 또한 간과하게 된다. 다시 말해 '교육'이란 단어와 행위에서 전혀 다른 맥락의 가치와 의미를 정당화하려는 것이다.

어린 시절에 경험한 틀에 박힌 수업 및 교육방식을 경멸했던 아인슈타인(A. Einstein)은 언젠가 "교육이란 배운 것을 다 잊어버렸을 때에도 남아 있는 그 무엇이다."라고 정의한 적이 있는데, 이 말은 유럽에서 종종 학교교육과 연관되어 회자되고 논의된다. 이로써 아인슈타인은 배우고 행하는 것 사이의 인과성을 확인하는 일이란 부질없는 짓이며, 교육이란 결국 '의미를 추구한다는'[3] 관점에서 이해되고 추진되어야 함을 말했던 것이다.

학교를 성적산출 기관으로 이해하는 사회는 교사를 사설학원의 강사와 비교·평가함으로써 교사들이 직업적 자부심에 상처를 받고 교육학적 의미의 수업을 할 의욕을 상실케 한다. 이런 사회에서는 시험성적을 통해 자신의 존재를 평가받고 인정받을 수밖에 없는 학생들 역시 시스템의 희생자가 될 수밖에 없다. 가정, 학교 그리고 사회에서 나타나는 학생의 인간적 태도와 가치지향은 제대로 인정받지 못하며 오로지 수자로 비교 가능한 성적만 요구된다. 그러니 성적향상을 위한 필사의 노력을 피할 수 없다.

수업의 본래적 기능과 속성이 상실된 교육에서는 타당과 부당, 합법과 불법, 옳음과 그름의 문제를 고민하며 무엇을 배워야 할 것인 지마저 흐릿해진다. 수단과 방법을 개의치 않고 성적만 향상시키면 그만이란 식이 되는 것이다. 그래서 학생과 학부모의 내심은 교육을 위한 학교보다 시험점수를 위한 학원으로 치우친다. 이런 상황에서는 부모의 사회·문화자본에 따른 학력의 격차가 발생할 수밖에 없는데 사회는 이러한 현상이 마치 특정 개인의 문제인 양 무관심하게 대하고 있다.

교사와 교육적 수업

수업이 지식 전수의 전문화 및 효율성이라는 관점에서 지나치게 협소화되고, 사회와 교육정책의 요구에 따라 학교가 수업 위주의 기관으로 이해되는 것은 교육학적으로 적잖은 문제점을 드러낸다. 학교의 수업이 학습심리학이나 교수공학의 이해관심에 따라 정의되는 것은 충분치 못한데, 그 이유는 교육학적 관점의 수업이 지식과 기능의 전수만을 목표로 하지 않기 때문이다.

수업은 지식과 사태를 통찰하는 능력, 문제를 해결하는 사고, 비판적 관점의 형성, 그리고 도덕적 판단능력 등 고차원적 정신활동으로 학생을 전인적으로 성장케 하는 창의적인 계기이자 과정이 되어야 한다. 이런 점에서 현행의 학교의 수업은 학습의 계기나 방법의 차원이 아니라 '교육'이라고 하는 더 광범위한 의미 범주에서 파악되고 이해될 필요가 있다.

학생들이 학교의 수업을 통해 배우는 지식은 교육과정에 의한 사회·경제 효용적 지식이 대부분이지만, 그렇다고 해도 수업이 기계적으로 암기하고 시험을 통해 평가받는 단편적 지식 전수의 수단으로 전락될 필요는 없다. 학교의 지식수업은 본래 학생이 그 지식의 원리를 스스로 생각하고 깨닫게 하는 데 그 목적이 있기 때문이다.

따라서 수업에서 교사는 학생에게 단순히 지식의 외적 범주와 내용을 알려주거나 암기시키는 사람이 아니다. 그보다는 오히려 지식형성의 과정을 유발시켜 학생들이 스스로 지식의 객관·논리적 구조 및 구성은 물론 그 의미와 활용에 대해 통찰하는 능력을 길러주는 사람이다. 이 경우 교사에 의해 유발·안내되는 배움의 과정이 발생하는데 이때 학생에게서 지필시험이라는 단순한 측정도구로 평가될 수 없는 복합적 차원의 인식활동이 전개된다. 수업을 통한 학습결과, 아니 배움의 결과는 지식의 논리·실용적 차원을 넘어서서 한 인간의 존재와 삶의 근간에 놓이게 되는 가치와 의미 체계의 형성으로 나타난다.

결국 학교 수업은 교사가 지식을 일방적으로 매개하는 과정이 아니요, 학생의 포괄적 인식을 유발하는 과정이다. 이러한 인식은 지적·실용적 활용에만 국한되지 않고 가치 및 세계관 형성으로 나아간다. 따라서 훌륭한 교사는 교과에 합당한 학습 방법으로 학생을 자신의 교과수업 및 내용으로 이끌어 들이는 사람이요, 학생이 스스로의 흥미와 능력을 바탕으로 지식을 형성하도록 격려·지원하는 사람이라 할 수 있다. 이러한 내용 맥락은 우리에게 수업이 인간을 교육하는 직접적인 통로임을 보여준다.

교육이란 학생들을 도덕적 행위로 이끄는 것, 즉 학생이 무엇인가를 결정할 때 도덕적 관점을 수용하도록 요구하고 안내하는 일로서 수업과 교육은 서로 떼려야 뗄 수 없는 관계에 있다. 이미

1806년의 저서 『교육의 목적에서 연역된 일반교육학』에서 헤르바르트(J. Fr. Herbart)는 수업을 떠나있는 교육은 상상할 수 없으며 또 역으로 교육을 배제하는 수업이 존재할 수 없다고 하였다. 그에 의하면 모든 수업은 교육의 관점에서 진행되어야 하는 '**교육적 수업(erziehender Unterricht)**'일 뿐이다. 그렇다면 수업과 교육의 연관성을 어떻게 설명할 수 있을 것인가?

수업의 과학·전문화가 제아무리 추진되더라도 학생이 학교교육을 통해 자신의 정서와 정신에 근거하는 개성을 기르게 하는 일은 수업에서 배제될 수 없는 구성 부분이다. 궁극적 의미 및 가치와 직면하게 하는 교육적 내용을 수업에서 가르치지 않을 경우 학생들은 사회·문화·정신적 삶의 기초를 마련할 수 없게 된다. 설혹 수업에 참여하는 학생 스스로가 시험에 필요한 객관화된 지식만을 배우겠다고 고집할지라도, 그는 사람됨과 배움의 사회적 공간인 학교에서 그러한 내용 범위를 훨씬 넘어서는 지식을 피할 수 없다. 즉 그는 자신의 정신과 인격에 광범위한 영향을 줄 수밖에 없는 지식과 가치를 접하고 인식하게 된다.

이처럼 윤리적 전통과 가치 그리고 반성적 사고를 통한 가치판단 및 책임의식이 형성되어야만 학교 이후 사회에서 성숙한 인간으로 독자적 생활을 할 수 있게 된다. 그런데 교사들이 담당하는 수업의 이러한 내용과 영역은 교수-학습 전문성만 추구하는 현대 경험주의·공학적 교육과학을 통해서는 방법적으로 접근하기 힘들며 또 이에 대한 보편적 수업기술을 개발하기도 어렵다.

그럼에도 현대의 학교교육이 (공학·기능적 교수이론에 의지하여) 광범위한 계획성, 의도, 전문화 그리고 제도화를 통해 규정되고 있는 것이 현실이다. 그럼에도 학교의 수업이란 지식과 기능만 전문적으로 전수하는 차원을 넘어서는 그 어떤 특수한 형식의 '교육' 행위이기도 하다는 사실을 우리가 이해할 필요가 있다. 왜냐하면 수업이 표면적으로는 교과지식과 기능을 학생들에게 전수하는 것으로 보이지만, 실제로는 한 인간으로서의 학생이 자신을 "신체-영혼-정신의 통일체"[4]로 감지함으로써 전인적으로 성장하게끔 이끄는 교육적 계기이자 과정이어야 하기 때문이다.

따라서 성장세대가 가치의 본질 및 의미 체계를 깨달아 습득하며 세계관의 형성을 통해 자신을 인격적 전체로 나아가게 하는 교육은 다름 아닌 교사의 수업에서 시작된다. 이에 우리는 교육학에서 집중적으로 연구되고 강조되는 수업의 조건화 및 교수-학습 과정의 규격화가 진정 학생의 전인적 성숙과 자아형성에 기여할 수 있을 것인지 질문할 필요가 있다.

학교를 되살려야 한다.

오늘날 '수업기관'으로 전락한 학교가 그 역할을 다하기 위해서는 주어진 교육적 기능과 의미를 회복하여 '교육기관'으로 되살아나야 한다. 기능적으로 제한된 의미의 수업을 넘어서서 학생들에게 교육적 영향을 행사함으로써 그들 각자가 고유한 개성적 인간으로 도야할 수 있을 때 학교는 학생과 사회에 중요한 의미를 지니는 생동적 교육기관으로 되살아날 수 있다.

학교에서 수업을 통해 진행되는 '**교육(Erziehung)**'은 한 인간이 의도적인 동시에 가치 지향적으로 다른 인간의 인격적 형성에 도움을 제공하는 대인 관계적 행위이다. 다시 말해 교육은 개별 인간으로 하여금 자신의 사고와 행위의 규준들을 스스로 지키도록 돕는 일이다. 인간은 교육을 통해 더욱더 사람다워져야 한다. 이때 도움을 받는 사람은 이를 수용하거나 거부할 수 있다.

또한 '**도야(Bildung)**'는 한 인간의 내면에서 신체-영혼-정신의 통일성을 포괄하여 일생동안 진행되는 과정으로 이를 통해 그는 자신의 존재와 본질에 합당한 사람됨(humanity)을 형성하게 된다. 교육은 인간의 도야가 가능할 수 있도록 지원하며, 도야는 교육에 의지하고 있다. 어린이의 성장과 발달에 반드시 필요한 교육적 지원이 없다면 자아를 형성하는 과정인 도야가 불가능하다. 교육적 존재로서의 인간은 어떤 경우에도 사람됨을 지향하지 않을 수 없다.

이렇듯 교육과 도야는 상응하고 연계되는 두 개념으로 서로 분리될 수 없으며, 하나를 전제로 하지 않고는 또 다른 하나를 생각해낼 수 없다. 이는 앞에서 수업과 교육이 서로 분리되어 사유되거나 수행될 수 없는 것과 마찬가지이다.

사회·경제적 효용성과 정치권력의 직접적 영향을 받는 오늘날 학교교육이 과연 인간의 도야라고 하는 그 본래적 의미를 되찾을 수 있을 것인지는 어쩌면 교육학 자체의 권능을 넘어서는 문제이다. 그럼에도 우리는, 비록 원론적인 주장으로 보이겠지만, 자신의 존재 근거까지 사유하는 인간에게 교육은 결코 외부적 요구에 응하는 수단적 도구로만 남아있을 수 없다는 점을 명확히 밝히면서 시대와 학문의 경향성에 대응해야 한다.

글로벌화 된 경제·문화 환경에서도 인간은 자기 자신의 고유한 인격적 영역에 속해있으며, 자신의 문화 및 인류 공동체라고 하는 가치체계 속의 존재일 수밖에 없다. 그러므로 효용적 실용가치를 추구하는 학문 분과들이나 특정한 지배관심을 추구하는 정치권력도 인간을 단지 기술적 효율성이란 측면에서만 계발하고 활용할 수 없다. 왜냐하면 존재와 의무에 대한 자의식을 형성하지 못한 채 배움을 종결하는 학생들은 결코 자신과 사회에 책임을 지는 인간 존재로 성장할 수 없기 때문이다.

결국 교육은 외부의 기준에 맞춰 인간을 변화시키고 이끌어 가는 활동이 아니라, 자신의 자유의지와 양심에 따라 책임 있게 사고하고 행위 하는 인간이 스스로를 고유하게 형성하는 과정이다. 그에 따라 교육은 언제고 자신의 실존을 자각하고 확고한 신념과 양심을 지향하는 '**책임 있는 인간의 형성**'에 관심을 갖는다. 교육은 자유로운 인격이 다른 사람 및 사회와 바람직한 관계를 형성토록 할 뿐만 아니라 궁극적으로는 자기결정과 책임의식을 강화시키는 가치 지향적 활동이다.

인간의 책임의식이란 양심이 자기활동을 하는 데에서 드러난다. 책임성의 진면모는 우리가 자신을 이 세상에 던져진 존재가 아니라 동료 인간과 함께하는 존재로 이해할 때, 즉 '나-그것'의 관계가 아니라 '나-너'의 관계로부터 자신을 이해할 때 비로소 나타난다. 이와 같은 '나-너'의 관계성은 인간에게 근본적으로 주어진 것으로 결국 교육이란 인격체와 인격체 사이의 관계현상이며 다른 사람의 고유함을 인정하고 그에게 구속력 있게 '응답하는 책임'과 연관되어 있음을 말해준다.

학생이 학교에서 자존감을 형성하고 인간 존엄의 가치를 깨닫지 못한다면, 성장하여 사회로 나간 이후에는 이를 더 이상 배울 기회가 없다. 그가 배워 갖춘 기술적 지식은 경우에 따라 자신과 다른 사람의 삶을 저해할 수도 있는 반쪽지식에 머무르고 만다. 그러므로 한국의 학교가 더 이상 이러한 기술적 인식에 터해 성적과 점수경쟁을 하는 장소가 되서는 안 될 것이다.

학교교육을 개혁하려는 움직임에서 교사의 의식과 역할은 특별히 중요하다. 비록 국가권력에 의해 선발·고용되어 행정적 지시를 감수해야 하는 신분이기는 하지만, 교사는 단지 정책적 지시사항에 복종하는 도구적 존재가 아니다. 자의식을 지닌 교사 역시 교육현실을 비판적으로 사유하며 자신에게 주어진 교육학적 책무를 수행하는 자율적 지성의 존재이다. 따라서 교사가 학교교육을 되살리는 데 앞장서야 한다. 학교의 교육적 의미를 되살리려는 노력은 궁극적으로 교사 자신을 살리고 더 나아가 우리의 미래인 학생을 되살려내는 일이다.

교사에게 달려 있다

이제까지 논의를 종합하면 오늘날 학교교육은 인간교육이라는 그 본래의 사명과 과제에서 벗어나 사회·경제적 효용성의 관점에서 개인의 직업적 지식과 능력을 준비시키기 위해 몰두한다. 교육 당국 역시 국가의 경제발전 및 국제경쟁의 비교 우위를 목표로 인적자원을 양성하는 효율적 지식전달 과정만을 강조하고 있다. 그 결과 정치·경제적 이윤산출 사회시스템의 압력을 받는 학교는 이러한 영향력에서 벗어나기 힘들다.

이에 더해 '과학성'이란 미명하에 몰가치적 합리성에 의존함으로써 교육의 내용과 과정 그리고 실천마저 기술적으로 통제하려는 사회과학으로서의 교육학은 이러한 실용적 경향성을 '학술적으로' 정당화할 뿐만 아니라 바람직한 것으로 간주한다. 교육계에 종사하는 사람 모두가 이러한 교육 이해를 당연한 것으로 받아들여야 한다고 전제하며 학교교육의 기능화를 가속한다.[5] 그렇기 때문에 교사가 학생을 지도하기 위해서는 행위와 결과를 객관적으로 분석하고 평가할 수 있는 새로운 교수기술과 상담기법으로 무장해야 하는 것은 당연한 것처럼 여긴다.

이러한 상황에서 교사가 교육의 의미와 가치를 지키기 위해 할 수 있는 일은 무엇일까? 효용과 효율을 전제로 무한한 경쟁을 벌이는 시대 경향성과 신자유주의적 무한경쟁 시스템의 압력 아래 놓여 있는 교사가 할 수 있는 일은 그다지 없을 것처럼 보인다. 또 편하게 살기 위해서는 시대와 사회의 요구에 순응하며 제도 속의 '기능적' 전문인의 위치를 유지하는 것이 더 실리적일 수도 있겠다는 생각이 들기도 한다.

그러나 학교교육의 문제 상황이 바로 이렇기 때문에 '교육 전문가'로서 교사가 교육학적 사유를, 다시 말해 자신의 직업적 사명에 대해 반성적으로 성찰을 하는 일이 무엇보다 절실하게 요구된다. 왜냐하면 교육이 한편으로 현실을 지배하는 법칙들의 영향 하에 놓여 있지만, 다른 한편으로는 이러한 현실적 제약에도 불구하고 자기 책임성과 독자성을 지니고 있기 때문에 그렇다. 교육의 이러한 특성은 교육학을 다른 학문들과 구별시킨다.

앞에서 언급되었던 것처럼 인간의 교육에서 '자기 책임성'이라는 특성이 드러나며 지식 전수의 측면에서 이 문제를 다루는 학문은 교육학이다. 하지만 자신의 학문적 성격을 경험과학으로 이해하려는 최신의 사회과학적 교육이론들은 경영학, 사회학, 행정학, 심리학 등 다양한 분야의 지식을 끌어들여 교육현상을 객관적으로 분석하고 교육의 사회·경제적 효용성을 극대화하려 시도하고 있다.

경험적 방법으로 입증될 수 있는 것만 학문적으로 다룰 수 있다는 입장의 교육이론들이 학교교육의 기능적 효율화에 그 나름의 기여를 할 수 있을지는 모른다. 그렇다고 해도 인간의 교육에서 핵심적인 특성, 즉 다차원적 존재인 인간의 자율적 사고 및 가치판단에 근거하는 도덕적 책임성의 문제가 배제될 수는 없다. 시대와 사회의 요구에 따라 학문의 경향성이 어떻게 변화하든 인간 자체는 그러한 변화를 유발하는 주체이지 변화의 종속물이 될 수 없기 때문에 그렇다.

교육에서 개별 인간 고유의 독자성과 책임성의 문제가 제기된다는 사실은 교사에게 무엇인가 아주 특별한 사명, 즉 아직은 미성숙한 어린이를 성숙한 인간으로 성장시켜야 한다는 임무가 주어져 있음을 상기시킨다. 교사가 비록 정해진 복무규정에 따라 임무를 수행하는 사람이기는 해도 이러한 직업적 사명을 포기해서는 안 된다.

교육학적 사명감을 의식하는 교사는 자신의 임무를 단순히 기능적으로 수행하지 않는다. 그러한 교사는 주변의 눈총과 야유를 받아가면서도 수업과 행정처리 이상의 교육적 활동을 할 것이며 그의 활동은 언제고 학생들의 존재 및 삶과 연계된다. 그는 전달해야 할 문화내용을 단순히 매개하는 기능적 역할을 넘어 자신에게 맡겨진 학생들의 성장과 삶에 대해 '자발적인 책임'을 지며 살아간다.[6]

후에 자기 스스로 책임을 질 수 있는 존재가 되는 데 필요한 고유한 세계(지식, 의미·가치의 체계 등)를 형성하기 위해 성장세대인 학생은 배우길 원한다. 기성세대인 교사는 이러한 요구에 응하는 사람이다. 교사에게는 학생이 개성적 존재로 성장하고 도덕적·정신적 삶을 영위하는 데 필요한 내용들을 배울 수 있도록 수업하고 교육해야 하는 책임이 주어져 있는 것이다.

교사는 자연적 객체로서의 학생을 관리하는 것이 아니며 그들을 인격적 존재로 성장시켜야 한다는 특유의 책임을 지녔다. 이러한 도덕적 책임성이 때로 너무 과중하고 정서적으로 불편하게 느껴질지라도 이를 배제하고는 교육이 불가능하다는 점에서 교사는 그 불가피성을 인정하며 교육실천에 임해야 한다.

현대사회에서 생산, 서비스, 소비 등 삶과 행위의 모든 영역이 기능적으로 분화되고 있기 때문에 교사는 지식학습과 도덕교육을 방법적으로 분화하여 실천하고픈 욕망을 꿈꿀 수 있다. 한쪽에서는 지식 전수만 그리고 또 다른 쪽에서는 가치·도덕교육을 수행하여 그 둘이 합해지도록 하는 것 말이다. 그러나 학교의 수업에서 이 두 과제가 동시에 추구되지 않으면 학생의 전인적 성장은 불가능해진다. 교육학적으로 의미 있는 수업이 없이는 진정한 교육 또한 존재할 수 없기 때문이다.

오늘날 다수의 교육학자들이 교육학이 아닌 '수업학'이나 '학습학' 같은 용어를 사용하려는 의도가 어쩌면 객관적 검증에 근거하려는 그들의 학문 방법론적 관심에서 나온 것이 아닐지도 모른다. 오히려 그보다는 교육행위와 필연적으로 연결된 책임성의 부담감에서 벗어나기 위한 그들 나름의 그럴듯한 회피전략일 수도 있겠다는 생각이 들기도 한다.[7]

그렇지만 교사의 교육적 책임에 대한 논의는 교육에 대한 형이상학적 사유에서 나오는 것이 아니라 교육실천의 필수·실질적인 구성 요소이기 때문에 제기되는 것이다. 교육학의 방법론적 다양화가 극대화되었으며 경험적 교육연구가 판을 치는 오늘날에도 학교교육의 성패는 교사의 책임의식에 달려있는 것이 틀림없는 사실이기 때문이다. 앞에 언급되었던 PISA에서 최상의 성취수준을 보여주었을 뿐만 아니라, 전 세계 모든 국가들이 그러한 성취를 부러워하며 그 근거를 찾아 모방하려 하는 '**핀란드의 학교교육**'에서도 그 성공의 핵심 요인은 교육과정이나 교수기법이 아니라 **교사 자체**에 있다는 점에서 그렇다.

핀란드에서는 사회적 합의에 의한 교육개혁이 추진되었으며 개혁의 핵심을 제도 및 교사교육에 맞추었다. 특히 교원 양성교육은 교사가 될 사람의 균형 잡힌 인격의 형성에 그 목표를 두었는데 그 과정에서 "교사의 교육학적 사유(das pädagogische Denken)가

핵심"[8]이었다. 핀란드 교육당국은 교사가 스스로 실천적으로 연구하는 능력을 지니게 되기를 기대하고 있으며, 유치원 교사는 학사 수준으로 그리고 학교의 학급 및 교과 교사는 석사 수준으로 양성하고 있다. 특히 중등학교의 교과 교사들이 교육학 수업 60학점을 반드시 이수하도록 함으로써 교사양성에서 중요한 요소가 다름 아닌 교육학적 사유와 의식의 형성임을 보여준다.

학생들이 배움과 수업에 대한 흥미와 자발성을 키워야 하는 초등교육 단계에서 교사는 편안한 수업분위기를 조성하면서 학생들의 흥미를 촉진시키고 학습노력을 지원하는 일에 집중한다. 우리의 예상과 달리 핀란드 학교의 수업은 대체로 정면 대응형식으로 진행되며 그룹별로 학습하는 과정이 장려되고 있다. 그런데 이와 같은 수업에서 핵심적인 것은 교수 방법 자체가 아니다. 그보다는 학교와 사회는 물론 교사의 관점과 태도가 어린이들의 자발성을 촉진시키려는 데 맞춰지는 것이 더 중요하다고 여긴다.

이처럼 교사에게 가르치는 기술만 강조하지 않고 그들 스스로 교육의 의미와 교육자적 태도에 대한 의식을 길러 학생을 마주하게 하는 일, 즉 교사의 교육학적 의식의 형성을 중요시한다는 점이 우리의 관심을 끈다. 왜냐하면 핀란드의 학교교육이 성공할 수 있었던 단서가 바로 여기에 있기 때문이다. 교사가 수업을 운용하는 지식이나 기법보다는 교육의 또 다른 주체인 학생들의 관심과 흥미에 터해 그들 스스로 배우고 싶도록 이끄는 일을 더 중요시하는 것이다. 이러한 태도와 자세는 교육이 무엇이며 교사-학생의 관계에서 '**교육적 책임**'이 무엇인지를 사유하고 성찰하지 않으면 결코 형성될 수 없다.

이로써 우리는 핀란드가 수업에서 교수기법보다 우선적인 것이 무엇인지를 올바로 파악하여 학교교육을 실시하는 나라임을 알게 된다. 그렇기에 PISA에서 보여준 핀란드 학생들의 성취능력을 한국 학생들의 그것과 그냥 수치로만 비교하여서는 제대로 된 의미는 물론 실질적 시사점을 얻을 수 없을 것이다. 교육에서 수치로만 비교하는 일이 때로는 무가치할 수도 있음을 이 사례가 잘 보여주고 있다.

결론적으로 핀란드처럼 학교교육에서 성공하는 나라는 뭔가 확연히 다른 점을 지니고 있다. 그것은 한국 학교교육에서 강조되는 수업의 이론이나 기법이 아니라 교사들의 교육학적 사유와 의식이다. 이러한 사실은 우리가 지닌 학교교육의 문제를 올바로 인식하고 해결하는 데 중요한 점이 무엇인지 암시한다.

교사의 교육학적 의식

교사가 수업을 방법의 문제로 간주함으로써 자신의 교육적 과제를 교수 방법 및 기법으로 해결하려는 것은 매우 소극적인 자세일 뿐만 아니라 자신의 교육적 문제의식을 포기하는 태도이다. 이러한 태도에는 교사가 교육학자들의 이론을 비판적으로 검토하지 않고 무작정 맹종하려는 위험 또한 내재되어 있다. 수업(지식과 삶의 경험)을 통해 고유한 자아를 형성해야 하는 학생들 역시 수업방법에서만 뛰어난 기능적 존재로서의 교사를 원하는 것이 아니다.

물론 우리가 교과수업을 잘하는 교사의 능력을 폄하할 필요는 없다. 수업능력 또한 노력과 숙고를 거쳐 습득된다. 그러나 교사가 교수방법에 의존한 수업 자체만으로 학생에 대한 자신의 직업적 과제를 다 했다고 생각한다면, 이는 학교의 수업이 무엇을 지향해야 하는지 제대로 모르는 소치라고 할 수밖에 없다.

수업운영을 잘 하는 것은 모든 교사에게 요구되는 일이다. 그러나 그것만 가지고는 학생을 충분히 감동시키거나 그들의 신뢰를 얻어내기 어렵다. 교사는 학생들에게 호감을 보이고, 일정한 거리를 두면서 그들의 삶에 책임 있게 관여할 수 있어야 한다. 또 학생이 지닌 장점과 취약한 면들을 파악하여 때로는 격려하고 대화하려는 의욕과 태도를 지녀야 한다.

달리 말해 학생을 가르치기 위한 첫걸음은 그들이 교사를 좋아하게끔 학급과 수업의 정서적 분위기 및 교사-학생 관계에서 신뢰를 형성하는 일이다. 그 이유는 "어떻게 학생이 교사를 좋아하기도 전에 그가 가르치는 지식을 먼저 좋아하길 기대할 수 있겠는가?" 하고 생각해보면 쉽게 이해될 수 있다. 교사에 대한 신뢰와 호감은 학생 스스로의 배움에 대한 흥미와 욕구로 이어지게 되어 학생이 뭔가를 알거나 배우고 싶어졌을 때 자발적으로 배움과 깨달음으로 나아갈 계기를 만든다.

또한 교사들이 경험을 통해 잘 알고 있듯 수업은 항상 계획한 대로만 진행되는 것이 아니다. 수업이란 매일매일 결코 반복될 수 없는 특정한 상황 하에서 학생과 더불어 진행될 수밖에 없다. 반복적으로 하는 수업이라 할지라도 매 순간 미리 예측할 수 없는 다양한 수업방해 요인들과 예기치 않은 상황들이 나타난다. 이러한 상황에서 교사는 최선을 다한 뒤 자신의 실천적 노력이 적절했던 것으로 판명되기를 기대할 수 있을 뿐이다.

수업 도중은 물론 그 이후에 이어지는 자신의 교육적 실천에 대한 교사의 사유는 필연적으로 교육의 본질에 대한 보편적(이론적)인 사고로 확대된다. 이처럼 교사가 자신의 직업적 행위에 대해 성찰하면서 내면적으로 성장할 때에 비로소 교육학적 의식이 싹트기 시작한다. 이는 교육학자가 이론을 형성하는 과정과 유사할 뿐만 아니라 앞서간 실천에 대한 반성이란 점에서 더 실천 및 현장 중심적이다.

교육이론이 교육학자들의 전유물은 아니다. 사실 교육학자들은 대부분 초·중등학교 교육실천의 현장에서 멀리 떨어져 있다. 어찌보면 교육현장에 대해서는 교사가 더 구체적으로 알고 있다. 양성과정에서부터 이론가의 말만 듣고 지내다보니 자신도 모르게 반성적 사고를 중지하고 있을 뿐이다. 그렇기에 수시로 새롭게 등장하는 특정한 관점의 교육이론들을 교사가 무조건 수용하고 따라갈 필요는 없다. 그보다는 교사 스스로가 수업을 포함한 다양한 교육실천에서 교육의 본질에 대한 사유를 통해 교육에 대한 이론적 이해의 지평을 확장할 뿐만 아니라, 가변적 교육상황에 올바로 대응하는 교육학적 판단력을 키워나가야 한다.

이처럼 스스로 참여·성찰하여 도달하는 '의식적' 교육실천 및 '이론적' 사유를 통해 교사는 "교육학적 도야"의 상태에 들어설 수 있게 되는데, 이는 "변화하는 경험을 배우려고 준비하는 자세를 의미한다."[9] 그런데 의식적 교육실천과 이론적 사유를 바탕으로 실천과 이론의 순환적 관계를 오가며 형성되는 교육학적 도야는 교사의 '자기도야'라고 할 수 있다. 주어진 조건이나 지시에 무조건 추종하지 않으며 스스로 교육학적 판단을 할 수 있는 단계에 들어서는 것이다.

교사가 이렇게 교육학적으로 도야된 의식을 지니는 것은 교직에 필수적인데, 이는 합리적인 사고 및 그에 따른 기계적 행동만으로는 결코 도달할 수 없는 상태이다. 또 이와 같은 교육학적 도야에서는 인간과 상황에 대한 '감수성'이 매우 중요한 역할을 한다. 왜냐하면 교사가 자신에게 주어지는 상황을 올바로 해석하고 그에 따른 교육적 결단을 내리기 위해서는 상황에 대한 감수성이 필요하기 때문이다.

그러므로 수업의 구조화나 평가 방법과 같은 기술적 수단을 학교교육으로 들여오는 것만이 능사가 아니다. 그보다는 인간과 상황에 대한 감수성을 지니고 스스로 도야하는 교사가 학생과 형성해내는 관계가 더 중요하다. 교사는 학생 각각의 심리·행동상의 특성을 파악하면서 그들이 처한 전인적 상황에 다가서려 노력해야 한다. 학생의 친구가 될 수는 없겠지만 교사는 학생과 친밀해질 수 있으며, 그들의 가족적 또는 교우 관계적 삶을 지켜보고 동행하며 개별 학생들이 성장해나가는 개인사적 사건에 참여할 수 있다.

존중하는 태도로 대하며 수업과 학교생활에 필요한 교육적 권위를 사용할 경우 학생들도 교사에게 호의를 나타내고 교사의 권위를 인정한다. 이러한 교육적 태도는 교사 자신의 교육학적 도야를 통해 형성되는 **교육학적 의식**에서 나오는 것이다. 직업적 사명에 대한 올바른 의식, 성장하는 어린이에 대한 사랑과 책임 같은 교사의 교육학적 의식은 현대 교수-학습이론이 강조하는 기능적 직무 효율성과는 질적 차원이 다른 교사의 존재적 지식 및 자세와 연관된다.

교사의 교육학적 의식은 학교교육이 교육적 의미를 추구할 수 있게 하는 필수요소이다. 교사에게 최상의 교육시설과 물질적 보상 그리고 최고의 관리기술을 제공한다 할지라도 교육학적 의식이 없으면 자유로운 개성과 도덕적 책임성을 지닌 학생을 교육하는 일이 실패할 수밖에 없다. 따라서 한국의 학교교육을 개선하여 교사와 학생 모두가 자신의 사람됨을 찾아 교육의 의미와 삶의 가치를 실현시키기 위한 방도는 교사가 스스로의 교육학적 의식을 형성하고 실천하는 데 있다.

더 이상 사회과학적 생산기술과 기법이 학교교육을 지배하고 교사를 조종하는 일이 당연시되어서는 안 된다. 교육의 본질적 의미를 발현시키는 교사의 교육학적 의식이 학교와 학생을 지키고 발전시켜야 한다. 학교교육에 관한 한 언제 어디서고 교사가 그 핵심이기 때문이다. 그러므로 이제는 한국의 학교교육에도 여타의 사회과학이 아니라 교육학 본래의 인식과 실천에 근거하는 교육이론이 자리해야 한다.

A. Camus와 교사 Bernard

노벨 문학상 수상자로 지명된 순간 카뮈(A. Camus)는 불현듯 알제리의 민중학교에서 그를 가르쳤던 스승을 떠올렸다. 그리고 며칠 뒤 그 선생님에게 편지를 보냈다. 그 편지에서 카뮈는 "가난한 작은 어린아이였던 저에게 애정 어린 손을 내미셨던 선생님이 아니었다면, 선생님의 지도와 모범이 없었다면 이 모든 일이 일어나지 않았을 것입니다. 제가 이런 식으로 선생님에 대한 존경을 과장하려는 것은 아닙니다. 저는 이번 기회에 최소한 선생님이 저에게 어떤 분이셨으며 또 여전히 어떤 분이신지 말씀드리려는 것입니다."[10]라고 적었다.

문학뿐만 아니라 실존철학 및 부조리의 사상가로 우리에게 잘 알려진 카뮈에게 이 스승은 세상을 흥미진진하게 보고 배울 수 있도록 해준 은인일 뿐만 아니라 그가 고유한 자아를 형성하여 세상을 향해 나아갈 수 있도록 돌보고 이끌어준 지도자였다. 카뮈의 스승은 아마도 온전한 의미의 교육이 무엇인지 본능적으로 깨달아 실천한 뛰어난 사람이었음에 틀림없다.

죽은 뒤 34년이나 지나서 빛을 본 자전적 내용의 미발표 장편소설 『최초의 인간(*Le premier homme*)』에서 카뮈는 이 스승을 베르나르(Bernard)라고 칭하면서 한 교사가 자신의 성장 과정에 얼마나 위대한 역할을 했는지 그려내고 있다. 비록 미완성된 작품이고 픽션의 형식을 지니고 있지만 카뮈가 베르나르 선생님에 대해 언급한 곳에서는 그 누구라도 교육이 무엇이며 교사-학생의 관계가 어떠해야 하는 것인지를 깨닫고 생각하게 될 수밖에 없을 것 같다.

그러므로 비록 오늘날 한국의 사회·문화 및 교육현실과는 큰 차이가 있겠지만, 교육이 인류 보편적 문화이기에 교육학적 의식을 소유한 교사의 삶과 교육실천은 시대와 문화를 넘어 공감될 수 있을 것이란 전제에서, 카뮈가 자신의 스승을 회상하며 묘사한 부분을 여기에 옮겨본다. 네 쪽에 걸쳐 서술된 내용을 부분적으로 발췌하여 제시하자면 다음과 같다.

> "베르나르 선생님이 맡고 있는 그 수업은 자신의 직업을 열정적으로 좋아한다는 단순한 이유 때문에 언제나 흥미진진했다. 밖에는 태양이 엷은 황갈색의 벽을 아우성치듯 때리고 교실 안은 노란색과 흰색의 굵은 줄무늬 블라인드의 그늘 속에 잠겨 있는 데도 불꽃이 튈 듯 뜨거웠다. (…) 베르나르 선생님의 교육 방법은 품행의 면에서는 한 치의 양보도 할 줄 모르지만 반대로 수업만은 생생하고 흥미진진하게 진행되는 것이었으므로 파리들까지도 충분히 제압할 수 있었다. 그는 항상 적절한 순간에 보물이 가득 든 그의 장 안에서 수집된 광석들, 식물 표본, 나비들, 그리고 표본으로 만든 곤충 등 학생들의 산만한 주의력을 환기시킬 만한 것들을 꺼내 놓을 줄 알았다. (…)
>
> 그렇다. 학교는 그들에게 단순히 가정생활로부터의 도피 장소를 제공하는 것만은 아니었다. 베르나르 선생님의 반에서는 적어도 학교는 어른에게보다는 아이에게 훨씬 더 근원적인 내면의 굶주림, 즉 발견에의 굶주림을 채워주고 있었다. 다른 반에서도 물론 아이들에게 많은 것을 가르쳐주었을 것이다. 그러나 거위들의 배를 채

우듯이 이미 다 만들어 놓은 음식을 갖다 주면서 제발 그냥 입에 넣고 삼키기만 하라고 했을 것이다. 제르맹[베르나르 선생님의 본명] 선생님의 반에서 그들은 처음으로 자신들이 세상에 존재한다는 것을, 자신들이 가장 높은 배려의 대상이 되고 있음을 느끼고 있었다. 그들이 나름대로 세상을 발견해 나갈 자격이 있다고 판단한 것이다. 더군다나 그들의 선생님은 단순히 그가 월급을 받고 가르치도록 되어 있는 것만을 가르친 것이 아니라 개인적인 삶 속에서 그들을 단순하고 소박하게 맞이해 주었으며 그들과 함께 그 삶을 살았고 그들에게 자신의 어린 시절과 그가 사귀었던 어린이들의 이야기를 해주었으며 자신의 사상이 아니라 자신의 견해를 설명했다. 예를 들어 그는 당시 많은 동료들과 마찬가지로 반교권주의적인 입장이었지만 교실에서 단 한 번도 종교에 대하여, 또는 어떤 선택이나 신념의 대상이 되는 것이면 그 무엇이든 절대로 비방하는 법이 없었다. 그렇지만 도둑질, 밀고, 무례함, 불결 등 토론의 여지가 없는 것은 그만큼 더 강하게 배척했다."[11]

1부 학교교육을 생각한다

01. 학교교육이란?

1 정영근 외(2002). 『교육학개론. 인간, 교육 그리고 교육이론』. 서울: 문음사. 제12장 내용 참조.

2 W. Böhm(1997). *Entwürfe zu einer Pädagogik der Person*. Bad Heilbrunn/Obb.: Klinkhardt. S. 120.

2부 학생의 발견

01. 학생은 누구인가?

1 이하의 글은 저자의 2007년 글("학생존재 이해에 대한 교육철학적 접근". 『교육철학』 제38집. 187-206.)에 제시되었던 것을 다소 변경하여 작성되었으며 내용적으로 대폭 보강되었다.

2 A. S. Makarenko(1969). "Methodik des Erziehungsprozesses". H. E. Wittig(Hg.). *Ausgewählte pädagogische Schriften*. Paderborn: Schöningh. S. 77 ff.: "우리는 사회가 필요로 하는 그런 인간을 교육시킬 의무를 지니고 있다. (…) 이를테면 소련이 프롤레타리아 독재를 거쳐 계급이 없는 사회로 넘어가는 데 필요한 행동 유형과 성격 그리고 그에 요구되는 인성을 육성할

의무를 지니고 있는 것이다. (…) 이러한 교육적 작업의 목표는 교육자의 손을 통해 만들어지는 인간의 실제적 특성에서 나타나야만 한다. 우리가 교육한 인간은 교육적 작업을 통해 만들어진 일종의 제품이라 할 수 있다. 우리는 (…) 만들어 낸 제품을 (…) 마지막 나사 하나하나까지 점검해야 한다. 왜냐하면 모든 제품에서와 마찬가지로 교육적 작업을 통해 생산한 제품에도 최상의 것이 있는가 하면, 그런대로 만족할 만한 (…) 제품도 있고, 때로는 (…) 불량품도 있게 마련이기 때문이다."

3 M. J. Langeveld(1968). *Die Schule als Weg des Kindes*. Braunschweig: Georg Westermann; 와다 슈우지(1997). 『어린이의 인간학』. 박선영/노명희 옮김. 서울: 아름다운 세상.

4 '학생 존재'란 용어는 독일어 'Schülersein'을 번역한 것으로 총체적 관점의 학생을 나타내는 표현으로 사용되었다.

5 예를 들면 교사들 간에 학생에 대한 대화를 할 때에도 '애'라는 지칭이 사용되고 있다. 우리 사회의 교사나 성인들이 "요즘 애들은 학교에서 별짓을 다 한다니까."라고 말하는 것이 전혀 낯설지 않을 것이다. 독일어 표현에는 그냥 어린이가 아닌 학교의 어린이란 의미의 'Schulkinder'가 있어 우리보다는 개념이 조금 더 분화되어 있다. 버킹엄(D. Buckingham)은 아동기에 대한 담론은 성인 또는 아동을 위해 성인에 의해 생산된다고 하면서 정작 어린이들은 이러한 담론의 주체에서 배제되어 있다고 주장한다. D. Buckingham(2004). *After the Death of Childhood: Growing Up in the Age of Electronic Media*(전자매체 시대의 아이들). 정현선 옮김. 서울: 우리교육. pp. 18. 특정 연령층의 어린이가 사회적 제도인 학교교육을 이수함으로써 그 존재 의미와 효과가 규정되는 학생에 대한 담론 역시 같은 맥락에서 이해될 수 있을 것이다.

6 Ph. Ariès(2003). L'enfant et la vie familiale sous l'ancien régime(아동의 탄생). 문지영 옮김. 서울: 새물결.

7 Fr. M. Konrad/K. Schultheis(2008). *Kindheit. Eine pädagogische Einführung*. Stuttgart: Kohlhammer. S. 127.

8 L. Duncker/A. Scheunpflug/K. Schultheis(2004). *Schulkindheit. Anthropologie des Lernens im Schulalter*. Stuttgart: Kohlhammer. S. 178 ff.

02. 학생, 그 존재의 역사

1 Fr. Eby/Ch. F. Arrowood(1963). *The History and Philosophy of Education. Ancient and Medieval.* Englewood Cliffs: Prentice-Hall. p. 71.

2 교육의 역사에서 최초로 학생의 개별적 관심과 발달을 중요시하고 수업 시 학생의 기억력과 모방의 필요성을 강조한 사람으로 퀸틸리안(Quintilian)을 들 수 있겠으나, 중세시대 후반에 이르기까지 '아동기'의 개념조차 형성되지 않았던 점을 고려할 때 퀸틸리안의 주장이 당시 교육의 실제에 어느 정도나 영향을 줄 수 있었는지 의문이 생긴다. A. Reble(2005). *Geschichte der Pädagogik*(서양교육사). 정영근 외 옮김. 서울: 문음사. 62쪽.

3 Ph. Ariès(2003). L'enfant et la vie familiale sous l'ancien régime(아동의 탄생). 문지영 옮김. 서울: 새물결. 260쪽.

4 같은 책. 274쪽.

5 J. Dolch(1982). *Lehrplan des Abendlandes. Zweieinhalb Jahrtausende seiner Geschichte.* Darmstadt: Wissenschaftliche Buchgesellschaft. S. 192.

6 T. Ballauff(1969). *Pädagogik.* Bd. 1. Freiburg/München: Karl Alber. S. 564.

7 W. Böhm(1976). "Nachwort des Herausgebers". Ders.(Hg.). *Der Schüler.* Bad. Heilbrunn/Obb.: Klinkhardt. S. 178.

8 예를 들면 Montessori의 1942년 글 "교육의 혁신(Die Erneuerung der Erziehung)"이 그렇다. W. Böhm(1996). *Maria Montessori. Texte und Gegenwartsdiskussion.* Bad Heilbrunn/Obb.: Klinkhardt. S. 27-33.

9 김혜숙 외(1999). 「학생의 인권에 관한 연구」. 한국교육개발원 연구보고서. 84쪽.

10 N. Postman(1982). *The Disappearance of Childhood.* New York: Vintage Book.

11 여기서 우리는 '교육'과 '학습'을 구분하여 이해할 필요가 있다. 먼저 교육은 교육학의 대상으로 학생들이 자발적 활동을 통해 성숙한 자아를 형성하고 자신의 이성능력을 사용할 수 있도록 이끄는 사회적 작용의 총합이라 할 수 있다. 교육이 궁극적으로 지향하는 바는 인간의 전인적 도야인데, 이때 교육

은 학생이 무엇인가를 결정할 때 도덕적 관점을 수용하도록 요구하고 이끄는 행위를 포함하는 개념으로 이해되어야 한다. 반면에 학습은 심리학의 탐구대상으로 환경과의 상호작용 또는 특정한 상황에 대한 반응에 근거하여 인간의 행동이 지속적으로 유지되거나 변화되는 과정이라고 할 수 있다. 따라서 학습이론에서 교사나 학생은 행위 하는 주체라기보다는 상호작용하고 반응하는 요인들로 파악된다. 문제는 학교에서의 '수업'을 교육학의 관점이 아닌 학습이론의 관점에서 분석할 경우 학습의 기능성과 효율성만 강조된다는 점이다. 이때 교사는 학습 과정을 주관하는 역할에만, 학생은 설계된 학습 상황에서의 상호작용적 역할에만 충실하면 된다. 그러나 수업의 궁극적 지향점은 '기능적' 학습이 아닌 '전인적' 교육이기 때문에 우리가 교육과 학습을 동일시할 경우 학생에 대한 교육학적 이해의 혼란은 물론 그로 인한 교육의 비인간화를 조장할 수밖에 없다. P. Menck(1998). *Was ist Erziehung?* Donauwörth: Auer. S. 102 참고.

12 M. Buber(1983). *Ich und Du.* Darmstadt: Wissenschaftliche Buchgesellschaft.

13 교육의 주체로서 그들의 존재에 대한 논의는 매우 드문 실정으로 그나마도 교육학자보다는 시민운동단체나 청소년보호 운동가의 노력에 의한 것이 대부분이다. 또 하나의 문화(1997): 『새로 쓰는 청소년 이야기』 I·II. 서울: 또 하나의 문화.

14 무질(R. Musil)의 『(학생) 퇴를레스의 혼란』이나 헤세(H. Hesse)의 『데미안』, 『수레바퀴 아래서』 등의 소설을 통해 학생의 존재적 상황과 실존적 문제를 만날 수 있다.

15 흔히 교육영화로 분류되기도 하는 영화에서 나타나는 학생들의 존재 본원적 요구와 실존적 문제의 급박함을 볼 수 있게 된다. 예를 들어 단순한 교수요원(instructor)가 아닌 삶의 지도자를 요구하는 학생들("죽은 시인의 사회")이 있는가 하면 작은 사회(학교)에서 입시경쟁의 공포에 떨어야 하는 학생 존재의 자기 파멸적 자화상("여고괴담")을 접하게 된다. 정영근(2001). 『영화로 만나는 교육학』. 서울: 문음사 참고. 하지만 앞에서 언급했던 것처럼 이러한 담론의 형성 또한 성인에 의해 조성된다는 점에서 그 한계를 지닌다. D. Buckingham(2004). *After the Death of Childhood: Growing Up in the Age of Electronic Media*(전자매체 시대의 아이들). 정현선 옮김. 서울: 우리교육. p. 22.

03. 학생 이해의 다양한 관점

1 서울대학교 교육연구소(편)(1998). 『교육학 대백과사전』. 제3권. 서울: 하우동설.

2 M. J. Langeveld(1968). *Die Schule als Weg des Kindes. Braunschweig*: Georg Westermann. S. 15. 빌헬름(Th. Wilhelm)은 랑에벨트의 이러한 생각을 6, 7세가 되면 "어린이 존재"는 인간의 두 번째 존재양식인 "학생 존재(Schülersein)"로 넘어간다고 표현하고 있다. K. Fingerle(1995). "Schüler". In: D. Lenzen/K. Mollenhauer. *Enzyklopädie Erziehungswissenschaft*, Bd. 1. Stuttgart/Dresden: Ernst Klett Verlag für Wissen und Bildung. S. 532.

3 H. Schaube/K. G. Zenke(1997). *Wörterbuch der Pädagogik*. München: Dtv. S. 300.

4 예를 들면 한국의 초·중등교육법 시행령 제30조 및 31조에서 학생이 언급되고 있다. 학생의 자치활동 보장에 대해 짤막한 언급(제30조) 뒤에, 학생의 징계에 대해서는 일곱 개 항으로 분류하여 상술되고(제31조) 있다. 교육법전편찬위원회(2006). 『교육법전』. 제1권. 서울: 교육주보사. 38쪽.

5 김혜숙 외(1999). 「학생의 인권에 관한 연구」. 한국교육개발원 연구보고서. 111쪽.

6 K. Wünsche(2002). "Der Schüler". D. Lenzen(Hg.). *Erziehungswissenschaft. Ein Grundkurs*. Reinbek: Rowohlt Taschenbuch. S. 367. 자치활동 및 학교위원회의 의사결정에 참여하는 것 또한 학생들의 권리에 포함된다.

7 교육법전편찬위원회(2006). 『교육법전』. 제1권. 서울: 교육주보사. 11쪽.

8 정영근(2000). 『삶과 인격형성을 위한 인간이해와 교육학』. 서울: 문음사. 172쪽 이하.

9 A. Bauer(1971). "Zur Soziologie des Schülers". E. Lemberg/A. Bauer/R. Klaus-Roeder. *Schule und Gesellschaft*. Darmstadt: Wissenschaftliche Buchgesellschaft. S. 29.

10 산업사회를 거쳐 이제 지식·정보사회에 들어선 현대에는 그 어느 시대보다 사회화 단계와 과정이 시간적으로 길어지게 되었다. 그에 따라 제도적 기관으로서의 학교가 더욱 분화되고 있으며 제도적 사회화의 과정 역시 복잡해졌다. 급속히 변화하는 사회에서 학교교육을 다 끝낸 성인들 또한 직업 및 생활에 적응하기 위해 다시 학습자 역할로 돌아가야 할 필요성이 생기고 있다. 어린이에서 성인에 이르는 다양하고 복합적인 학생계층이 형성되고 있

는 상황이다. 따라서 학생에 대한 개념은 물론이고 학생에게 기대하는 역할 마저 바뀌고 있다.

11 M. J. Langeveld(1978). *Einführung in die theoretische Pädagogik*. Stuttgart: Klett Cotta. S. 57 ff.

12 정영근(2000). 『삶과 인격형성을 위한 인간이해와 교육학』. 서울: 문음사. 104쪽.

13 K. Wünsche(2002). "Der Schüler". D. Lenzen(Hg.). *Erziehungswissenschaft. Ein Grundkurs*. Reinbek: Rowohlt Taschenbuch. S. 371.

04. 교육학적 학생 이해

1 정영근 외(2002). 『교육학개론. 인간, 교육 그리고 교육이론』. 서울: 문음사. 105쪽.

2 같은 책. 106쪽.

3 J. Fromme(2001). "Irritation als ein zentrales Motiv für Lernen und Bildung". *Vierteljahrsschrift für wissenschaftliche Pädagogik*, 77. S. 420.

4 학생의 미성숙함이 간과되는 원인은 일차적으로 성인의 이중적이고 모순적인 교육의식과 태도에서 찾을 수 있다. 어른들은 겉으로는 학생을 미성년자로 여겨 관용을 베풀어야 하는 것처럼 주장하지만, 성장세대의 특성을 파악하여 진지하게 이해하려는 노력에는 인색하다. 한국의 경우 연장자 중심의 유교적 사고방식 또한 어린이와 학생을 바로 이해하는 데 적지 않은 부정적 영향을 주고 있다. 우리의 일상 언어사용에서 나타나는 연장자와 연소자 사이의 '지배' 혹은 '복종'의 어법을 면밀히 관찰하면 그 실상이 드러난다. 성인의 아동 지배적 언어 및 사고가 우리의 일상에 만연되어 있기 때문에 학생들의 인권이 침해되는 경우를 어렵지 않게 찾을 수 있다. 어린이를 단순히 성인이 되기 위한 이전 단계로 이해하던 18세기의 사회·문화적 전통에 반대하면서 루소가 '아동기의 고유함'을 주장한 지 오래 되었건만, 어린이를 성인의 축소판으로 이해하려는 경향은 여전히 사라지지 않고 있다.

5 M. J. Langeveld(1959). *Kind und Jugendlicher in anthropologischer Sicht*. Heidelberg: Quelle & Meyer. S. 11.

6 J. J. 루소(2000). 『에밀』. 민희식 옮김. 서울: 육문사. 161쪽.

7 불행히도 오늘날 한국의 학교교육에서 신체활동의 중요성과 의미는 제대로 인정받지 못하고 있다. 생동적 신체활동은 찾아보기가 힘들고 정형화되거나 기계적인 움직임만이 활동의 주류를 이룬다. 학생들의 심신을 단련하는 일보다는 성적 향상이나 학업 스트레스를 해소에 효과적인 놀이에 더 치중케 하는 사회 분위기가 존재한다. 건전한 신체활동을 조장하는 공공 체육시설은 찾아보기 힘들고, 도처에서 오락과 유흥을 위한 상업시설들이 학생에게 손짓하고 있다.

8 루소가 『에밀』에서 역설하는 내용 역시 어린이의 활동성에 대해 다시 한 번 생각하게 한다. "당신 학생의 지력을 기르려면, 그 지력이 지배할 체력을 길러야 한다. 끊임없이 그의 몸을 단련시켜라. 그를 건강하게 하여 현명하고 선량한 인간으로 만들어야 한다. 일하게 하고, 행동하게 하고, 뛰게 하고, 소리 지르게 하여 언제나 운동 상태에 있게 하는 것이 좋다. 체력에 있어서 어른이 되게 하라. 그러면 이윽고 이성에 있어서도 어른이 될 것이다." J. J. 루소(2000). 『에밀』. 민희식 옮김. 서울: 육문사. 139쪽.

9 W. Noack(2007). *Anthropologie der Lebensphasen*. Berlin: Frank & Timme. S. 115.

10 M. J. Langeveld(1968). *Studien zur Anthropologie des Kindes*. Tübingen: Niemeyer. S. 143.

11 N. Kluge(2006). "Das Bild des Kindes in der Pädagogik der frühen Kindheit". L. Fried/S. Roux. *Pädagogik der frühen Kindheit*. Weinheim und Basel: Beltz. S. 22 ff.

12 K. Rutschky(1983). *Deutsche Kinderchronik. Wunsch- und Schreckensbilder aus vier Jahrhunderten*. Köln: Kiepenheuer + Witsch. S. 8.

13 N. Kluge(2006). "Das Bild des Kindes in der Pädagogik der frühen Kindheit". L. Fried/S. Roux. *Pädagogik der frühen Kindheit*. Weinheim und Basel: Beltz. S. 24.

14 정영근(2000). 『삶과 인격형성을 위한 인간이해와 교육학』. 서울: 문음사. 106쪽.

15 K. G. Pöppel(2007). *Leher-Schüler-Schule. Grundzüge der Schulpädagogik*. Hildesheim/Zürich/New York: Georg Olms. S. 14.

16 M. Buber(1983). *Ich und Du*. Darmstadt: Wissenschaftliche Buchgesell-

schaft; M. Buber(1986). *Reden über Erziehung*. Heidelberg: Lambert Schneider.

17 학생과 교사의 관계형성이란 측면에서 볼 때, 학생들은 대체로 자신이 좋아하는 교사로부터 인격적 영향을 받고 있다고 믿으며 그 교사가 가르치는 교과에 대해서도 큰 흥미를 보인다. 이러한 교사들은 다음과 같은 유형적 특징을 보인다. 첫째, 자신이 가르치는 교과지식을 자신 있게 다루며, 학생들은 교사의 전문지식을 통해 자신의 인성이 문화적으로 풍만해짐을 느끼게 된다. 사실 이런 교사들은 담당 교과지식에 조예가 깊기 때문에 학생들이 그런 지식에 쉽게 접근할 수 있도록 지도할 수 있다. 둘째, 학생들이 좋아하는 교사는 자신의 지식에만 의존하지 않고 학생들에 대한 인간적 관심을 유지해나간다. 그에 따라 학생들에게 자신의 전문지식을 전수하면서 동시에 그들을 동료 인간으로 수용하려는 태도를 보이게 된다. A. Ilien(2005). *Lehrerprofession. Grundprobleme pädagogischen Handelns*. Wiesbaden: VS Verlag für Sozialwissenschaft. S. 66.

05. 학생의 인간화

1 P. Menck(1998). *Was ist Erziehung?* Donauwörth: Auer. S. 103.

2 교육학은 아직 발달 과정에 있어 미성숙하지만 앞으로 고유한 자기결단과 책임있는 행동을 해야 할 주체·인격적 존재로서 학생을 이해하려 하고, 교육의 실제적 과정은 그들의 독창성과 삶의 생동성을 촉진시키는 계기가 되어야 한다는 말이다. 그렇지만 기술적 인식관심에 근거하고 있는 현대 교육학의 일반적 추세와 관심은 여전히 학생 존재를 기능·도구적으로 파악하여 사회적 생산성과 효용성을 극대화하려는 방향으로 나아가고 있다. 그리고 그로 인해 발생하는 문제들은 사후처방의 형식으로 해결하려 한다.

3 이미 앞의 "교육학적 학생 이해 "부분의 각주 4에서도 잠시 언급되었지만, 우리말에는 존비어(尊卑語)가 극도로 분화·발달되어 있기 때문에 일상의 언어사용에서 '지시하고 결정하는' 어법과 '복종하고 수행하는' 어법이 구분되며 그에 따라 사회적 만남 및 관계에서 서로의 위계를 명확하게 규정하게 된다. 이는 한국인의 언어에서 규정되는 사회적 위계 관계라 할 수 있는 것으로 학교에서 교사와 학생의 교육적 관계 역시 이러한 어법의 지배하에 놓이게 됨으로써 가르치고 배우면서 서로 대화하고 성장하는 의미추구의 관계로 나아가기보다는

'지시하고 복종하는 위계적 관계의 틀' 안에 갇히게 된다. 그러므로 한국의 학교교육에 영향을 주는 교육이론들이 이러한 문화적 조건에서 손쉽게 적용될 수 있는 기능적 교수이론 및 행정·관리이론의 성향을 지녔다는 것은 우연이 아니다. 또 교육과학기술부를 정점으로 한 상명하달 방식의 학교교육 행정시스템이 구축되어 있으며 행정명령에 따라 학교의 교육활동과 일처리가 일사분란하게 작동되는 것 역시 같은 맥락에서 이해될 수 있다. 이러한 상황이다 보니 일선학교에 절대적인 권력을 행사하고 있는 또 다른 권력인 교육청을 그 명칭만 '교육지원청(敎育支援廳)'으로 바꾼다고 해서 실질적으로 변할 것은 하나도 없다는 것은 명약관화한 사실이라 할 수 있겠다. 명칭을 바꾼 교육지원청이 과연 주장하는 바처럼 컨설팅을 비롯해 다양한 행정지원을 해주는 센터, 즉 학교와 학생들을 지원하는 관청으로서의 역할을 제대로 할 수 있을지 이제부터라도 지켜볼 일이다.

3부 교사의 자기 이해

01. 교사는 누구인가?

1 현 시점에서 결과론적으로 본다면, 교육학의 교육에 대한 이해 및 교육의 과정을 지배하는 힘이야말로 근대 이후 계속되어 온 교육을 통한 인간 삶의 지배와 통제의 종막(終幕)이 아닌가 싶을 정도로 막강하다. 여하튼 유감스럽게도 오늘날 가르치고 배우는 일을 계획하거나 추진하는 일의 주역은 사회과학적 교육이론이며, 교사는 이론이 제시하는 대로 움직이는 역할을 넘겨받고 있다.

02. 교사, 그 존재의 역사

1 H. Scheuerl(1985). *Geschichte der Erziehung. Ein Grundriß*. Stuttgart/Berlin/Köln/Mainz: Kohlhammer. S. 22.

2 수사학의 대가 이소크라테스가 고대의 교육적 전통에서 교사로 성공할 수 있었던 것은 그가 항상 품었던 핵심적인 질문인 '어떻게 하면 철학자들의 사고가 일반 보통사람들에게서 실천될 수 있을까' 하는 것과 연결되어 있다.

그에 의하면 절대적 지식을 추구하는 일은 끝이 없기 때문에 그 일에만 매달리게 될 경우 지식의 오리무중 속으로 빠져 세상의 일을 못하게 된다. 그렇다고 해서 지식의 추구를 무시한 채 동물적 본능에 따라 하루하루를 살게 되면 인간 이하의 존재에 지나지 않게 된다. 그에 따라 지적인 삶을 추구하되 현실을 망각하지 말고, 현실에 적응하여 살되 지적인 면 또한 추구하도록 이끄는 삶, 즉 일상생활을 인간다운 삶의 테두리 안에서 문명화 시키는 것이 중요하다. 이소크라테스는 사람들이 이러한 삶을 영위할 수 있도록 하기 위해 교육이 필요하며 그 통로는 바로 언어라고 보았다. 인간은 언어를 배우고, 연마하며, 사물을 표현하고 또 표현된 것을 이해하면서 자기 자신을 도야한다는 것이다. H. Scheuerl(1985). *Geschichte der Erziehung. Ein Grundriß*. Stuttgart/Berlin/Köln/Mainz: Kohlhammer. S. 30.

3 정혜영(1996). "예수회 교육개혁의 역사적 의미". 『한국교육사학』 제18집. 269쪽 이하.

4 R. Bölling(1983). *Sozialgeschichte der deutschen Lehrer.* Göttingen: Vandenhoeck & Ruprecht. S. 53.

5 J. S. Brubacher(1984). *A History of the Problems of Education*(교육사). 이원호 역. 서울: 문음사. 585쪽 이하.

6 정영수 외(1998). 『교사와 교육』. 서울: 문음사. 67쪽.

7 김영우/피정만(1995). 『최신 한국교육사연구』. 서울: 교육과학사. 23쪽.

8 조연순(1995). 『한국 초등교육의 기원』. 서울: 학지사. 44쪽.

9 원래 스님은 '사(師)'님이란 말로서, '스승님'을 줄여서 '스님'으로 불렀던 것으로 보인다. 안옥규(1996). 『어원사전』. 서울: 한국문화사. 268쪽; 손인수(1996). 『신라 화랑도의 공간』. 서울: 문음사. 108쪽; 정영수 외(1998). 『교사와 교육』. 서울: 문음사. 69쪽.

10 정영근 외(2010). 『교육학적 사유를 여는 교육의 철학과 역사』. 서울: 문음사. 208쪽.

11 김영우/피정만(1995). 『최신 한국교육사연구』. 서울: 교육과학사. 68-99쪽; 정영수 외(1998). 『교사와 교육』. 서울: 문음사. 71쪽.

12 그렇다고 해서 서당을 초보적인 문자 교육만 실시했던 초등교육기관으로만 생각해서는 안 된다. 서당에서는 학생의 필요에 따라 기초적 문자 교육에서 끝나거나 또는 유교 경전이나 역사서 등을 배우는 높은 수준의 교육이 이뤄

지기도 하였다. 정영근 외(2010). 『교육학적 사유를 여는 교육의 철학과 역사』. 서울: 문음사. 231쪽.

13 한국교육연구소 편(1993). 『한국교육사』. 서울: 도서출판 풀빛. 301쪽 이하; 정영수 외(1998). 『교사와 교육』. 서울: 문음사. 77쪽.

14 안귀덕 외(1995). 『한국근현대교육사』. 성남: 한국정신문화연구원. 583쪽 이하.

03. 교사 이해의 다양한 관점

1 W. Böhm(1980). "Das 'Bild' des Lehrers im Wandel der Geschichte". H. Gröschel. *Die Bedeutung der Lehrerpersönlichkeit für Erziehung und Unterricht*. München: Ehrenwirth. S. 9.

2 E. Key(2009). *Das Jahrhundert des Kindes*.(어린이의 세기) 정혜영 역. 서울: 지만지. 29쪽.

3 W. Böhm(1980) "Das 'Bild' des Lehrers im Wandel der Geschichte". H. Gröschel. *Die Bedeutung der Lehrerpersönlichkeit für Erziehung und Unterricht*. München: Ehrenwirth. S. 12.

4 E. Durkheim(1978). 『교육과 사회학』. 이종각 역. 서울: 배영사. 72쪽.

5 같은 책: 147쪽.

6 같은 책: 149쪽. 뒤르케임에 의하면 자연적 존재로서의 인간을 태어날 때의 상태에서 사회적 존재로 탈바꿈시키는 것이 교육이며 그러한 역할을 담당하는 사람이 바로 교사이다.

7 여기서 공학은 "좁은 의미에서의 공학만 아니라 농학, 의학 등을 포괄적으로 지칭하는 것"으로 이러한 분야에서 "기술을 구안하고 시행하는 데에 관련되는 사고방식"을 가리킨다. 이홍우(1991). 『교육의 개념』. 서울: 문음사. 33쪽; 정영근 외(2002). 『교육학개론. 인간, 교육 그리고 교육이론』. 서울: 문음사. 129쪽.

8 정범모(1972). 『교육과 교육학』. 서울: 배영사. 18쪽.

9 같은 책: 23쪽.

10 실제로 최근의 인지심리학에 기초하는 학습환경이론이나 구성주의 학습이론에 의하면 학생은 수업에서 학습을 스스로 조직해야 할 뿐만 아니라, 점진적으로

교수기능까지 넘겨받음으로써 스스로를 평가하는 능력마저 획득해야 한다는 것이다. 정영근(2006). 『교사를 위한 교육학』. 서울: 문음사. 25쪽.

11 같은 책: 25쪽 이하 참고. 교육학의 개념 세계 속 깊숙이 침투해 있는 코칭(coaching)이나 통제(controlling) 같은 경영·관리 분야의 용어만 봐도 그렇다. 사회과학화 된 교육학의 분과학문들은 교육의 효율성을 빌미로 목적의 설정에서 방법 선택 및 사후 평가에 이르기까지 교육실천의 과정을 점점 더 경영학의 개념과 원리에 따라 설계·추진하고 있다.

12 인간의 보편적 가치와 이념을 추구하던 학교의 일반교육 이념이 금융 자본주의적 산업사회의 이용가치 측면에서 외면당하고 있으며, 빠른 속도로 사회와 산업의 요구에 부응하는 기능적 학습과 직업준비교육으로 전환되어가고 있다. 그에 따라 교사들도 열의와 개성을 지닌 교육자이기보다는 공공 서비스업을 담당하는 일종의 기능인으로서의 자의식을 갖추도록 요구받는다. H.-J. Heydorn(1980). *Ungleichheit für alle. Zur Neufassung des Bildungsbegriffs.* Frankfurt/M.: Syndikat. S. 138.

13 정영근(2000). 『삶과 인격형성을 위한 인간이해와 교육학』. 서울: 문음사. 148쪽.

14 같은 책: 159쪽.

15 W. Klafki u.a.(1972). *Funk-Kolleg Erziehungswissenschsft.* Bd. 1. Frankfurt/ M.: Fischer Bücherei. S. 58; 정영근 외(2002). 『교육학개론. 인간·교육 그리고 교육이론』. 서울: 문음사. 140쪽.

16 "개별적 인간이 맺는 관계는 일시적인 기분에 의해서 생길 수도 있다. 그러나 인격적 참여를 바탕으로 하는 관계는 구속력이 있으며 인격적 자아의 정체성을 시험하는 것이기도 하다. 자신의 인격에 관여하는 요청이나 부름에 대해 우리는 임시적이고 가설적으로 응답할 수 없는 것이다. 따라서 인격적 대화자로서의 교사는 자신이 관여하는 어린이들을 임시적이고 가설적으로 교육할 수 없다." 정영근(2000). 『삶과 인격형성을 위한 인간이해와 교육학』. 서울: 문음사. 153쪽.

17 W. Böhm(1980). "Das 'Bild' des Lehrers im Wandel der Geschichte". H. Gröschel. *Die Bedeutung der Lehrerpersönlichkeit für Erziehung und Unterricht.* München: Ehrenwirth. S. 19.

04. 교육학적 교사 이해

1 K. Zierer(2007). *Conditio Humana. Eine Einführung in pädagogisches Denken und Handeln.* Baltmannsweiler: Schneider Verlag Hohengehren. S. 73.

2 O. Fr. Bollnow(1968). *Die pädagogische Atmosphäre.* Heidelberg: Quelle & Meyer. S. 18.

3 O. Fr. Bollnow(1990). 『교육의 인간학』. 오인탁/정혜영 공역. 서울: 문음사. 87쪽.

4 이러한 의미에서 모험은 교육의 본질적 성격에 속한다고 말할 수 있다.

5 A. Willwoll(1957). "Liebe". W. Brugger(Hg.). *Philosophisches Wörterbuch.* Freiburg i. Br: Herder.

6 O. Fr. Bollnow(1968). *Die pädagogische Atmosphäre.* Heidelberg: Quelle & Meyer. S. 53.

7 정영수 외 (1998). 『교사와 교육』. 서울: 문음사. 37쪽.

8 O. Fr. Bollnow(1968). *Die pädagogische Atmosphäre.* Heidelberg: Quelle & Meyer. S. 59.

9 G. Kerschensteiner(1949). *Die Seele des Erziehers und das Problem der Lehrerbildung.* München: R. Oldenbourg. S. 75.

10 E. Persy/K. Rieder(1996). "Freude und Humor in der Schule". *Erziehung und Unterricht,* 4/96. S. 266.

11 O. Fr. Bollnow(1968). *Die pädagogische Atmosphäre.* Heidelberg: Quelle & Meyer. S. 68.

12 H. Henz(1971). *Lehrbuch der systematischen Pädagogik.* Freiburg i. Br.: Herder. S. 142 f.

13 M. Felten(2010). *Auf die Lehrer kommt es an! Für eine Rückkehr der Pädagogik in die Schule.* Gütersloh: Gütersloher Verlagshaus. S. 19.

14 이하의 내용은 정영근 외(2002). 『교육학개론. 인간, 교육 그리고 교육이론』. 서울: 문음사. 131-139쪽 참고.

15 이하에서는 학급 및 학교 공동체 형성의 측면을 제외한 교직의 과제를 제시한

다. V. Ladenthin(2004). "Die Aufgabe des Lehrerberufs." *Engagement. Zeitschrift für Erziehung und Schule*, 2004/4. 189 ff.

16 교사는 지식과 기능을 학생들에게 전달할 뿐만 아니라 학생들이 수업에서 배운 내용을 깊이 이해하여 문제의식을 지닐 수 있도록 해야 한다. 수업의 목적은 교과지식 습득 그 자체만이 아니라 그것을 통해 올바른 가치관이나 태도 등을 형성하는 데 있다. 따라서 교사는 자신이 전달할 교과내용을 알고 있는 것은 물론이고, 수업이 실제로 이뤄지는 과정에 대한 이론적 이해 및 실천능력을 구비하지 않으면 안 된다. 수업은 또한 교과를 매개로 교사와 학생의 관계 속에서 이루어지는 일이기 때문에 교사는 학생을 교육적 공동 주체로 인식하고 학생들이 자기활동적인 학습을 할 수 있도록 다면적인 기회를 제공해야 한다. 다시 말해 교사는 단순한 지식전달 및 태도훈련을 넘어서서 학생들이 자유로운 환경 속에서 서로 교제하며 함께 작업하는 능동적 수업을 하도록 노력해야 한다. 교사는 무엇보다 학생들이 자신에게 유의미한 연관성 안에서 학습하고 또 배운 것을 삶에 적용할 수 있도록 수업을 형성할 책임이 있다.

17 양심이란 모든 개별적 인간의 내면에서 선함을 행하고 악함을 멀리하도록 지시하는 일종의 판단 및 행위의 조정기관이라 할 수 있다. 양심은 또한 인간이 어떤 구체적인 상황에서 선함을 택할 수 있도록 통찰력을 매개해주는 기관이기도 하다. 다시 말해 양심은 인간에게 부여된 보편적인 당위성으로서의 선함을 제시하고, 구체적 상황에서 어떻게 하는 것이 선을 행하는가를 깨닫게 해준다. 양심에 근거하는 인간은 자기 스스로 선함을 선택할 수 있다. 양심의 지시가 비록 무조건적인 당위성에 근거하고 있을지라도 이러한 당위에 따라 행위 하거나 또는 그에 상반된 행위를 하는 것은 개별적 인간의 선택에 달려 있게 마련이다. 정영근(2000). 『삶과 인격형성을 위한 인간이해와 교육학』. 서울: 문음사. 257쪽.

18 T. Dietrich(1991). *Zeit- und Grundfragen der Pädagogik. Eine Einführung in pädagogisches Denken*. Bad Heilbrunn/Obb.: Klinkhardt. S. 237.

19 인간학적 관점에서 볼 때, 인간은 신체·심리적, 사회·문화적, 정신 활동적, 인격적 차원을 지닌 복합적 존재이다. 정영근(2000). 『삶과 인격형성을 위한 인간이해와 교육학』. 서울: 문음사. 163-282쪽 참고. 인간의 성장과 발달은 단지 과학자나 교육자에게 의미 있는 외부적으로 관찰되는 과정일 뿐만 아니라 인간 자신의 내적 경험과 의미를 가진 사건으로 이해될 필요가 있다. 와다 슈우지(1997). 『어린이의 인간학』. 박선영·노명희 공역. 서울: 아름다운세상. 166쪽.

05. 교사와 책임의식

1 E. Lichtenstein(1967): *Erziehung, Autorität, Verantwortung. Reflexionen zu einer pädagogischen Ethik.* Ratingen: A. Henn. S. 59 f.

2 반복적 실험을 통해 그 타당성이 검증된 교육의 기법이라 할지라도 일회적 상황의 연속인 교육실천의 장이 지닌 가변적 요소들을 모두 고려하기는 힘들다. 그렇기에 그러한 경험주의 이론과 기법에서는 무수한 '인간적' 요인들이 '과학적' 탐구의 범주에 들지 않는다는 미명하에 변인에서 제외되고 있다. 하지만 교육뿐만 아니라 인간의 삶 모든 영역에서 개별적 인간들의 고유함과 역사성의 흔적은 결코 지워질 수 없다는 점에서 경제적 효용성과 통제의 효율성에 무비판적으로 추종하려는 경험적 교육탐구와 논리들이 지닌 권력적 속성의 이면을 엿보게 된다.

4부 학교교육과 사람됨

01. 학교는 무엇인가?

1 W. Wiater(2009). "Zur Definition und Abgrenzung von Aufgaben und Funktionen der Schule". S. Blömeke u.a.(Hg.). *Handbuch Schule. Theorie-Organisation-Entwicklung.* Bad Heilbrunn/Obb.: Klinkhardt. S. 67.

2 M. J. Langeveld (1968). *Die Schule als Weg des Kindes.* Braunschweig: Georg Westermann Verlag.

3 W. Einsiedler(1974). *Schulpädagogik.* Bd. 1: *Schulpädagogischer Grundkurs.* Donauwörth: Auer. S. 35. 현대적 의미의 학교는 사회에 의해 설치되어, 가르치고 배우는 일을 최적화하기 위해 지속적인 영향력을 받는 기관이라 할 수 있다.

4 비록 작금의 학교에 대한 이해나 학교교육의 현실과 상반되기는 하지만, 학교를 의미하는 라틴어 schola는 그리스어 σχολή에서 온 것으로 본래 '하는 일로부터 자유로운 상태', 즉 노예가 있던 사회에서 여가를 지닌 자유민

이 정신적 자기도야로 나아가는 것을 의미하였다.

02. 학교교육의 역사

1 이 장에서 학교의 역사를 서양과 한국으로 구분하여 다루지 않는데, 그 이유는 현행 한국의 학교는 그 제도적 측면이나 교과 편성 그리고 교육 방법에 이르기까지 거의 모든 측면에서 서양에서 발생하고 전개되어온 학교의 영향을 받아 정착되었기 때문이다. 학교와 관련된 한국의 교육이론과 논의는 몇몇 한국교육사적 학술발표들을 제외한다면, 전적으로 서양의 학교모형을 전제로 하고 있다. 그런 까닭에 학교교육의 실천과 결과를 탐구하는 연구들은 교육학의 다른 영역에 비해 더 국제비교의 성격을 뚜렷이 보여주며, 영미의 이론적 영향을 크게 받고 있는 것으로 보인다.

2 P. Monroe(1995). *A Text-Book in the History of Education*(교육사개설). 조종인 역. 서울: 교육과학사. 59쪽; 정영근 외(2002). 『교육학개론. 인간, 교육 그리고 교육이론』. 서울: 문음사. 151쪽 이하 참고.

3 문법, 수사학, 변증법, 기하학, 산수, 천문학, 음악.

4 A. Reble(2004). *Geschichte der Pädagogik*(서양교육사). 정영근 외 옮김. 서울: 문음사. 75쪽 이하 참고.

5 정영근 외(2002). 『교육학개론, 인간, 교육 그리고 교육이론』. 서울: 문음사. 152쪽.

03. 학교 이해의 다양한 관점

1 네덜란드의 교육학자 랑에벨트는 학교의 이러한 특성 때문에 학교에서 교육적 과제를 수행하는 교사는 일종의 양서류(Amphibie)와 같다고 말한다. 그는 어린이의 세계와 성인으로서 자신에게 주어진 과업의 세계에 거하게 된다. M. J. Langeveld (1968). *Die Schule als Weg des Kindes*. Braunschweig: Georg Westermann. S. 53; 정영근 외(2010). 『교육학적 사유를 여는 교육의 철학과 역사』. 서울: 문음사. 55쪽.

2 E. Durkheim(1984). *Éducation et sociologie*(교육과 사회학). 이종각 역. 서울: 배영사. 11쪽 이하.

3 그렇지만 이 관점에는 '삶'과 '사회'를 분리한다는 위험성을 내포하고 있다. 따라서 우리는 특정한 목적을 위해 인위적으로 조직된 기관이 학교라는 사실을 항상 의식할 필요가 있다. 그래야만 학교의 인간화가 가능하게 된다.

4 A. Flitner(1988). "Schule". H.-H. Krüger/W. Helsper. *Einführung in Grundbegriffe und Grundfragen der Erziehungswissenschaft*. Opladen: UTB. S. 172.

5 H. v. Hentig(1983). *Was ist eine humane Schule?* München/ Wien: Carl Hanser. S. 99. 그러므로 우리는 인위적으로 기능화된 조직체로서의 학교가 지니는 문제점을 명확히 인식하여 학생들이 삶을 '경험하는 공간'으로서의 학교가 되살아나도록 노력해 나가지 않으면 안 된다.

6 W. Wiater(2009). "Zur Definition und Abgrenzung von Aufgaben und Funktionen der Schule". S. Blömeke u.a.(Hg.). *Handbuch Schule. Theorie-Organisation-Entwicklung*. Bad Heilbrunn: Klinkhardt. S. 37.

7 남정걸 외(1995). 『교육조직론』. 서울: 한국교육행정학회. 458쪽 이하.

8 I. Illich(2004). *The Deschooling Society* (학교 없는 사회). 심성보 옮김. 서울: 도서출판 미토. 14쪽.

9 일리히의 책의 첫 문장은 다음과 같이 시작된다: "많은 아동들, 특히 가난한 아동들은 학교가 자신들에게 어떤 작용을 하는지 직관적으로 알고 있다. 목적을 실현하는 과정과 목적을 혼동하도록 그들은 학교에 보내지는 것이다. 과정과 목적이 혼동되면 새로운 논리가 등장한다." 같은 책, 12쪽.

10 石泰鍾 譯(1994). 『學校敎育論 - 批判的 觀點』. 서울: 교육과학사. 83쪽 이하. 학교에서 학년별로 제공되는 교육과정을 순서에 따라 소비해야만 비로소 교육이 가능하게 되고, 세상으로부터 배우는 것보다 세상에 대해 학교에서 학습하는 것이 더 가치가 있으며, 이렇게 학교교육을 소비해야만 사회에서 성공할 수 있음을 맹신하도록 이끄는 것이다.

11 이건만(2009). 『교육과 사회사상의 변천』. 서울: 도서출판 원미사. 133.

12 일리히는 『탈학교 사회』에서 교사를 통하지 않고 학생들 스스로 지식과 정보를 습득해야 한다고 제시하는데, 이러한 비판적 학교 이해에서 나타나는

급진적 관점, 즉 학생을 중심에 놓고 학교의 다양한 기능들을 성장세대의 기대수준에 맞추려는 관점은 현대 교육학의 '이끌어낸다(e-ducare)'고 하는 교육개념과 상충되고 있다.

13 정영근 외(2010). 『교육학적 사유를 여는 교육의 철학과 역사』. 서울: 도서출판 문음사. 54쪽.

04. 교육학적 관점의 학교

1 코메니우스(Comenius)는 1657년 라틴어로 발간된 저서 『대교수학』의 첫 페이지에서 "모든 것을 모든 사람에게 가르치는 보편적 기술 혹은 각 기독교국가의 모든 지역, 도시, 촌락의 모든 남녀 청소년이 하나도 제외되지 않고 신속히, 편안하게 그리고 철저히 학문을 배우고 (…) 그리하여 현재와 미래의 생활에 필요한 모든 것으로 나아가게 하는" 학교를 다루고 있다. J. A. Comenius(1982). *Große Didaktik*. Hrsg. von Andreas Flitner. Stuttgart: Klett Cotta. S. 9.

2 H. v. Hentig(2003). *Die Schule neu denken. Eine Übung in pädagogischer Vernunft*. München: Carl Hanser. S. 215.

3 정영근(2001). 『영화로 만나는 교육학』. 서울: 문음사. 133쪽 이하.

4 K. Zierer(2006). "Was bedeutet 'Schule als Lebensraum'?". *Pädagogische Rundschau*, 60. S. 56 f.

5 일반적으로 학교는 교사가 학생들을 가르치는 곳으로 이해된다. 그러나 배우는 주체 없이는 가르치는 일이 불가능할 뿐만 아니라, 학교의 수업을 통해 궁극적으로 성장해야 할 사람 또한 학생이다. 학교에서의 교육활동이 교사와 학생 사이의 가르침과 배움(교수-학습)의 현상으로 파악되는 것은 당연하겠으나, 이 글에서는 교육학에서 이제까지 소홀히 다루어진 학생의 입장에서 학교를 이해하려는 관점에 초점을 맞추어 서술하려 한다. 사실 배우려는 주체로서의 학생이 자발성을 보이지 않을 경우 교사의 가르치려는 그 어떤 노력도 무산될 수밖에 없다.

6 K. Windheuser(1992). "Grundlinie einer Theorie der Allgemeinbildung". *Pädagogische Rundschau*, 46. S. 142 ff.

7 이때 '세계'에 대한 정신적 구성은 그 세계를 형성하는 본질적인 것들이 서로

어떻게 연관되고 있는지를 인식하고자 한다. 자연과학처럼 어느 특정한 시각에서 세계를 고찰하는 것이 아니라, 그 통일성과 전체성이라는 관점에서 사실적으로 유일한 세계를 고찰하도록 이끄는 것이 세계를 배우는 과제이다.

8 세계에 대한 이러한 배움은 '물리적 실재'와 '존재의 형이상학적 차원'을 모두 포괄하고 있다.

9 배움과 경험을 통해 감지된 가치를 실현해내기 위해서는 의지적 정신활동이 중요하다. 따라서 도덕성의 형성에는 의지력의 도야가 필수적이다. 내가 느낀 가치를 실제로 실현하려는 의지가 확고해야만 도덕적 책임에 대해 논할 수 있다. 어떤 행위의 윤리성이 입증되기 위해서는 그 행위가 더 높은 차원에서 바람직한 행위가 될 수 있도록 이끄는 '행위의 의미'를 명백히 보여줄 수 있어야 한다. 가치구현을 위한 행위는 의미를 실현하는 데에서 나오며 이는 가치를 느끼는 정신의 의지에 달려있다. 정영근(2000). 『인간이해와 교육학』. 서울: 문음사. 227쪽 이하 참고.

10 정영근(2000). 『인간이해와 교육학』. 서울: 도서출판 문음사. 204쪽 이하 참고.

11 H. Zeinz(2009). "Funktionen der Schule". S. Blömeke u.a.(Hg.). *Handbuch Schule. Theorie-Organisation-Entwicklung.* Bad Heilbrunn/Obb.: Klinkhardt. S. 88.

12 W. Hahn(2004). "Humane Schule in der Leistungsgesellschaft". *Lehren und Lernen,* H. 12. S. 12.

13 K. Singer(1981). *Maßstäbe für eine humane Schule.* Frankfurt a. M.: Fischer Taschenbuch.

14 K. J. Klauer(1999). "Über das Konzept einer humanen Schule". R. Olechowski/K. Garnitschnig(Hg.). *Humane Schule.* Frankfur a. M.: Peter Lang. S. 23 ff.

15 B. S. Bloom(1972). *Taxanomie von Lernzielen im kognitiven Bereich.* Weinheim: Beltz.

16 H. v. Hentig(1987). *"Humanisierung". Eine verschämte Rückkehr zur Pädagogik?* Stuttgart: Klett-Cotta. S. 83.

17 경제학이 한 국가 국민 전체의 취업, 통화안정, 경제성장, 경제 외적 요인의 균형이라는 목표를 한꺼번에 모두 달성해내지 못하는 것처럼 교육학 또한 모든 목표를 동시적으로 균등하게 도달토록 하지는 못한다.

18 A. Ittel/D. Raufelder(2008). *Lehrer und Schüler als Bildungspartner. Theoretische Ansätze zwischen Tradtion und Moderne.* Göttingen: Vandenhoeck & Ruprecht. S. 118.

19 같은 책, 122쪽.

05. 학교교육과 교육학

1 정영근(1996). "교육학의 학문적 성격과 한국의 교육학". 오인탁/최종욱 외. 『해석학과 정신과학적 교육학』. 서울: (주)사회평론. 387-419쪽 참조.

2 김안중(1997). "사범대학 교직과목의 성격과 운영방안". 『전국 대학 교육학과 및 교직과 학과장 협의회 자료집』. 1997년 3월 7일. 4쪽.

3 정영근(2001). "학교교육과 교육이론. 독일 '학교교육학'의 형성과 의미." 『교육철학』 25집. 140쪽 이하.

4 H. J. Apel/H.-U. Grunder(1995). "Die Schulpädagogik - Selbstverständnis, Entstehung, Schwerpunkte schulpädagogischen Denkens". Dies.(Hg.). *Texte zur Schulpädagogik.* Weinheim und München: Beltz. S. 14 f.

5 일반교육학은 교육현실을 구성하는 기본 요소인 교육에 대한 개념의 체계와 의미내용, 교육적 관계, 피교육자, 교사 등과 그것을 연구하는 방법을 밝혀내고자 하며, 교육학의 분과 영역들이 자기의 연구 영역에 한정된 편협함에서 벗어나 폭넓은 시야에서 교육과 교육학의 문제를 접근하도록 하는 포괄적 교육학이라 할 수 있다. 이점에 대해서는 정기섭(1999). "독일 교육학의 전문화·세분화와 일반교육학의 위상". 『교육학연구』 제37권 제3호. 63-78쪽 참조.

6 G. Simmel(1922). *Schulpädagogik. Vorlesungen, gehalten an der Universität Straßburg.* Hrsg. von K. Hauter. Osterwieck/Harz: Zickfeldt. S. 3. 짐멜의 이 책은 그가 슈트라스부르크 대학교에서 1915~16년 겨울학기에 행한 학교교육에 관한 강의를 그의 사후 4년 만에 제자들이 "학교교육학"이란 제목으로 출간한 것이다. 그의 관심은 "고도의 학문원리와 순전히 기술적인 수업의 운영 방법 사이에 놓인 중간 영역"(같은 책, 2)을 밝히는

데 있었기 때문에, 학문적 원리를 제시하는 학교이론은 물론이고 수업의 계획과 운영기술과 같은 실용적 문제들은 전혀 언급하지 않았다.

7 G. Reichwein(1925). "Grundlinien einer Theorie der Schule", *Pädagogisches Zentralblatt*, Heft 7 und 8; H. Nohl/L. Pallat(1928). *Handbuch der Pädagogik*. Bd. IV: *Die Theorie der Schule und der Schulaufbau*, Langensalza; Ph. Hördt(1933). *Theorie der Schule*. Frankfurt/M. 등.

8 H. Rauschenberger(1979). "Schulpädagogik". Th. Ellwein u.a.(Hg.) *Erziehungswissenschaftliches Handbuch*. Bd. V: *Die Handlungs- und Forschungsfelder der Pädagogik*. Königstein/Ts: Athenäum. S. 74.

9 H. Meyer & D. Vogt(1997). *Schulpädagogik*. Bd. I: *Die Menschen zuerst*. Oldenburg: BIS. S. 205.

10 J. G. Klink(1966). "Ort und Inhalt der Schulpädagogik". *Lebendige Schule*, 21. S. 3.

11 H. Rauschenberger(1979). "Schulpädagogik". Th. Ellwein u.a.(Hg.). *Erziehungswissenschaftliches Handbuch*. Bd. V: *Die Handlungs- und Forschungsfelder der Pädagogik*. Königstein/Ts: Athenäum. S. 79.

12 근대교육 이후 100여 년간 지속되고 있는 한국의 교육개혁은 교육의 본질을 외면한 정치·경제적 관점의 정책 변화의 수준을 넘지 못하고 있다. 한국교육학회 교육철학연구회(1997). 『한국교육의 개혁과 철학』. 서울: 문음사 참고. 최근 미국의 교육개혁운동 100년을 평가한 Ravitch도 수많은 교육운동이 학교교육의 현실을 바꾸지 못했다고 비판하면서, 학생들에게 가장 필요한 것은 훌륭한 교사라고 진단하였다. D. Ravitch(2001). *Left Back. A Century of Failed School Reformers*. New York: Simon & Schuster.

13 정영근(2001). "학교교육과 교육이론. 독일 '학교교육학'의 형성과 의미." 『교육철학』 25집. 148쪽 이하.

14 이러한 필요성은 독일 교원양성 과정에서의 교육학이 '일반교육학', '학교교육학', '교과교육학'이라는 세 영역으로 구분되어 있으며, 교육에 대한 전반적 개념형성과 교육현실에 근거하는 실천능력 배양 그리고 전공교과의 교수능력 개발을 목표로 하는 데에서도 확인될 수 있다.

15 정영근(1997). "교사와 교육학적 지식의 성격". 「한국교사교육」 14권 2호. 13쪽.

5부 누가 학교교육을 되살릴 것인가?

01. 학교교육 되살리기

1 이계학(2004). "근·현대 교육의 건강성과 취약성". 이계학 외 공저. 『근대와 교육 사이의 파열음』. 고양시: 아이필드. 33쪽 이하.

2 정영근 외(2010). 『교육학적 사유를 여는 교육의 철학과 역사』. 서울: 문음사. 81쪽 이하 참고.

3 정영근(2000). 『인간이해와 교육학』. 서울: 도서출판 문음사. 239쪽 이하 참고.

4 K. Zierer(2007). *Conditio Humana. Eine Einführung in pädagogisches Denken und Handeln*. Baltmannsweiler: Schneider Verlag Hohengehren. S. 50.

5 사회과학화 된 교육학의 새로운 이론들은 아마도 부분적 국면과 특수한 조건 하에서 그 효과 및 타당성을 입증할 수 있을지 모른다. 효율적 수업을 위해 수업환경 자체를 조건화하고 학생들의 반응을 예측하여 기술적으로 통제하는 일은 분명 합리적 사유에 의한 교육설계임에 틀림없을 것이다. 또 그런 교수 방법을 사용해야 수업의 효과를 조금이라도 더 극대화할 수 있을는지도 모를 일이다. 예를 들어 생활지도의 효율성을 높이기 위해서는 인간의 심리와 행동을 실험하여 나온 이론과 기법에 의존하여 학생들을 계획적으로 조정하는 것이 어느 특정 부분에서 효과가 있을 수 있다. 그러나 이렇게 관찰 및 실험 가능한 부분으로 쪼개지고 제한된 조건에 따라서만 작동할 수 있는 기법들을 과연 전인적 존재로서의 교사와 학생에게 적용해도 되는 것인지, 또 이렇게 '과학적으로' 파편화된 행동기법들을 합할 경우 과연 사람됨으로 나아가는 교육적 효과가 나타날 수 있는지도 의문이다. 더 큰 문제는 이러한 기법들을 통해 삶과 교육의 특수한 부분 영역에 주는 효과가 스스로 사유·판단하며 자기도야를 하는 인간에게 어떠한 영향을 줄 것인지에 대해 어느 누구도 밝히려 하지 않는다는 점이다. 사실 이들 '최신의' 교육이론들은 그러한 것에 관심이 없으며 또 연구 방법상 관심을 가질 수도 없다. '정밀한' 교육과학은 오로지 객관화할 수 있는 대상과 문제만을 다루며 그것으로 소기의 사명을 다 했다고 확신한다. 그러나 학교교육의 핵심인 교사와 학생은 이러한 경험·객관적 탐구의 틀에 묶이기에는 너무나 신비적인 존재, 즉 자신의 정신

과 가치세계를 구현해내는 형이상학적 존재라는 점에서 연구방법의 한계와 문제에 대해 논의할 필요가 있다.

6 경험주의 교육학의 학습전략에서 요구되는 것처럼 교사의 직무가 기능적 역할담당에 한정되어 정의될 수 없는 까닭이 바로 여기에 있다.

7 이러한 현상은 교사에게서도 발견될 수 있다. 어떤 교사들은 책임성의 문제를 제기하지 않는다는 바로 그 점 때문에 자신을 도구화하는 교육이론에 무의식적으로 집착할지 모른다. 자신이 스스로 교육적으로 결단해야 한다는 것이 부담스럽고 또 그에 따르는 책임을 피하고 싶기 때문에 고유한 교육실천을 포기하려는 것이다. 그런 교사들은 자신의 교육적 판단과 행위를 이론에 맡김으로써 '정해진 대로' 또는 '시키는 대로' 했을 뿐이라며 책임을 회피하려 할 것이다.

8 H.-U. Grunder(2010). "Auch die Lehrkräfte machen Finnland zum Pisa-Sieger". *Pädagogische Rundschau*, 54. S. 217.

9 한스 쇼이얼(1995). 『교육학의 학문적 성격』. 이종서 외 번역. 서울: 양서원. 55쪽.

10 M. Felten(2010). *Auf die Lehrer kommt es an! Für eine Rückkehr der Pädagogik in die Schule*. Gütersloh: Gütersloher Verlaghaus. S. 23.

11 알베르 카뮈(2010). 『최초의 인간』. 김화영 옮김. 파주: 열린 책들. (열린책들 세계문학 003) 153-156쪽.

참고문헌

고미숙(2007). 『공부의 달인. 호모 쿵푸스』. 서울: 그린비.

교육법전편찬위원회(2006). 『교육법전』. 제1권. 서울: 교육주보사.

김안중(1997). "사범대학 교직과목의 성격과 운영방안". 『전국 대학 교육학과 및 교직과 학과장 협의회 자료집』, 1997년 3월 7일. 1-23.

김영우(1987). 『한국 근대 교원교육사 1』. 서울: 정민사.

김영우/피정만(1995). 『최신 한국교육사연구』. 서울: 교육과학사.

김혜숙 외(1999). 『학생의 인권에 관한 연구』. 한국교육개발원 연구보고서.

또 하나의 문화 편(1997). 『새로 쓰는 청소년 이야기 Ⅰ·Ⅱ』. 서울: 또 하나의 문화.

루소, J. J.(2000). 『에밀』. 민희식 옮김. 서울: 육문사.

서울대학교 교육연구소 편(1998). 『교육학 대백과사전』. 제3권. 서울: 하우동설.

石泰鍾 譯(1994). 『學校敎育論 - 批判的 觀點』. 서울: 교육과학사.

성기산(1993). 『서양교육사 연구』. 서울: 문음사.

손인수(1996). 『신라 화랑도의 공간』. 서울: 문음사.

쇼이얼, 한스(1995). 『교육학의 학문적 성격』. 이종서 외 번역. 서울: 양서원.

안귀덕 외(1995). 『한국근현대교육사』. 성남: 한국정신문화연구원.

안옥규(1996). 『어원사전』. 서울: 한국문화사.

오인탁(1984). "교사론: 누가 가르치는가". 오기형 외. 『교육학개론』. 서울: 문음사. 41-79.

와다 슈우지(1997). 『어린이의 인간학』. 박선영/노명희 옮김. 서울: 아름다운세상.

이건만(2009). 『교육과 사회사상의 변천』. 서울: 도서출판 원미사.

이계학(2004)."근·현대 교육의 건강성과 취약성". 이계학 외 공저. 『근대와 교육 사이의 파열음』. 고양시: 아이필드.

이규호(1968). "교육학의 학문적 성격". 『교육학연구』 6권 1호. 9-14.

이돈희(1983). "교육이론의 이원적 성격". 『한국교육학의 성장과 과제』. 성남: 한국정신문화연구원. 321-363.

이만규(1946). 『조선교육사 하』. 서울: 을유문화사.

이홍우(1993). "교육학의 학문적 성격". 이홍우 외. 『교육학개론』. 서울: 교육과학사. 93-110.

정기섭(1999). "독일 교육학의 전문화·세분화와 일반교육학의 위상". 『교육학연구』 제37권 제3호. 63-78쪽.

鄭暎根(1994). 『人格과 人間教育. 빌헬름 폰 훔볼트의 人間學과 教育理論』. 서울: 문음사.

정영근(1996). "교육학의 학문적 성격과 한국의 교육학". 오인탁/최종욱 외. 『해석학과 정신과학적 교육학』. 서울: (주)사회평론. 387-419.

정영근(1997). "교사와 교육학적 지식의 성격". 『한국교사교육』 14권 2호. 1-17.

정영근(2000). 『삶과 인격형성을 위한 인간이해와 교육학』. 서울: 문음사.

정영근(2001). "학교교육과 교육이론. 독일 '학교교육학'의 형성과 의미." 『교육철학』 25집. 135-152.

정영근(2001). 『영화로 만나는 교육학』. 서울: 문음사.

정영근(2004). "교육학에 '도야(Bildung)' 개념이 필요한가?". 『교육철학』 제32집. 165-180.

정영근(2006). 『교사를 위한 교육학』. 서울: 문음사.

정영근(2007). "학생 존재 이해에 대한 교육철학적 접근". 『교육철학』 제38집. 187-206.

정영근(2011). 『학교교육의 핵심개념. 학생-교사-학교』. 서울: 문음사.

정영근 외(2002). 『교육학개론. 인간, 교육 그리고 교육이론』. 서울: 문음사.

정영근 외(2010). 『교육학적 사유를 여는 교육의 철학과 역사』 서울: 문음사.

정영수 외(1998). 『교사와 교육』. 서울: 문음사.

정혜영(1996). "예수회 교육개혁의 역사적 의미". 『한국교육사학』 제18집. 253-273.

정혜영(1999). "학교교육학의 학문적 성격과 의미". 『한독교육학연구』 제4권 2호. 23-40.

조연순(1995). 『한국 초등교육의 기원』. 서울: 학지사.

조혜정(1996). 『학교를 거부하는 아이, 아이를 거부하는 사회』. 서울: 또 하나의 문화.

카뮈, 알베르(2010). 『최초의 인간』. 김화영 옮김. 파주: 열린 책들(열린책들 세계문학 003).

한국교육연구소 편(1993). 『한국교육사』. 서울: 도서출판 풀빛.

Apel, H. J.(1993). "Was ist Schulpädagogik". *Pädagogische Rundschau*, 47. 389-411.

Apel, H. J.(1994). "Schulpädagogik und pädagogische Bildung".

Vierteljahrsschrift für wissenschaftliche Pädagogik, 70. 199-218.

Apel, H. J./ Grunder, H.-U.(1995). "Die Schulpädagogik - Selbstverständnis, Entstehung, Schwerpunkte schulpädagogischen Denkens". Dies. (Hg.). *Texte zur Schulpädagogik*. Weinheim/München: Beltz.

Ariès, Ph.(2003). *L'enfant et la vie familiale sous l'ancien régime* (아동의 탄생). 문지영 옮김. 서울: 새물결.

Ballauff, T.(1969). *Pädagogik*. Bd. 1. Freiburg/München: Verlag Karl Alber.

Bauer, A.(1971). "Zur Soziologie des Schülers". E. Lemberg/A. Bauer/R. Klaus-Roeder. *Schule und Gesellschaft*. Darmstadt: Wissenschaftliche Buchgesellschaft.

Bloom, B. S.(1972). *Taxanomie von Lernzielen im kognitiven Bereich*. Weinheim: Beltz.

Böhm, W.(1976). "Nachwort des Herausgebers". Ders.(Hg.). *Der Schüler*. Bad. Heilbrunn/Obb.: Klinkhardt. 176-182.

Böhm, W.(1980). "Das 'Bild' des Lehrers im Wandel der Geschichte". H. Gröschel. *Die Bedeutung der Lehrerpersönlichkeit für Erziehung und Unterricht*. München: Ehrenwirth. 9-22.

Böhm, W.(1996). *Maria Montessori. Texte und Gegenwartsdiskussion*. Bad Heilbrunn/Obb.: Klinkhardt.

Böhm, W.(1997). *Entwürfe zu einer Pädagogik der Person*. Bad Heilbrunn/Obb.: Klinkhardt.

Böhm, W.(2011). *Theorie und Praxis. Eine Erörterung des pädagogischen Grundproblems*. Würzburg: Königshausen &

Neumann.

Bölling, R.(1983). *Sozialgeschichte der deutschen Lehrer*. Göttingen: Vandenhoeck & Ruprecht.

Bollnow, O. Fr.(1968). *Die pädagogische Atmosphäre*. Heidelberg: Quelle & Meyer.

Bollnow, O. Fr.(1988). *Zwischen Philosophie und Pädagogik. Vorträge und Aufsätze*. Aachen: N.F. Weitz.

Bollnow, O. Fr.(1990). *Pädagogik in anthropologischer Sicht*(교육의 인간학). 오인탁/정혜영 공역. 서울: 문음사.

Boyd, W.(1994). *The History of Western Education*(서양교육사). 이홍우 외 공역, 서울: 교육과학사 1994.

Brubacher, J. S.(1984). *A History of the Problems of Education*(교육사). 이원호 역. 서울: 문음사.

Buber, M.(1983). *Ich und Du*. Darmstadt: Wissenschaftliche Buchgesellschaft.

Buber, M.(1986). *Reden über Erziehung*. Heidelberg: Lambert Schneider.

Buckingham, D.(2004). *After the Death of Childhood: Growing Up in the Age of Electronic Media*(전자매체 시대의 아이들). 정현선 옮김. 서울: 우리교육.

Comenius, J. A.(1982). *Große Didaktik*. Hrsg. von A. Flitner. Stuttgart: Klett Cotta.

Dietrich, T.(1991). *Zeit- und Grundfragen der Pädagogik. Eine Einführung in pädagogisches Denken*. Bad Heilbrunn/Obb.: Klinkhardt.

Dolch, J.(1982). *Lehrplan des Abendlandes. Zweieinhalb Jahrtausende seiner Geschichte*. Darmstadt: Wissenschaftliche

Buchgesellschaft.

Duncker, L./Scheunpflug, A./Schultheis, K.(2004). *Schulkindheit. Anthropologie des Lernens im Schulalter*. Stuttgart: W. Kohlhammer.

Durkheim, E.(1978). *Education et sociologie*(교육과 사회학). 이종각 역. 서울: 배영사.

Eby, Fr./Arrowood, Ch. F.(1963). *The History and Philosophy of Education. Ancient and Medieval*. Englewood Cliffs: Prentice-Hall.

Einsiedler, W.(1974). *Schulpädagogik*. Bd. 1: *Schulpädagogischer Grundkurs*. Donauwörth: Auer.

Felten, M.(2010). *Auf die Lehrer kommt es an! Für eine Rückkehr der Pädagogik in die Schule*. Gütersloh: Gütersloher Verlagshaus.

Fingerle, K.(1995). "Schüler". D. Lenzen/K. Mollenhauer. *Enzyklopädie Erziehungswissenschaft*, Bd. 1. Stuttgart/Dresden: Ernst Klett Verlag für Wissen und Bildung. 530-534.

Flitner, A.(1988). "Schule". H.-H. Krüger/W. Helsper. *Einführung in Grundbegriffe und Grundfragen der Erziehungswissenschaft*. Opladen: UTB. 167-176.

Flitner, W.(1968). *Allgemeine Pädagogik*. Stuttgart: Ernst Klett Verlag.

Grunder, H.-U.(2010). "Auch die Lehrkräfte machen Finnland zum Pisa-Sieger". *Pädagogische Rundschau*, 54. 217-218.

Hahn, W.(2004). "Humane Schule in der Leistungsgesellschaft". *Lehren und Lernen*, H. 12. 12-18.

Hentig, H. v.(1983). *Was ist eine humane Schule?*. München/ Wien:

Carl Hanser Verlag.

Hentig, H. v.(1987). *"Humanisierung". Eine verschämte Rückkehr zur Pädagogik?* Stuttgart: Klett-Kotta.

Hentig, H. v.(2003). *Die Schule neu denken. Eine Übung in pädagogischer Vernunft.* München: Carl Hanser.

Henz, H.(1971). *Lehrbuch der systematischen Pädagogik.* Freiburg: Herder.

Heydorn, H.-J.(1980). *Ungleichheit für alle. Zur Neufassung des Bildungsbegriffs.* Frankfurt/M.: Syndikat.

Ilien, A.(2005). *Lehrerprofession. Grundprobleme pädagogischen Handelns.* Wiesbaden: VS Verlag für Sozialwissenschaft.

Illich, I.(2004). *The Deschooling Society*(학교 없는 사회). 심성보 옮김. 서울: 도서출판 미토.

Ittel, A./Raufelder, D.(2008). *Lehrer und Schüler als Bildungspartner. Theoretische Ansätze zwischen Tradtion und Moderne.* Göttingen: Vandenhoeck & Ruprecht.

Keck, R. W./Sandfuchs, U.(Hg.)(1994). *Wörterbuch Schulpädagogik.* Bad Heilbrunn/Obb.: Klinkhardt.

Key, E.(2009). *Das Jahrhundert des Kindes*(어린이의 세기). 정혜영 역. 서울: 지만지.

Kerschensteiner, G.(1949). *Die Seele des Erziehers und das Problem der Lehrerbildung.* München: R. Oldenbourg.

Klauer, K. J.(1999). "Über das Konzept einer humanen Schule". R. Olechowski/K. Garnitschnig(Hg.). *Humane Schule.* Frankfurt a. M.: Peter Lang. 21-37.

Klink, J. G.(1966). "Ort und Inhalt der Schulpädagogik". *Lebendige Schule*, 21. 1-8.

Kluge, N.(2006). "Das Bild des Kindes in der Pädagogik der frühen Kindheit". L. Fried/S. Roux. *Pädagogik der frühen Kindheit.* Weinheim und Basel: Beltz. 22-33.

Konrad, Fr. M./Schultheis, K.(2008). *Kindheit. Eine pädagogische Einführung.* Stuttgart: W. Kohlhammer.

Kupffer, H.(1990). *Pädagogik der Postmoderne.* Weinheim und Basel: Beltz.

Ladenthin, V.(2004). "Die Aufgabe des Lehrerberufs." *Engagement. Zeitschrift für Erziehung und Schule*, 2004/4. 189-196.

Langeveld, M. J.(1968). *Die Schule als Weg des Kindes.* Brauschweig: Georg Westermann.

Langeveld, M. J.(1968). *Studien zur Anthropologie des Kindes.* Tübingen: Niemeyer.

Langeveld, M. J.(1978). *Einführung in die theoretische Pädagogik.* Stuttgart: Klett Cotta.

Lichtenstein, E.(1967). *Erziehung, Autorität, Verantwortung. Reflexionen zu einer pädagogischen Ethik.* Ratingen: A. Henne.

Makarenko, A. S.(1969). "Methodik des Erziehungsprozesses". H. E. Wittig(Hg.). *Ausgewählte pädagogische Schriften.* Paderborn: Schöningh.

Menck, P.(1998). *Was ist Erziehung?* Donauwörth: Auer.

Meyer, H./Vogt, D.(1997). *Schulpädagogik.* Bd. I: *Die Menschen zuerst.* Oldenburg: BIS-Verlag.

Monroe, P.(1995). *A Text-Book in the History of Education*(교육사개설). 조종인 역. 서울: 교육과학사.

Noack, W.(2007). *Anthropologie der Lebensphasen. Berlin: Frank*

& Timme.

Parker, S. C.(1987). *History of Modern Elementary Education*(현대 초등교육의 역사). 정확실 외 공역. 서울: 교육과학사.

Persy, E./Rieder, K.(1996). "Freude und Humor in der Schule". *Erziehung und Unterricht*, 4/96. 254-271.

Pöppel, K. G.(2007). *Leher-Schüler-Schule. Grundzüge der Schulpädagogik*. Hildesheim/Zürich/New York: Georg Olms.

Postman, N.(1982). *The Disappearance of Childhood*. New York: Vintage Book.

Rauschenberger, H.(1979). "Schulpädagogik". T. Ellwein u.a.(Hg.) *Erziehungswissenschaftliches Handbuch*. Bd. V: Die *Handlungs- und Forschungsfelder der Pädagogik*. König-stein/ Ts.: Athenäum. 71-122.

Ravitch, D.(2001) *Left Back. A Century of Failed School Reformers*. New York: Simon & Schuster.

Reble, A.(2005). *Geschichte der Pädagogik*(서양교육사). 정영근 외 옮김. 서울: 문음사.

Rekus, J.(1999). "Das Allgemeine in der Schulpädagogik". *Viertel-jahrsschrift für wissenschaftliche Pädagogik*, 75. 162-23.

Rutschky, K.(1983). *Deutsche Kinderchronik. Wunsch- und Schreckensbilder aus vier Jahrhunderten*. Köln: Kiepenheuer + Witsch.

Schaube, H./Zenke, K. G.(1997). *Wörterbuch der Pädagogik*. München: Dtv.

Scheuerl, H.(1985). *Geschichte der Erziehung. Ein Grundriß*. Stuttgart/ Berlin/ Köln/Mainz: Kohlhammer.

Scheuerl, H. u. a.(2004). *Klassiker der Pädagogik*. Bd. I(교육학의

거장들 I). 정영근 외 옮김. 서울: 한길사.

Simmel, G.(1922). *Schulpädagogik*. Osterwieck/Harz: Zickfeldt.

Singer, K.(1981). *Maßstäbe für eine humane Schule*. Frankfurt a. M.: Fischer Taschenbuch.

Spranger, E.(1969). *Erziehung zum Verantwortungsbewußtsein*. Heidelberg: Quelle & Meyer.

Wiater, W.(2009). "Zur Definition und Abgrenzung von Aufgaben und Funktionen der Schule". S. Blömeke u.a.(Hg.). *Handbuch Schule. Theorie-Organisation-Entwicklung*. Bad Heilbrunn/Obb.: Klinkhardt. 65-87.

Wilhelm, Th.(1969). *Theorie der Schule*. Stuttgart: Klett Cotta.

Willwoll, A.(1957). "Liebe". W. Brugger(Hg.). *Philosophisches Wörterbuch*. Freiburg i. Br: Herder.

Windheuser, K.(1992). "Grundlinie einer Theorie der Allgemein-bildung". *Pädagogische Rundschau*, 46. 137-157.

Wünsche, K.(2002). "Der Schüler". D. Lenzen(Hg.). *Erziehungs-wissenschaft. Ein Grundkurs*. Reinbek: Rowohlt Taschenbuch. 362-382.

Zeinz, H.(2009). "Funktionen der Schule". S. Blömeke u.a.(Hg.). *Handbuch Schule. Theorie-Organisation-Entwicklung*. Bad Heilbrunn/Obb.: Klinkhardt. 87-94.

Zierer, K.(2006). "Was bedeutet 'Schule als Lebensraum?" *Päd-agogische Rundschau*, 60. 49-59.

Zierer, K.(2007). *Conditio Humana. Eine Einführung in pädagogi-sches Denken und Handeln*. Baltmannsweiler: Schneider Verlag Hohengehren.

Zöpfl, H./Tschamler, H./Seitz, R.(1971). "Schulpädagogik. Probleme der Gegenstands- und Aufgabenbestimmung". H. Zöpfl/R. Seitz(Hg.). *Schulpädagogik. Grundlagen-Probleme-Tendenzen*. München: Ehrenwirth. 15-21.

<사용된 사진 출처>

- 학교교육을 생각한다

  http://www.sn.schule.de/~gs-waldenburg/images/blick_ins_klassenzimmer.JPG

- 학생의 발견

  http://www.st-poelten.gv.at/Content.Node/presse/Schulstadt-St - Poeltent-SchuelerInnen.JPG

- 교사의 자기 이해:

  독일 Köln 근교의 김나지움 수업 (2002년, 저자 촬영)

- 학교교육과 사람됨:

  http://www.leingarten.de/index.php?id=117

- 누가 학교교육을 되살릴 것인가?:

  http://www.asienspiegel.ch/wp-content/uploads/2009/12/Vormittagsschlaf1.jpg

저자 약력

정 영 근

연세대학교 독어독문학과 졸업
동 대학교 대학원 교육학과 석사
독일 Köln 대학교 철학부 교육학과 박사(Ph. D.)
상명대학교 사범대학 교육학과 교수
상명대학교 학생생활연구소장/교육대학원장 역임
한국교육철학학회/한독교육학회 회장 역임
창덕여자중학교 학교운영위원 역임.

〈주요 저서〉

Charakter und Bildung(Königshausen & Neumann, 1991)/인격과 인간교육(문음사, 1994)/인간과 교육의 이해(문음사, 1995)/위대한 교육사상가들 Ⅰ, Ⅱ, Ⅲ(공저: 교육과학사, 1996-1999)/빌헬름 폰 훔볼트. 인간·언어·교육(문음사, 1999)/합리적인, 너무나 합리적인(공저: 한길사, 1999)/인간이해와 교육학(문음사, 2000)/영화로 만나는 교육학(문음사, 2001)/교사를 위한 교육학(문음사, 2006)/독일 초등학교 교육(공저: 문음사, 2008)/미국의 교직과 교사양성(공저: 문음사, 2011) 외 다수

교육학, 인간에게 다가서다

학생과 교사 & 사람됨의 학교교육

초판 1쇄 2013년 12월 18일

지은이 | 정영근
펴낸이 | 조복자
펴낸곳 | 문음사
주소 | (140－111) 서울 용산구 원효로 1가 39－9
등록 | 가제 3－15호
전화 | 713－7570
팩스 | 713－7436
이메일 | moonumsa@moonumsa.co.kr
홈페이지 | www.moonumsa.co.kr

ISBN 978－89－8168－511－9 93370

파본된 책은 바꿔드립니다.

정가 14,500원